수능·내신 1등급을 위한

시험 문해력 잡는
어휘 사전

시험 문해력 잡는

수능·내신 1등급을 위한

어휘사전

김주혜 지음

21세기북스

문해력의 기본은 '어휘'입니다

신문과 방송에서는 매일같이 10대의 '문해력' 부족을 이야기하며 우려를 표합니다. 긴 지문을 끝까지 읽지 못해 좌절하고, 시험 문제를 제대로 이해하지 못해 틀리는 청소년들이 많다고 하지요. 하지만 이런 중·고등학생들에게 '무엇을 어떻게 공부해야 하는가?'에 관해서는 제대로 알려 주지 않습니다. 이 책은 바로 그 질문에서 출발했습니다. 독서를 많이 해야 한다, 감각적인 훈련을 해야 한다는 막연한 조언 대신 실제 성적 향상으로 이어지는 '문해력의 실체'를 분명하게 보여 주고자 합니다.

문해력 향상의 기본은 어휘력입니다. 단어가 문장 안에서 어떤 의미로 쓰였는지 정확히 알아야 하고, 처음 보는 단어라도 의미를 유추할 수 있어야 하지요. 그러나 어휘력이나 문해력의 향상은 눈으로 바로 볼 수 있는 것이 아니기에 청소년들에게 매우 어렵고 막연하게 느껴질 것입니다. 게다가 당장 눈앞에 있는 시험 성적이 중요하기에, 문해력을 쌓는 공부는 뒷전에 두기 쉽지요. 그래서 문해력도 쌓고, 시험 성적도 높일 수 있도록 효과적으로 구성했습니다.

한국교육과정평가원(KICE)이 출제한 최근 10개년 수능·모의고사 지문을 분석해 학생들이 내신과 수능에서 반드시 마주칠 단어들을 선별하였고, 필수 학습 도구어, 인문·예술, 사회·문화, 과학·기술, 문학 영역별로 분류했습니다. 또한 단어의 설명을 돕기 위해 최근 10개년 수능·모의고사의 실제 지문을 예문으로 채택했습니다. 단어의 사전적 의미보다 실제 시험 지문에서 어떻게 쓰였는지, 어떻게 독해하면 되는지, 시험에서는 어떤 맥락으로 출제되는지 설명하는 데 중점을 두었기에 단순 암기는 필요치 않습니다. 그저 편한 마음으로 읽다 보면, 학교에서 선생님께 수업을 듣는 것처럼 쉽게 이해될 것입니다.

시험 지문이나 단어를 설명하는 문장이 어려워 중간에 책을 덮지 않도록 선별한 단어 외에도 청소년들이 어려워할 법한 단어는 따로 설명을 덧붙였습니다. 그 단어에 쓰이는 한자와 단어의 뜻을 꼭 읽어 보세요. 책 한 권을 다 읽고 나면, 처음 보는 단어도 자연스럽게 의미를 유추할 수 있을 것입니다.

어휘력뿐만 아니라 어휘와 관련된 다양한 배경지식을 쌓을 수 있도록 '하나 더 알아보기' 코너를 구성하였고, 학교나 집에서 언제든 빠르게 복습할 수 있도록 마지막에는 어휘의 개념을 완벽히 정리하는 핵심 요약을 해 두었습니다.

부록에는 중·고등학생이 알아야 할 한자 부수를 수록했습니다. 많은 부수를 담는 대신, 반드시 알아야 하는 부수들만 엄선하였으니 반드시 익히기 바랍니다.

이 책을 활용하는 방법

이 책은 한 번 읽고 덮어 두는 이론서가 아닙니다. 수능 시험장에 들어가는 그날까지 곁에 두고 반복해야 할 '훈련서'입니다. 여러분이 이 책을 잘 활용할 수 있는 방법을 소개합니다. 아래 방법을 통해 어휘력을 쌓아 문해력은 물론, 시험 점수도 올려 보세요.

목차를 '나침반'이자 '체크리스트'로 활용하기

이 책은 처음부터 끝까지 순서대로 읽을 필요가 없습니다. 목차에 담긴 어휘들은 지난 10년간의 평가원 기출 데이터에서 추출한 '핵심'입니다. 목차를 보는 것만으로도 수능 국어의 핵심 흐름을 파악할 수 있습니다. 목차를 훑어보며 내가 유독 어렵게 느끼는 영역부터 먼저 시작하세요. 모르는 어휘가 많은 곳을 먼저 정복할 때 문해력의 상승 폭이 가장 큽니다.

지문의 구조를 결정짓는 '필수 학습 도구어'만큼은 완벽하게 내 것으로 만들어야 합니다. 도구어를 100퍼센트 이해하는 순간, 지문의 논리 구조가 눈에 들어오기 시작합니다.

제목을 통해 '의미 유추'의 근육 기르기

1부는 여러분이 어휘를 친근하게 연상할 수 있도록 설계되었습니다.

유추하기 본문을 읽기 전, 제목만 보고 그 의미를 스스로 유추해 보세요. '문턱값은 왜 넘어가야 할까?', '계수는 왜 관계를 맺어 준다고 할까?'처럼 고민하는 과정이 곧 문해력 훈련입니다.

확인하기 본문을 읽으며 유추한 내용이 맞았는지 확인하세요. 이 과정을 반복하면 낯선 지문을 만나도 당황하지 않는 힘이 생깁니다.

복기하기 학습 후 책을 덮고 목차만 보았을 때, 그 제목에 담긴 핵심 개념이 머릿속에 즉각 떠오르는지 점검하세요.

'대표 단어'가 툭 튀어나올 때까지 반복하기

한자 어휘가 담긴 2부는 '대표 단어 연상'이 핵심입니다. 한자의 낱글자를 외우는 데 집착하기보다, 그 한자가 쓰인 대표적인 단어들이 즉각적으로 떠오르는지 확인해야 합니다. 학습을 마친 후 해당 어휘를 보았을 때 실제 수능 지문에서 쓰이는 구체적인 단어 예시들이 머릿속에 그려진다면, 여러분은 그 어휘를 완벽히 정복한 것입니다.

이 책이 모든 공부의 진입 장벽을 낮추는 시작점이 되길 바라며, 시험을 준비하는 모든 청소년에게 응원을 보냅니다.

1부
성적이 오르는
수능 10개년 필수 어휘

1장

필수 학습 도구어
사고의 기본
틀을 잡는 어휘

현실의 구체

VS

머릿속 관념

구체

'구체'는 갖출 구(具)에 몸 체(體)로 이루어진 단어야. 몸(실체)이 있어 확인할 수 있다는 뜻이지. 그래서 구체적인 것은 눈으로 보고 손으로 만지는 것처럼 감각으로 확인할 수 있는 걸 말해. '구체적이다'는 눈, 귀, 손 등 감각으로 확인할 수 있을 정도로 또렷하다, '구체화하다'는 추상적인 머릿속 생각을 눈앞에 보이게 만든다는 뜻이야.

● 객지
손님 객(客)+땅 지(地). 나의 고향이나 나라가 아닌 손님으로서 와 있는 곳.

〔2022 수능〕 고향에 머무르지 못하고 객지로 떠나는 현실을 '뗏목'을 타고 흘러가는 것과 연관 지어 나타냄으로써, 삶의 불안정함을 구체적 이미지로 보여 주는군.

'삶의 불안정함'처럼 눈에 보이지 않는 것은 전달하기가 어려워. 그래서 '뗏목'이라는 눈에 보이는 이미지로 바꿔 표현한 거야. 튼튼한 배가 아닌, 금방 뒤집힐 것 같은 뗏목을 떠올리면 화자의 불안을 바로 느낄 수 있지.

〔2025 수능〕**구체적** 수치를 제시하여 감당하기 힘든 현실을 드러낸다.

숫자는 아주 효과적인 구체화 방법이야. 이 지문은 「갑민가」에 대한 설명인데, 이 작품은 갑산 지역 백성들의 고달픔을 구체적인 숫자로 전달했어. '세금이 너무 많아요'라고 하면 감이 안 오지만, '한 사람 세금이 3냥 5전인데, 도망간 친척들 몫까지 12명분인 46냥을 낸다'라고 하면 부담감이 확실히 느껴지지. 이게 바로 구체적 표현의 힘이야.

〔2023 수능〕법조문에는 **구체적** 상황을 고려해야 그 상황에 맞는 진정한 의미가 파악되는 불확정 개념이 사용될 수 있기 때문이다.

그럼 추상적 표현보다 구체적 표현이 좋은 걸까? 추상과 구체는 긍정이나 부정으로 나누는 것이 아니라 필요에 따라 적절하게 사용하는 거야. 이 지문은 법에서 일부러 구체적이지 않은 불확정 개념을 사용했다는 뜻이야. 법은 한 번 만들면 몇 십년을 사용하지. 미래에 어떤 상황이 벌어질지 모르니 의도적으로 구체적이지 않은 불확정 개념을 사용해. 그래야 다양한 상황에도 법을 적용할 수 있으니까.

관념

'관념'은 볼 관(觀)에 생각 념(念)을 써. 대상을 보고 떠오른 생각이라는 일차적 의미를 가지고 있지. 그런데 이때 '보다'라는 건 눈만 의미하는 건 아니야. '눈에 보이지 않는 대상을 꿰뚫어 보다'라는 의미도 있거든. 그래서 관념은 내 마음의 눈으로 보고 든 생각이란 뜻으로 한 사람의 가치관, 신념

● 신념
믿을 신(信)+생각 념(念). 굳게 믿는 생각.

등과 같이 깊이 있는 생각을 말해. 예를 들어, '고정관념'은 쉽게 변하지 않는 생각, '관념적 대상'은 눈에 보이는 구체적 대상이 아닌, 머릿속에 존재하는 평화, 사랑 등을 말하지.

〔2025 수능〕 과거에 중시되었던 협력과 나눔의 인생관은 낡은 **관념**이 되었다.

세월이 흐르면 머릿속에 자리잡은 관념도 변하기 시작해. 예를 들어, 세대 차이라는 것도 결국 세상을 바라보는 시선인 관념의 차이라고 할 수 있어. 다 함께 농사 짓던 전통 사회에서는 '나눔과 협력'이 중요한 관념이었지만, 경쟁이 치열한 현대 사회에서는 낡은 관념이 되어버린 거야.

- **실학**
열매 실(實)+배울 학(學). 실질적인 쓸모, 도움이 있는 학문.

- **주자학**
유학의 한 갈래인 성리학을 주희가 집대성한 학문. 독해 시 유학으로 해석해도 무방함.

- **국한**
판 국(局)+한할 한(限). 적용되는 판을 한정시킴.

〔2023 수능〕 조선 후기 실학자들이 편찬한 유서가 주자학의 **관념**적 사유에 국한되지 않고 새로운 지식의 축적과 확산을 촉진한 것은 지식의 역사에서 적지 않은 의미를 지닌다.

'사유'란 원래 생각이라는 뜻으로, '관념적 사유'는 현실보다 머릿속 논리에 갇힌 사고방식을 말해. 지문에서 조선 후기 실학자들은 책 속의 이론만으로는 세상을 바꿀 수 없다고 본 거야. 그래서 관념을 벗어나 실제 생활에 도움이 되는 학문, 즉 실학이 등장한 거지. 관념은 이렇게 실생활과 대비되는 의미로 사용되기도 해. 특히 고전 문학에서는 충·효와 같은 유교적 가치를 중시하는 양반 문학을 가리켜 '관념적 성격이 짙다'고 표현하지. 반면 농사, 살림, 일상의 고단함을 다룬 평민 문학은 현실의 삶을 보다 구체적으로 그려 낸다는 특징이 있어.

🔍 하나 더 알아보기 관념의 구체화

'관념의 구체화'는 머릿속 생각을 눈에 보이게 만드는 표현 방식이야. 예를 들어, '자유'는 감각으로 확인할 수 없지. 하지만 시인은 '푸른 하늘을 날아 오르는 새'를 통해 눈에 보이지 않는 자유를 구체화해서 보여 줄 수 있어. 또 '삼백예순날 하냥 섭섭해 우옵내다'라는 구절은 슬픈 감정을 360이라는 큰 숫자를 통해 구체화한 거야. 구체적인 숫자를 통해 화자의 슬픔을 더 효과적으로 드러내지. 이런 표현이 바로 관념의 구체화야. 시에서는 이런 장면이 '이미지 형상화', '감정의 구체화' 문제로 자주 등장해. 즉, 눈에 보이지 않는 생각을 눈앞의 장면으로 바꾸는 것이 시의 핵심 표현 기법이야.

🔍 한눈에 쏙! 개념 정리

항목	구체(具體)	관념(觀念)
이미지	• 눈에 보이는 것 • 형태·외형·실체	• 눈에 보이지 않는 것 • 생각·신념·가치관
개념 정의	오감을 통해 인식할 수 있는 실체	마음의 눈을 통해 보고 든 깊이 있는 생각
수능 문맥	• 시에서는 감정의 구체화 • 법에서는 불확정 개념의 해석	• 가치관·사상·이념 • 현실과 동떨어진 사고
독해 전략	'형태·감각·표현' 등 구체적 이미지에 주목하기	보이지 않는 생각을 구체적으로 드러낸 방식(형상화)에 주목하기

손님의 시선 객관
VS
주인의 시선 주관

객관

친구의 고민은 잘 들어 주면서 막상 내 고민의 답은 안 보일 때가 있지? 그건 제삼자의 시선인지, 당사자의 시선인지의 차이 때문이야. '객관'의 '객(客)'은 손님을 뜻하고, '관(觀)'은 '보다'라는 뜻이야. 즉, 당사자가 아닌 제삼자, 손님처럼 한발 물러서서 바라보는 시선이 바로 객관이지. 즉, 감정에 휩쓸리지 않고 냉정하게 판단하는 태도를 말해.

〔2021 수능〕 이덕무는 청의 현실을 객관적 태도로 기록하고자 하였다.

명나라와 친밀한 관계를 유지하던 조선은 명나라를 제치고 등장한 청나라를 적대시했었어. 하지만 이덕무는 그런 감정을 배제하고 최대한 이성적인 관점에서 청나라의 현실을 기록하고자 노력했다는 뜻이야. 청나라를 미워하는 개인적인 감정 대신 사실을 기록하려 했다는 점에서 객관적인 태도를 보인 거지.

> 〔2025 9월〕 리얼리즘 영화 이론가 앙드레 바쟁에 따르면 영화는 '세상을
> 향해 열린 창'이다. 창을 통해 세상을 인식하는 것처럼, 관객
> 은 영화를 통해 현실을 객관적으로 인식할 수 있다.

　리얼리즘 영화는 현실을 꾸미지 않고 있는 그대로 보여 주는 걸 중요시 해. 감독이 영화에 자신의 감정이나 생각을 섞으면 관객은 현실이 아니라 감독의 생각을 보게 되기 때문이야. 그래서 리얼리즘 영화를 촬영하는 감독은 영화가 있는 그대로의 현실을 보여 주는 투명한 창문의 역할을 해야 한다고 주장해. 감정과 의견을 걷어내고 사실에 초점을 맞추는 태도, 그게 객관이야.

주관

'주관'은 '주인 주(主)'를 써서, 생각과 감정의 주인인 '나'의 시선으로 바라보는 걸 말해. 그래서 주관적인 시선은 나의 경험이나 가치관, 감정이 담긴 개인 중심의 시선을 뜻하지. 사람마다 성격과 배경이 다르니까 똑같은 일도 다 다르게 느끼는 거야. 객관이 '일반적 시선'이라면, 주관은 개인적인 시선이지.

> 〔2025 6월〕 연구자의 주관이 개입될 여지가 있는 질적 연구에서는 객관성
> 과 타당성을 확보하기 위한 노력이 중요하다.

　숫자를 다루는 양적 연구와 달리 인터뷰나 관찰을 중심으로 하는 질적 연구는 연구자의 해석이 포함될 수밖에 없어. 그래서 연구자의 주관이 결

과에 영향을 주지 않게 객관성을 유지하려는 노력이 필요하다는 뜻이야. 특히 과학이나 학술 연구처럼 사실이 중심인 영역에서는 연구자의 주관 개입을 최소화하거나 통제해야 하지.

〔2023 수능〕 겸재는 산을 그리면서도 뺄 건 빼고 과장할 것은 과장하면서 필요한 경우에는 자리를 옮겨 가면서까지 **자신이 생각하는 구도**로 풍경을 **재구성**하였다. 겸재의 그림은 실물과 똑같이 그리는 것이 능사가 아니라는 점을 증명하고 있다.

● **능사**
능할 능(能) + 일 사(事). 능히 잘 해낼 수 있는 일. '능사가 아니다'는 '그것만이 정답은 아니다'라는 의미.

그런데 예술에서는 오히려 주관이 작품의 힘이 돼. 겸재는 산을 그리면서 뺄 건 빼고, 강조할 건 과감히 강조했어. 필요하면 시점을 바꿔 자신이 원하는 구도로 풍경을 재구성했지. 예술의 세계에서는 객관보다 주관이 작품의 개성을 만들어 내는 재료가 되기도 해. 이렇게 객관과 주관은 옳고 그름으로 나눌 수 있는 게 아니야. 사실을 정확히 전달할 때는 객관, 감정을 드러내고 표현할 때는 주관, 상황에 따라 적절히 써야 하는 두 개의 도구라고 생각하면 돼.

🔍 하나 더 알아보기 **객관적 상관물**

문학에서 '객관적 상관물'은 화자의 주관적 감정을 대신 드러내는 객관적인 대상을 말해. 상관이 있는 물건을 제시해서 독자가 화자의 감정을 더 잘 느끼게 해 주는 거지. 예를 들어, '외롭다' 대신 '텅 빈 의자 하나가 남아 있었다'라고 표현하면, 독자는 말하지 않아도 외로움을 느끼게 돼. 여기서 '텅 빈 의자'가 바로 외로움의 객관적 상관물이야.

객관적 상관물은 '비가 내리니 슬퍼지네'처럼 화자의 감정을 유발할 수도 있고, '내가 슬퍼하니, 하늘도 우네'라며 화자의 감정을 이입할 수도 있어. 시험에 자주 나오는 감정 이입의 대상도 객관적 상관물의 종류 중 하나라는 걸 기억해.

🔍 한눈에 쏙! 개념 정리

항목	객관(客觀)	주관(主觀)
이미지	한발 물러서 세상을 바라보는 손님의 시선	내 감정과 생각이 중심이 되는 주인의 시선
개념 정의	감정이나 의견을 배제하고 사실 중심으로 바라보는 태도	개인의 감정·경험·가치관에 따라 세상을 해석하는 시선
수능 문맥	리얼리즘, 기록·보고문, 객관적 태도, 사실 중심 기술	예술·창작·표현 영역, 작가의 관점과 감정 표현
독해 전략	사실·근거 중심인지 확인하고 감정이 개입되었는지 구별하기	화자나 인물의 감정·생각·표현의 의도를 중심으로 읽기

나만의 고유
VS
모두의 보편

고유

'고유'는 굳을 고(固)에 있을 유(有)로 이루어진 단어야. 단단히 굳어서 쉽게 변하지 않는, 처음부터 가지고 있는 성질을 뜻해. 그래서 '고유하다'는 '본래부터 가지고 태어난 나만의 성질을 지닌다'라는 의미야. 눈, 코, 입이 있는 것은 다른 사람들과의 공통점이지만, 길고 가는 눈은 나만의 고유한 특징이자 개성이 되는 거지. '고유어'도 같은 원리야. '아빠', '엄마'처럼 우리 민족이 예부터 써온 말이 고유어고, '부모'처럼 한자 문화권에서 들어온 말은 한자어지. 다른 나라엔 없는 우리만의 언어적 개성, 그것이 바로 고유어야.

● 획일화
그을 획(劃)+한 일
(一). 하나로 선을 그은 것처럼 똑같아짐.

〔2021 수능〕 장소가 **고유한** 특성을 잃고 다른 장소와 동질화된 것이 장소의 획일화이다.

　사람과 언어뿐만 아니라 모든 대상은 자신만의 고유한 성질을 가지고 있어. 장소 역시 서울, 부산, 제주도가 모두 서로 다른 자신만의 개성을 가지고 있지. 그런데 각기 다른 장소들이 유행하는 도시를 똑같이 따라한다면 개성도, 다양성도 사라지는 획일화의 문제가 생겨. 고유는 각각의 개성이고 다양성의 시작이라는 걸 기억하자.

> 〔2024 9월〕 전압의 주파수*를 수정의 **고유** 주파수와 일치시켜 수정이 큰 폭으로 진동하도록 하여 진동을 측정하기 쉽게 만든 것이 수정 진동자이다.

● 주파수
두루 주(周)+물결 파(波)+셈 수(數). 물결이 한 번 출렁이며 제자리로 돌아오는 과정이 1초에 몇 번 반복되는지를 나타내는 값. 전기나 소리 등이 1초에 진동하는 횟수.

고유는 과학에서도 '바뀌지 않는 기준값'으로 자주 쓰여. 수정의 고유 주파수는 수정의 구조와 재질 때문에 정해지는, 변하지 않는 값이야. 조건이 동일하다면 고유 주파수는 변하지 않기 때문에 기준으로 삼을 수 있지. 따라서 문제에서 동일 조건 하에 '고유 주파수'를 바꾼다고 하면 오답이야. 시험에서는 기준이 되는 고유한 값과 실험자가 변경할 수 있는 값을 구분하는 게 중요해.

보편

'보편'은 넓을 보(普)에 두루 편(遍)을 써서 널리 두루 통하는 성질을 뜻해. 고유가 '나만의 것'이라면, 보편은 '모두에게 통하는 것'이지. 많은 사람이 함께 공감하거나 따르는 **공통된 성질**이 보편이야. 이때 모두에는 하나의 집단부터 사회, 국가 더 나아가 인류까지 포함될 수 있어. 고유가 하나를 부각한다면, 보편은 넓게 묶어 주는 역할을 하는 거지.

〔2024 수능〕 '김원전'은 당대의 **보편적 가치**인 충군을 주제로, 초월적 능력을 지닌 주인공과 기이한 존재인 적대자의 필연적 대결 관계를 보여 준다.

보편은 '보편적 가치'라는 표현으로 시험에 자주 나와. 사람마다 생각이 다른 걸 '개인적 가치'라고 한다면 '생명의 소중함'처럼 많은 사람들이 공감하는 가치를 '보편적 가치'라고 해. 고전 소설 속 보편적 가치는 '충, 효'를 기억하면 돼. 신하는 임금을 향한 충을, 자식들은 부모를 대하는 효를 추구하는 것이 널리 받아들여졌다는 말이야. 영웅 소설에서 주인공이 위험을 무릅쓰고 전쟁에 나가는 것도 '충, 효'로 설명돼. 지문에서는 임금과 부모를 괴롭힌 상대를 주인공이 충, 효라는 가치에 의해 처단하는 것이 당연하다는 이야기를 하는 거야.

〔2026 6월〕 시에서 형상화는 개념과 이미지 간의 유사성을 바탕으로 하는데, 이러한 유사성은 밝은 속성을 가진 대상은 긍정적으로, 어두운 속성을 가진 대상은 부정적으로 여기는 것처럼 **보편적** 인식에 바탕을 두는 것이 일반적이다.

'밝음=긍정', '어둠=부정'이 자연스럽게 느껴지는 건, 이게 보편적 인식이기 때문이야. 문학에서는 이 보편적 인식을 그대로 사용하여 의미를 명확하게 드러내기도 하고, 반대로 뒤집어서 새로움을 주기도 해. 예를 들어, '어둠'을 편안함이나 안정감으로 표현하면 보편에서 벗어난 개성적 표현이 되지. 따라서 지문을 읽을 때 보편적 인식을 기준으로 하되, 의도적으로 비튼 부분이 있는지 함께 봐야 해.

🔍 하나 더 알아보기 **획일**

'보편'이 자연스럽게 공유되는 공통성이라면, '획일'은 인위적으로 만든 통일성이야. 그을 획(劃)에 한 일(一)을 써서, '모두를 한 가지로 만들어 버린 상태'를 뜻하지. 예를 들어, 거리마다 다 다른 분위기를 가지고 있었는데, 같은 브랜드 간판과 같은 색깔의 건물로 바뀌 버리면 그건 획일화에 해당해. 시험에서는 '고유성의 상실', '다양성을 해치는 현상'처럼 부정적인 의미로 자주 출제돼.

🔍 한눈에 쏙! 개념 정리

항목	고유(固有)	보편(普遍)
이미지	단단히 굳은 나만의 색깔	두루 통하는 모두의 공감대
개념 정의	변하지 않고 처음부터 지닌 개별적 성질, 개성	사회나 인류 전체가 공유하는 공통된 성질, 가치
수능 문맥	장소의 고유성, 언어의 고유어, 과학의 고유 주파수 등 '기준값·개성' 중심	보편적 가치(충·효), 보편 인식, 사회 전체의 공감대 중심
독해 전략	'고유성 상실 = 획일화'로 출제되는 부정 의미를 주의하기	보편적 가치·인식이 공감의 기준인지, 혹은 뒤집힌 표현인지 확인하기

꿈꾸는 이상
VS
내가 있는 현실

이상

'이상형이 뭐야?'라는 말, 들어 봤지? 여기서 '이상'은 다스릴 리(理)에 생각 상(想)을 써서, 머릿속으로 그려 본 가장 완전한 상태를 뜻해. 현실에 존재하는 게 아니라 '이랬으면 좋겠다'라고 마음속으로 그린 가장 좋은 모습이야. 사람마다 이상형이 다르듯 '이상적인 삶', '이상적인 사회'도 각자 달라. 그래서 이상은 그 사람이 어떤 가치관을 가지고 무엇을 중요하게 생각하는지 보여 주는 생각의 방향이라 할 수 있어.

〔2023 수능〕 '무릉도원'은 현실적 공간을 이상적 공간으로 바라보는 화자의 인식이 나타난다.

● 이상향
고향 향(鄕)이 포함된 공간 개념, '이상'이 최고의 것 그 자체라면, '이상향'은 최고의 공간으로 해석함.

● 도화
고전 문학에서 봄의 계절감, 무릉도원, 쉽게 변하는 대상 등을 의미.

'이상적 공간'은 사람이 꿈꿀 수 있는 최고의 공간으로, 고향 향(鄕)을 써서 '이상향'이라고도 해. 서양에 유토피아가 있다면 동양에는 무릉도원이 있어. 복숭아꽃(도화)이 떠내려오는 걸 보고 찾아간 공간이라 도화와 함께 언급돼. 고전 시가에서 '이곳이 바로 무릉인가?'라는 표현이 나온다면 '인간이 누릴 수 있는 최고의 행복을 누리고 있어 굉장히 만족스럽다'라고 해석하면 돼.

〔2026 9월〕 오늘날 환경 오염, 전쟁 등으로 인해 인류가 심각한 위기에 처한 상황에서 현실 너머에 존재하는 **이상적인** 세계를 탐색하는 SF의 역할이 더욱 중요해졌다고 수빈은 주장한다.

그래픽 기술이 발달하면서 머릿속으로만 상상하던 이상적인 세계를 영상으로 구현하는 일이 쉬워졌어. 이렇게 상상과 과학이 결합된 영화가 바로 SF 영화야. SF를 연구하는 비평가 다르코 수빈은 '현실의 고난이 커질수록, 이상적인 세계를 그리는 SF의 역할이 커진다'라고 말했어. 왜냐하면 SF는 단순히 미래를 상상하는 게 아니라, 현실의 문제를 비추고 해결의 방향을 제시하는 장르이기 때문이야. 그래서 SF 속 이상 세계는 단순한 꿈이 아니라, 현실을 더 나은 방향으로 이끄는 나침반이 되는 거지.

현실

'현실'은 나타날 현(現)에 열매 실(實)을 써. 이상은 머릿속에서 그린 완전한 세계라면, 현실은 **눈앞에 드러난 실제** 모습이야. 과일을 키울 때 잘 익은 열매를 상상하지만, 실제로는 썩거나 벌레 먹은 것도 생기지. 이상은 긍정적인 반면, 현실은 좋음과 나쁨이 함께 존재해. 즉, 이상이 '내가 바라는 세상'이라면 현실은 '내가 지금 살고 있는 세상'이라 할 수 있어.

이덕무는 청나라의 현실을 있는 그대로 기록하려고 했어. 하지만 황제의 눈치를 보느라 꾸며진 모습은 현실이 아니었지. 그래서 이덕무는 현실을 가리는 청의 태도를 지적했어. 불편한 사실까지도 드러내는 것이 진짜 현실이야. 보기 좋게 포장된 세상만 본다면, 진실을 놓치게 되니까.

사람들은 현실이 답답할 때 가상 공간이라는 또 다른 세계로 이동하기도 해. 거기서는 현실에서 하지 못한 표현을 하거나 새로운 모습을 드러낼 수 있어. 예를 들어, 소심한 사람이 인터넷 공간에서 자기 이름이 아닌, ID나 닉네임을 사용해 적극적으로 자기 생각을 말하는 경우가 있지. 하지만 지문에서는 현실에서 받은 스트레스를 가상 공간에서 악플을 달며 공격적으로 표출할 수 있다는 점을 지적하고 있어. 이렇게 시험에서는 이상과 현실의 차이, 그리고 이상을 실현시켜 주는 가상 공간이 함께 출제돼.

🔍 하나 더 알아보기 **이상과 현실의 괴리**

이상과 현실은 완전히 같을 수 없지만, 그 거리가 너무 멀어지면 이상과 현실의 '괴리'가 생겨. 괴리란 '어그러질 괴(乖)'에 '떠날 리(離)'를 써서, 생각과 현실이 어긋나 멀어진 상태를 뜻해. 너무 높은 이상만 바라보다 보면, 현실과의 차이에서 오는 좌절감이나 무력감이 커질 수도 있어. 문학에서는 종종 인물이 이런 괴리감을 어떻게 받아들이고 극복하는가를 중요한 주제로 삼곤 해. 이상은 높이 바라보되, 현실을 기반으로 해야 진짜 의미가 있다는 점을 기억하자.

🔍 한눈에 쏙! 개념 정리

항목	이상(理想)	현실(現實)
이미지	하늘을 바라보는 꿈의 나침반	지면을 딛고 서 있는 지금의 발자국
개념 정의	• 머릿속에서 그려 본 가장 완전한 상태 • 바람직한 가치나 목표	• 실제 눈앞에 드러난 삶의 모습 • 기쁨과 고통이 공존하는 세계
수능 문맥	• 이상향(무릉도원, 유토피아) • SF 속 이상 • 세계, 나아가야 할 방향	• 객관적 기록 • 사회 현실 비판 • 가상 공간과 현실의 대비
독해 전략	이상은 현실의 문제를 반영하고 방향을 제시하는 장치로 이해하기	현실은 있는 그대로의 삶을 보여 주는 무대임을 기억하기

한눈에 보이는 표면
VS
숨겨진 이면

표면

책을 고를 때 제일 먼저 보는 건 표지야. 책의 내용은 읽어야 알 수 있지만, 표지는 단숨에 책의 주제나 분위기를 보여 줘. 마찬가지로 어떤 대상이든 겉으로 드러난 '표면(表面)'을 먼저 보고, 그다음 안쪽을 살펴보는 게 자연스러워. 여기서 헷갈리기 쉬운 게 '외면(外面)'과 '표면(表面)'인데, 외면은 눈에 보이는 모든 바깥 부분을 말하고, 표면은 그중에서도 가장 바깥, 즉 보자마자 알아챌 수 있는 부분을 말해.

> 〔2023 수능〕 이러한 두 양상은 표면적으로 드러난 생명의 모습에서는 차이를 보이지만, 생명체들이 어우러져 살아가는 모습을 보여 준다는 점에서는 동일한 지향성을 지닌다고 할 수 있다.

'표면적으로는 다르지만 본질은 같다'라는 말은 겉으로는 달라 보이지만, 속뜻은 같다는 의미야. 이 지문은 '조화로운 생명'이 주제인 시와 '황폐한 삶을 이겨내는 생명체'를 이야기한 또 하나의 시를 연결하고 있어. 겉으로는 다른 상황을 보여 주지만, 결국 '생명의 힘'을 노래한 것은 같다는 거야. 이렇게 표면은 겉으로 드러난 첫인상, 아직 깊이 들어가지 않은 관찰이야. 그래서 시험에서 표면이 나오면 뒤에 더 깊이 파고든 해석이 따라오지.

〔2024 6월〕 중심인물의 반복적인 동작을 강조하여 내적 갈등을 표면화한다.

사람의 마음을 이해하는 건 책의 내용을 파악하는 것과 비슷해. 책 표지를 보고 내용을 짐작하듯, 사람의 속마음도 겉으로 드러난 행동을 통해 알 수 있지. 시험에서는 이런 걸 '인물의 심리를 행동으로 표면화한다'라고 표현해. 예를 들어, 불안한 마음이 손톱을 물어뜯는 행동으로 드러난다면 우리는 그 행동을 보고 인물이 느끼는 내적 갈등이나 불안감을 짐작할 수 있어. 즉, 속마음은 보이지 않지만 반복되는 행동을 통해 마음이 겉으로 드러난다는 것, 이게 바로 '표면화'의 핵심이야.

이면

비슷해 보이는 '내면'과 '이면'은 한자를 알면 차이가 보여. 내면은 '안 내(內)'를 써서 안과 밖을 나누었을 때의 안쪽, 즉 마음속이나 속사정을 말할 때 주로 써. 반면 속 리(裏)를 쓰는 이면은 보이지 않는 속뿐만 아니라 감춰진 사정이나 숨은 의도까지 포함해. 인물의 심리에 주로 쓰이는 '내면'과 달리 '이면'은 사람의 심리뿐 아니라 사건, 사회, 상황 전체의 숨은 면을 가리킬 때 폭넓게 사용돼.

〔2026 수능〕 윗글에서 서술자는 부정적 인물인 허명두에게 초점화하여 그의 **내면**을 서술하였다. 이는 인물의 생각을 타당한 것처럼 보이게 하지만 한편으로는 상황을 자신에게 유리하게 해석하는 인물의 태도를 드러내어, 서술의 **이면**에 그 부정성에 대한 서술자의 비판이 함께 있음을 보여 준다.

이 지문은 소설 「독가촌 풍경」에 관한 설명이야. 만약 우리가 도둑이나 사기꾼의 속마음을 알게 된다면, 우리는 그들에게 공감하게 될까? 작가는 그렇지 않을 거라고 생각했어. 그래서 이기적으로 자신의 이득만 추구하는 부정적 인물인 '허명두'의 내면을 자세하게 서술하지. 허명두가 얼마나 이기적인 생각으로 행동했는지를 보여 주면 독자들이 더 쉽게 비판할 수 있을 거라는 생각이 보이지 않는 서술의 이면에 깔려 있었던 거야.

〔2026 9월〕 크라카우어에 따르면, 영화는 드러내면서 동시에 숨기는 매체이다. 사회에서 불순하거나 위험하다고 간주되는 이념은 영화의 **이면**에 감추어진다.

●**간주**
볼 간(看) + 지을 주(做). 확실하지 않더라도 그렇게 보고 여기는 것.

영화를 보면 표면적으로는 단순한 장면이 나오지만, 그 이면에는 사회가 감추고 싶어 하는 사상이나 감정이 들어 있기도 해. 예를 들어, 제2차 세계 대전에서 패배한 후, 독일 영화에는 밀실, 폐허 같은 이미지가 자주 나오는데 그 속에는 패배한 현실에서 도피하고 싶은 심리가 숨어 있어. 이렇게 이면은 겉만 보고는 알 수 없는 숨겨진 의미나 의도를 가리켜.

🔍 하나 더 알아보기 **판소리 주제의 이중성**

판소리는 양반과 평민이 함께 즐기던 예술이라, 서로 다른 계층 모두가 공감할 수 있어야 했어. 그래서 겉으로 드러나는 주제(표면적 주제)와 그 속에 숨어 있는 진짜 뜻(이면적 주제)을 함께 담았지. 예를 들어, 「춘향전」은 표면적으로는 춘향의 사랑과 절개를 칭송하는 이야기처럼 보이지만, 그 이면에는 부패한 관리에 대한 풍자와 평민의 신분 상승 욕구가 숨어 있어. 즉, 한 편의 이야기 속에 웃음·감동(표면)과 비판·풍자(이면)가 공존하는 거야. 이런 주제의 이중성이 판소리를 더 풍성하게 만들었지.

🔍 한눈에 쏙! 개념 정리

항목	표면(表面)	이면(裏面)
이미지	• 한눈에 보이는 겉의 모습 • 책의 표지	• 겉으로는 보이지 않는 속의 진실 • 감춰진 이야기
개념 정의	• 대상의 가장 바깥, 눈에 띄는 부분 • 내적인 것이 외적으로 드러난 상태	• 겉모습 뒤에 숨은 사정, 의도 • 진짜 의미를 지닌 부분
수능 문맥	감정의 표면화, 표면적 차이를 드러냄	사건의 이면, 인물의 이면, 영화의 이면 등 숨겨진 의미 탐구
독해 전략	겉으로 드러난 행동·표정·상황에 주목해 '보이는' 의미 파악하기	표면과 대비되는 '숨겨진 의도·상징적 의미' 추론하기

대부분 인정하는 개념
VS
참, 거짓의 명제

개념

'사랑이 무엇인지'에 대한 생각은 사람마다 달라. 어떤 사람은 사랑을 '돌봄'이라고 하고, 또 어떤 사람은 '희생'이라고 해. 이렇게 서로 다른 생각을 우리는 '사랑의 개념이 다르다'라고 하지. 하지만 '상대를 미워하는 것'을 사랑이라고 하진 않지? 즉, 개념은 각자 다르게 가질 수 있어도 일반적으로 타당하다고 인정되는 범위 안에 있어야 해. 그래서 개념은 대개 개(概)에 생각 념(念)을 써서, **대부분 인정하는 생각**을 말해. 여러 종류의 사랑에서 **공통된 성질을 추려 낸 것**이 개념이지. 어떤 개념이 사회 전체에서 널리 인정받게 되면 생각 념(念) 앞에 통할 통(通)을 붙여 '통념(通念)'이라고 해.

〔2025 수능〕 낯선 용어의 **개념**을 정의하여 발표 내용에 대한 청중의 이해를 돕고 있다.

개념은 자연스럽게 생겨나는 게 아니라, 인간이 대상을 분류하고 묶기 위해 의도적으로 설정한 틀이야. 그래서 시대가 바뀌면 개념도 달라지고 새로운 문물이 들어오면 새로운 개념이 만들어져. 예를 들어, 기술이 발전하면서 현실과 가상을 오가는 세계를 '메타버스'라는 새로운 개념으로 묶어 부르는 거지. 특히 비문학 지문은 첫 한두 단락에서 개념 정의를 제시하는 경우가 많으니, 초반의 개념 설정을 정확히 파악해야 뒤에 나올 내용을 이해할 수 있어.

〔2026 수능〕 그는 자아와 인격이 시공간적 세계를 경험하는 인간에만
적용되는 **개념**이라고 주장한다.

개념은 학자마자 다르게 설정할 수도 있고 적용 범위가 다를 수도 있어. 지문에서는 '자아와 인격' 개념이 인간에게만 적용되는 개념이라고 범위를 한정하고 있지. 이건 모든 학자들의 의견이 아닌 지문에 나온 학자 '롱게네스'의 주장이야. 비문학 지문에는 많으면 10명의 학자가 나오기도 하는데 이런 경우에는 개념 정의의 공통점과 차이점을 반드시 물어보니 지문에서 꼭 확인해야 해.

명제

개념이 대상의 뜻을 풀이한 것이라면 명제는 개념의 관계를 판단하는 거야. 개념은 사람마다 생각이 달라 참·거짓을 판별할 수 없지만, 명제는 **참·거짓을 판별할 수 있다**는 점이 달라. '선물을 준다는 건 사랑한다는 뜻이다'라는 문장은 p→q의 명제처럼 보이지만 참·거짓을 판별할 수가 없어. 이렇게 명제처럼 생겼지만 판별이 불가능한 문장을 '사이비* 명제'라고 해. 참·거짓 판별이 명제 성립의 가장 중요한 조건임을 기억하자.

● **사이비**
같을 사(似)+말 이을 이(而)+아닐 비(非). 같아 보이지만 실제로는 아닌 것.

두 **명제**가 모두 참인 것도 모두 거짓인 것도 가능하지 않은 관계를 모순 관계라고 한다.

참과 거짓을 구분할 수 있는 명제임이 확인되면 그 후에는 여러 명제 간의 논리 관계를 고려해야 해. '불국사는 경주에 있다'와 '불국사는 경주에 있지 않다'는 반드시 둘 중 하나가 참이어야 하는 명제야. 둘 다 참이거나 둘 다 거짓일 수 없지. 두 명제 중 반드시 하나가 참이어야 하는 관계를 모순 관계라고 해. 남성과 여성, 생과 사처럼 딱 두 가지로만 나뉘는 경우가 대표적인 모순 관계야. 인간은 남성이거나 여성이지, 둘 다 아니거나 둘 다일 수는 없어. 마찬가지로 생물은 살아 있거나 죽어 있는 상태 중 하나만 가능해. 이처럼 중간 상태가 없어서, 두 선택지 중 반드시 하나만 참이 되어야 하는 관계가 바로 모순 관계야.

논리실증주의자와 포퍼는 수학적 지식이나 논리학 지식처럼 경험과 무관하게 참으로 판별되는 분석 **명제**와, 과학적 지식처럼 경험을 통해 참으로 판별되는 종합 **명제**를 서로 다른 종류라고 구분한다.

명제는 지식의 성격을 구분할 때도 쓰여. 지문에서는 경험과의 관련성을 기준으로 지식을 구분하며 명제를 사용했어. 수학, 논리학 등을 통해 경험과 무관하게 참·거짓을 판별할 수 있는 지식을 분석 명제, 경험을 통해 참·거짓을 판별할 수 있는 지식을 종합 명제로 구분한 거야. 이런 지식의 종류 구분은 학자마다 다를 수 있지만 지식은 참·거짓이 분명해야 하기 때문에 항상 명제 개념을 사용해.

🔍 하나 더 알아보기 **전건 긍정**

명제가 'p이면 q이다'라는 조건문 구조일 때, 앞에 있는 조건 p를 '전건', 뒤에 있는 q를 '후건'이라고 해. 예를 들어, '만약 사람이라면 죽는다'라는 명제에서 '사람이다'는 전건, '죽는다'는 후건이 되는 거야. 논리학에서는 이런 구조의 명제가 참일 때, 앞에 있는 조건(전건)이 실제로 일어났다면 뒤에 있는 결과(후건)는 볼 필요도 없이 참이라고 여겨. '만약 비가 오면 소풍이 취소된다'라는 명제가 참이라고 해 보자. 아침에 일어나 보니 실제로 비가와. 그럼 명제의 조건(전건)이 채워졌으니, 소풍 취소(후건) 여부는 따로 확인하지 않아도 당연히 참이 되는 거지. 이걸 앞에 있는 조건을 인정한다고 해서 '전건 긍정'이라고 불러.

🔍 한눈에 쏙! 개념 정리

항목	개념(槪念)	명제(命題)
이미지	사람마다 약간의 차이는 있지만 대부분 인정하는 생각	참·거짓을 판별할 수 있는 진술
개념 정의	• 일반적으로 인정되는 생각 • 대상에 대한 분류·설정	사실 확인을 통해 참·거짓을 판별할 수 있는 문장
수능 문맥	비문학 지문의 서두에서 개념 정의·설정 강조	• 논리 파트에서 참·거짓 판단 • 전건·후건 구조로 출제
독해 전략	학자별 개념 간의 공통점과 차이점 찾기	• p → q 구조 파악 • 전건 긍정, 사이비 명제 구별이 핵심

해야 하는 당위
VS
올바른 정당

당위

'당위'와 '정당'은 모두 '당연하다'는 뜻의 마땅 당(當)을 쓰지만 구체적인 의미는 달라. 당위는 마땅 당(當)에 할 위(爲)를 써서 **마땅히 해야 할 일**을 뜻해. 학생이 공부해야 하는 이유, 시민이 법을 지켜야 하는 이유처럼 당연한 일이 바로 당위야. 즉, 당위는 '선택이 아닌 필수', 개인 또는 집단이 '꼭 해야 한다'고 정해 놓은 기준이지. 그래서 '당위성이 있다'는 말은 '해야 할 이유가 분명하다'라는 뜻이고, '당위성이 없다'는 말은 '굳이 하지 않아도 된다'는 뜻이야.

● 흉노
중국 북방의 유목 민족. 고전 소설에서 침략 세력으로 자주 등장함.

〔2025 6월〕 흉노의 침입으로 성상이 피신했다는 소식에 분노하여 이대봉이 출전한 데에서, 국가 차원의 문제 해결에 참여하는 **당위성**을 확인할 수 있군.

● 성상
성인 성(聖)＋윗 상(上). 국가의 최고 존재인 왕 또는 황제를 일컫는 말. '상'이라고도 함.

사회적으로 '당연한 일'은 시대에 따라 달라져. 가치관의 변화에 따라 사회적으로 요구되는 당연한 일이 바뀌는 거지. 고전 소설에서의 당위는 '유교적 가치관'을 기준으로 하는데, 주로 임금을 향한 '충'과 부모를 향한 '효'를 요구해. 주인공 이대봉이 황제가 피신했다는 소식에 분노하고 전쟁에 참여하는 것은 당대 사회가 요구하는 '충'이라는 당위성을 따른 거야.

〔2021 수능〕 명에 대한 의리를 중시하는 당시 주류의 견해에 대해 박제가는 의리 문제는 청이 천하를 차지한 지 백여 년이 지나며 자연스럽게 소멸된 것으로 여기고, 청 문물제도의 수용이 가져다주는 이익을 논하며 북학론의 **당위성**을 설파하였다.

● 박제가
조선 후기 실학자. 청 방문 경험을 바탕으로 청의 선진 문물을 배우자고 주장한 대표적인 북학파 학자.

● 설파
말씀 설(說)＋깨뜨릴 파(破). 기존 생각을 바꿀 수 있도록 말로 설득함.

개인의 가치관에 따라 '당연히 해야 한다고 믿는 일'은 다를 수 있어. 명나라와 교류가 깊었던 조선은 명을 무너뜨린 청과의 관계가 불편해졌지. 그래서 명과의 의리를 중시하는 사람은 청을 배척하는 것이 옳다고 여겼고, 현실적 이익을 중시하는 사람은 청의 발달한 문물을 받아들이는 것이 맞다고 생각했어. 이처럼 당위성의 기준은 다를 수 있어. 시험에서는 누구의 생각을 기준으로 한 당위성인지, 그 근거는 무엇인지를 확인하며 읽어야 해.

정당

'정당'에는 '옳다'는 뜻의 바를 정(正)이 들어가. 따라서 정당은 옳은가, 옳지 않은가를 판단하는 개념이라 할 수 있어. '당위'가 '꼭 해야 하는가?'라는 행동 이전의 판단이라면, '정당'은 '그게 옳은 일인가?'를 묻는 행동 이후의 평가라고 생각하면 돼.

조선 초기에 진행된 고려 관련 역사서 편찬은 고려 멸망의 필연성˙과 조선 건국의 **정당성**을 드러내는 작업이었다.

● **필연성**
반드시 필(必)+그럴 연(然). 반드시 그렇게 되는 성질.

고려의 신하였던 이성계가 조선을 세운 일은 당시 사람들에게는 충(忠)을 어긴 반역처럼 보였어. 그는 조선을 건국한 정당한 이유를 백성들에게 설명해야 했지. 그래서 고려의 역사를 보여 주는 역사서를 편찬해 고려가 왜 멸망할 수밖에 없었는지, 조선 건국이 어떤 필연성을 갖는지 설명했어. 이를 통해 '조선 건국은 정당하다', '올바른 일이었다'라는 평가를 얻으려 한 거야.

● **위임**
맡길 위(委)+맡길 임(任). 다른 이에게 할 일을 맡기는 것.

위임˙ 명령은 입법부인 국회가 자신의 권한의 일부를 행정부에 맡겼기 때문에 **정당화**될 수 있다.

법을 만드는 권한은 원래 입법부인 국회에 있어. 그런데 행정부가 규범을 만드는 '위임 명령'의 경우, '이것이 과연 옳은가?'라는 문제가 생겨. 이때 판단 기준이 되는 것이 '정당성'이야. 입법부가 자신의 권한 일부를 행정부에 맡겼기 때문에, 행정부가 만든 '위임 명령'은 정당성을 갖게 돼. 이처럼 정당성은 행위가 옳았는지 평가할 때 주로 사용되며, 그 근거를 어떻게 찾는지가 핵심이야.

🔍 하나 더 알아보기 합법성

합법성과 정당성은 얼핏 비슷해 보이지만 기준이 달라. 합법성은 어떤 행위가 법에 맞는지를 따지는 형식적 기준이고, 정당성은 그 행위가 도덕적·가치적으로 옳은지를 평가하는 실질적 기준이야. 예를 들어, 독재 정권이 만든 법은 형식상 합법적일 수 있어. 하지만 그 법이 국민의 권리를 침해한다면 도덕적으로 정당하지 않다고 할 수 있지. 그래서 시험에서는 '합법적이지만 정당하지 않다'처럼 형식과 가치의 어긋남을 짚는 문장이 자주 출제돼.

🔍 한눈에 쏙! 개념 정리

항목	당위(當爲)	정당(正當)
이미지	해야 하는 일의 의무	옳고 그름을 따지는 평가
개념 정의	• 사회적으로 '마땅히 해야 하는 일' • 행동 전의 의무	행위나 결과가 도덕적으로 올바른가를 평가하는 판단 기준
수능 문맥	• 유교적 가치(충·효), 행동의 이유 • 가치관의 갈등	• 조선 건국의 정당성 • 위임 명령의 정당화 • 도덕적 근거
독해 전략	"해야 하나?" = 당위 → 사회·가치 기준 확인	"옳은가?" = 정당 → 행위의 근거·결과 평가

효과/투자 = 효율
VS
쓸모 있는 효용

효율

● 효과
본받을 효(效)+실과
과(果). 본받을 만한
결실, 좋은 결과.

효과, 효율, 효용 등 '효'로 시작하는 많은 말은 본받을 효(效) 뒤에 오는 한 자에 따라 의미가 결정돼. '효율'은 비율 율(率)을 써서 바람직한 결과가 나타난 비율을 말해. 더 정확하게는 **투자한 노력에 비해 얼마나 큰 효과가 있었는지** 판단하는 거야. 한 달 동안 운동을 해서 근육량이 늘었다면 '운동의 효과가 있다'라고 표현하고, 운동한 시간은 많은데 그에 비해 근육이 조금밖에 안 늘었다면 '운동 효율이 낮다'라고 표현하는 거야.

〔2025 6월〕 소수의 경영진이 내린 의사 결정이 수직적으로 집행되는 **효율성**을 추구한다.

식으로 표현하면 '효율=효과/투자'야. 효율을 높이려면 분자에 자리한 효과를 늘리거나 분모에 자리한 투자를 줄여야 해. 효과는 현재 상태에서는 알 수 없는 미래의 일이니, 일을 진행할 때는 투자를 줄이는 방법을 먼저 찾아야 해. 이익을 위해 모인 집단인 기업은 언제나 효율을 중시하기 때문에 분모에 들어가는 '시간 투자'를 고려해. 그래서 효율을 높이기 위해 의사 결정은 소수만 참여하도록 하는 경우가 많아. 전문 경영진 중심의 신속한 결정으로 투입 시간을 줄여 의사 결정의 효율을 높이려는 전략이지.

> 〔2023 6월〕 좁은 땅을 **효율**적으로 사용하기 위해 기존 작물을 수확하고 다른 작물로 교체할 때에는 주변 작물의 재배 기간도 함께 고려하여 배치해야 한다는 것을 알았어요.

농사에서도 효율은 중요해. 땅과 시간, 노동력 등의 자원이 한정되어 있기 때문이야. 1년이라는 한정된 시간 중, 7개월만 땅을 이용하는 것보다 작물의 종류를 바꾸어 가며 1년을 알차게 이용하는 게 효율을 높이는 방법이야. 재배 시기가 겹치지 않는 작물을 심는다면 땅을 더 늘리지 않고도 훨씬 높은 수익을 낼 수 있어. 이렇게 효율은 공부, 기업 활동, 농사 등 사람의 모든 활동에서 중요한 역할을 해.

효용

'효과'가 결과, '효율'이 비율이라면 '효용'은 쓸 용(用)을 써서 그 결과가 실제로 얼마나 쓸모가 있는지, 만족을 주는지를 뜻해. '효용 가치'라는 말로도 많이 쓰이지. 단순히 결과가 생겼다는 데서 멈추는 게 아니라, 그 결과가 실제로 나한테 어떤 쓸모를 주는지가 핵심이야. 이때 효용은 단순히 경제적 이익만이 아닌 사람의 마음속에서 일어나는 만족감, 기쁨도 포함돼. 그래서 효용을 만족, 기쁨, 가치라고 외워 두면 지문 읽기가 편해질 거야.

〔2026 수능〕상호 대차의 **효용성**을 여러 도서관이 연결되어 하나의 도
서관을 이루고 있는 모습으로 제시해야겠군.

우리 동네 도서관에 없는 책이 옆 도서관에 있는 경우, 상호 대차 서비스
를 이용할 수 있어. 굳이 옆 동네까지 가지 않고 우리 동네 도서관에 신청
하면 수일 내로 책이 도착하는 거지. 이런 경우 책을 새로 사지 않고도 더
많은 시민이 이용할 수 있으니 투자를 늘리지 않고 효과를 높인 효율성이
높은 서비스라 할 수 있어. 그런데 두 도서관이 가지고 있는 책이 비슷하다
면 상호 대차 서비스는 효용성이 없는 서비스가 되는 거야. 그래서 글에서
는 한두 개의 도서관이 아닌 여러 도서관의 상호 대차가 가능하다는 점을
언급하여 효용성을 강조하고 있어. 이렇게 효과는 유무를, 효율은 높고 낮
음을, 효용은 크기를 따진다는 차이가 있어. 경제 지문에서는 이 셋을 구분
하여 사용하니 주의해야 해.

● 도외시
법도 도(度)+바깥 외
(外)+볼 시(視). 나와
는 상관없는 밖의 일
이라고 생각하며 바
라봄.

● 이용후생
이용(利用), 쓸모 있는
것들을 사용하여+후
생(厚生), 생활을 두
텁게 하자.

〔2021 수능〕이덕무는 청 문물의 **효용**을 도외시하지 않고 물질적 삶을
중시하는 이용후생에 관심을 보였다.

실제 쓰임을 뜻하는 '효용'을 중시했다는 건 다른 정치적, 문화적 가치
판단과 분리하여 실용적 관점에서 판단한다는 뜻이야. 조선은 명나라와
친밀한 관계를 유지했기 때문에 명을 정복한 청에게 적대적이었지. 하지
만 이덕무는 청 문물의 효용, 즉 청의 문화와 물건이 쓸모가 있다는 점을
인정했어. 이런 태도를 '이용후생'이라고 해. 이렇게 '효용'은 실생활과 밀
접한 쓸모, 만족을 뜻해.

🔍 하나 더 알아보기 한계 효용 체감의 법칙

한계 효용은 어떤 재화를 한 단위만큼 더 소비할 때 얻는 추가 만족을 뜻해. 처음 사탕 한 개를 먹을 때는 정말 달고 맛있지. 그런데 다섯 개, 여섯 개 계속 먹으면 어때? 점점 추가로 얻는 만족이 줄고 결국에는 질리지. 즉, 동일한 재화를 계속 소비할수록 얻는 추가적인 효용은 대체로 감소하는 경향을 보여. 이게 '한계 효용 체감의 법칙'이야. 한 단계씩 늘어날수록 만족도가 줄어든다는 거지. '한계=한 단위, 체감=감소' 이렇게 기억하면 돼.

🔍 한눈에 쏙! 개념 정리

항목	효율(效率)	효용(效用)
이미지	투자 대비 효과의 비율 : 얼마나 '잘 해냈는가'	결과의 쓸모와 만족감 : 얼마나 '유용한가'
개념 정의	같은 노력(투자)으로 더 큰 효과를 얻거나, 더 적은 노력으로 같은 효과를 내는 것	어떤 행위나 결과가 실제로 사람에게 주는 만족감과 가치
수능 문맥	경영·농업·행정 등에서 '시간·노력·비용 대비 효과'를 따질 때 등장(예 의사 결정 효율성, 토지 이용 효율성)	정책이 실제 생활에 얼마나 도움이 되는지, 효용성 여부를 따짐
독해 전략	• 효율=결과÷투자로 생각하기 • '시간·노력·비용'이 투입 대비 얼마나 성과를 냈는지에 주목하기	• 효용=쓸모·만족으로 이해하기 • 결과가 실제로 사람에게 어떤 가치나 편리를 주는지 파악하기

이성적인 합리
VS
계산적인 이해타산

합리

'합리'는 합할 합(合)에 이치 리(理)를 써서 '이치에 알맞다'는 뜻이야. 예를 들어, '합리적 소비'는 기분 내키는 대로 물건을 사는 것이 아닌 '이성'적으로 생각하여 구매하는 행위를 말하지. 사람은 이성과 감성을 둘 다 지니고 있기 때문에 중요한 일을 결정할 때 이성적으로 판단했는지 '합리성'을 따지는 지문이 시험에 자주 나와.

〔2021 6월〕한국, 중국 등 동아시아 사회에서 오랫동안 유지되었던 과거제는 세습적 권리와 무관하게 능력주의적인 시험을 통해 관료를 선발하는 제도라는 점에서 합리성을 갖추고 있었다.

● 세습
인간 세(世) + 엄습할 습(襲). 재산·신분 등을 세대를 거쳐 이어받음.

역사적으로도 합리성은 제도의 생명력을 결정지었어. 예를 들어, 한국과 중국에서 오랫동안 시행된 과거제는 신분이 아니라 능력으로 관리를 뽑았기 때문에 합리적이었지. 그래서 사회적 신뢰를 얻고 장기간 유지될 수 있었던 거야.

작가는 때로 **합리성**이 부족한 어린아이의 특성을 강화하여 독자가 서술자를 의심하게 한다.

문학에서도 합리성의 유무는 중요한 장치야. 보통 어린아이들은 경험이 부족해 합리성이 떨어지기 마련인데, 작가는 이런 점을 의도적으로 활용해 독자가 서술자를 의심하게 만들기도 해. 이럴 때 독자는 서술자의 말을 그대로 믿기보다는 상황을 파악하려고 적극적으로 나서게 되거든.

「사랑 손님과 어머니」에서 독자들은 알 만한 상황을 다섯 살 옥희만 눈치채지 못하는 장면이 대표적인 예야. 아버지와 사별한 엄마가 사랑방에 세 들어 사는 손님과 사랑에 빠진 상황을 옥희는 전혀 눈치채지 못해. 그저 손님이 계란을 좋아한다는 말을 엄마에게 전했을 뿐이고, 이후 계란 반찬이 계속 나오자 '반찬이 맛있다'며 좋아하기만 하지. 하지만 독자는 옥희와 달리 엄마의 마음을 자연스럽게 눈치채고, 옥희가 알지 못하는 엄마와 손님 아저씨의 미묘한 행동과 감정에 더 집중하게 되는 거야.

이해타산

이득(利得)과 손해(損害)를 계산(計算)하는 태도인 '이해타산'은 이성적으로 하나하나 따져 본다는 점에서 합리와 비슷해 보이지만 전혀 다르게 쓰여. 합리가 이치에 맞는 이성적 판단이라면 이해타산은 오로지 '나' 또는 '내가 속한 집단'만을 위한 **계산적 판단**이야. 물론 이해타산적 태도가 무조건 나쁜 건 아니야. 나를 지키려면 계산도 필요하니까. 하지만 항상 나의 이익만 따지는 태도라면 이기적이고 부정적이라는 평가를 피하기는 어렵겠지. 그래서 시험에선 보통 비판적 맥락으로 쓰여.

'중풍 후유증' 때문에 '언어 장애'가 있는 아버지 대신 혹부리 영감을 상대하게 된 경험은, '나'에게 어린 나이에 **이해타산**적인 어른들의 세계를 느끼게 한 기억이겠어.

이 지문은 김소진의 「자전거 도둑」에 관한 설명이야. 작품에는 돈만 밝히고 인정과 배려를 모르는 이해타산적 인물 '혹부리 영감'과 어린 '나'가 등장해. 어린 '나'는 몸이 불편한 아버지의 구멍 가게 운영을 도와. 그러다 '혹부리 영감'에게서 사온 소주가 두 병 부족하다는 걸 뒤늦게 알게 되지. 혹부리 영감에게 다시 돌아가 20병 값을 치렀지만 18병만 받았다는 사실을 이야기해. 하지만 영감은 인정하지 않아. 오히려 자신의 잘못은 생각하지 않고 계속 귀찮게 하면 거래를 끊어 버리겠다며 협박하지. 이런 혹부리 영감의 모습은 어린 아이의 순수와 대비되는 냉혹하고 이기적인 '이해타산'적 인물의 전형이야.

🔍 하나 더 알아보기 **자기 합리화**

'합리'가 본래 이성적 기준에 따른 판단이라면, '자기 합리화'는 잘못된 행동이나 선택을 하고도, 마치 옳은 이유가 있어서 그런 결정을 한 것처럼 꾸미며 스스로 납득하는 걸 말해. 숙제를 못 해서 학원에 가기 싫을 때, '제대로 준비도 못하고 수업을 가는 것보다 차라리 집에서 자습을 하는 게 더 효율적'이라며 자신을 속이곤 해. 이처럼 잘못된 행동에 논리적인 방패를 씌우는 게 자기 합리화야. 즉, 자기 합리화는 이성을 빌려 자기 잘못을 정당화하는 것이라 할 수 있어.

🔍 한눈에 쏙! 개념 정리

항목	합리(合理)	이해타산(利害打算)
이미지	감정에 치우치지 않고, 앞뒤를 따져 논리적·객관적으로 판단함	이득·손해만 따져 나에게만 유리한 계산을 함
개념 정의	이성적으로 사고하여 누구나 납득할 수 있는 공정한 기준	자신의 이익을 최우선으로 하여 손익만을 따지는 태도
수능 문맥	과거제의 능력주의, 어린아이 서술자의 비합리성과 대비되는 합리적 기준	'자전거 도둑'의 혹부리 영감처럼 인정·배려 없는 속물적·이기적 태도
독해 전략	합리는 객관적 타당성을 강조하는 맥락에서 등장 → '공정성·이성적 기준' 파악하기	이해타산은 비판적 태도로 쓰임 → '이기적·속물적 계산'이라는 맥락 잡기

180° 전환 그러나
VS
30° 전환 그런데

그러나

도로 위에 표지판이 있듯 글에도 담화 표지가 있어. 여러 담화 표지 중에서도 가장 중요한 건 '그러나'야. 앞의 내용과 정면으로 충돌하는, 180도 방향 전환을 알리는 표지거든. '그러나'가 나오면 앞 내용과 상반된 내용이 전개돼. 예를 들어, '그는 운동을 열심히 했다'라는 문장 뒤에 '그러나'가 오면, 앞 문장과 상반된 '그러나 살은 전혀 빠지지 않았다'가 오는 거지. 이때 '그러나'가 오면 방향이 급격히 바뀌니 주의해서 읽어야 해.

〔2024 수능〕 인류의 생존을 위협하는 기후 변화는 더욱 가속화될 것으로 예측된다. 이에 기후 변화에 대한 대응에 미래 세대인 청소년들이 관심을 가지고 참여해야 한다는 사회적 공감대가 형성되고 있다. 그러나 청소년의 참여도는 여전히 낮은 수준이다.

이 지문을 '그러나' 전까지만 읽으면 독자는 자연스럽게 '청소년들이 적극적으로 참여하겠구나'라고 기대하게 돼. 그런데 다음 문장을 읽으면 기대와는 반대되는 사실, 즉 실제로는 청소년의 참여도가 낮다는 사실이 드러나지. '그러나'는 이렇게 방향을 180도 바꾸어 뒤에 나올 내용을 강조해.

〔2026 수능〕 단순 관점은 글자를 단어로 인식하고 글의 내용을 파악하여 그 의미를 이해하기까지 독자의 머릿속에서 일어나는 작용이 어떤 과정을 거치는지 설명하지는 않는다. 그러나 독해 능력에 해독과 언어 이해가 미치는 영향을 규명함으로써 독해 능력 연구의 이론적 토대를 제공했다는 의의가 있다.

　지문의 앞에서는 '단순 관점'이 독자 머릿속의 과정을 설명하지 않는다며 한계점을 지적하고 있어. '단순 관점'의 부정적인 면을 먼저 제시한 거지. 거기에서 끝나지 않고 뒤에 '그러나'가 나오며 대상의 긍정적인 면을 언급해. '그러나'를 잘 사용하면 글의 내용을 예측하며 읽기가 가능해져서 독해 속도가 빨라져.

그런데

직진하다가 옆길로 살짝 방향을 틀 때가 있지. 그런 담화 표지가 바로 '그런데'야. '그런데'는 '그러나'만큼 강하게 방향을 전환하진 않아. 앞의 흐름을 이어 가면서 관심의 방향을 살짝 바꾸는 정도지. 예를 들어, '그는 운동을 열심히 했다. 그런데 친구들은 그 사실을 몰랐다'라는 문장을 보자. 내용의 초점이 '운동'에서 '주변 반응'으로 옮겨지지? 이렇게 '그런데'는 큰 방향은 유지하면서 화제를 전환하는 표지야.

● 대면
대할 대(對)+얼굴 면
(面). 얼굴을 마주 보
는 것.

〔2022 수능〕 학생회가 진행해 온 토론 한마당은 예선과 본선에서 항상 많은 청중이 참여한 가운데 대면 토론으로 진행되어 현장감이 넘친다는 장점이 있습니다. **그런데** 참가 팀이 늘면서 예선을 위한 시간과 공간 부족, 예선을 운영할 인원과 심사자 확보 곤란 등의 어려움이 발생하여 이를 해소하기 위해 작년부터 예선에 참가할 수 있는 인원을 학급당 한 팀으로 제한했습니다.

지문의 앞부분에서는 대면 토론의 장점을 이야기하고 있어. 만약 뒤에 '그러나'가 왔다면 단점이 나왔겠지만, 방향을 살짝 바꾸는 '그런데'가 나왔네. '참가 팀이 늘자 운영의 어려움이 생겨서 예선 참가 팀을 제한했다'라는 새로운 문제 상황이 부각된 거야. '대면 토론의 장점' + 그런데(전환) + '문제 해결을 위한 참가 팀 제한'으로 이야기를 구체화했지. 이렇게 '그런데'는 큰 틀을 먼저 이야기하고 더 구체적으로 논의하고 싶은 내용에 초점을 맞출 때 사용해.

〔2026 수능〕 이봐요. 허 선생. 더 이상 서툰 짓은 하지 마시오. 당신이 무슨 짓을 꾸미고 있는지 다들 알고 있소. **그런데** 이제 당신 같은 사람들이 날뛰던 시대는 서서히 지나가고 있는 거요.

지문 속 내용은 소설 「독가촌 풍경」에 나오는 구절이야. '독가촌' 마을을 두고 마을 주민들과 관광지로 개발하려는 '허명두' 사이에 갈등이 생겨. 주민들에게 '독가촌'은 유랑 생활을 끝내게 해 준 따뜻한 정착지이지만, '허명두'같은 사람에게는 돈벌이 수단일 뿐이지. 지문에서 마을 주민은 '허명두'의 속셈을 알고 있다고 말해. 그 후 '그런데'를 통해 이야기를 시대 흐름으로 전환하지. 시대가 변해서 이제 당신 같은 못된 심보의 사람들이 성공하지 못하게 될 거라고 말이야. 이렇게 '그런데'는 앞에서 한 이야기를 이어가되 방향을 조금만 변경해서 이야기할 때 사용하는 거야.

🔍 하나 더 알아보기 '한편'과 '하지만'

'한편'은 '다른 한쪽에서는 이런 일도 있다'라는 뜻을 가진 전환 표지야. '그는 서울역에서 부산행 기차에 탑승했다. 한편 부산역에서는 그의 어머니가 초조하게 시계를 보고 있었다'라는 문장에서 공간은 서울에서 부산으로 이동해. 이렇게 한편은 공간적 배경을 이동하여, 서로 다른 장소에서 벌어지는 두 장면을 '동시적'이고 '병렬적'으로 전달할 때 사용해. 마치 태블릿의 화면 분할 같은 용도이지.

'하지만'은 상황에 따라 '그러나'(역접)처럼도, '그런데'(전환)처럼도 쓰이는 범용 표지야. '그는 운동을 열심히 했다. 하지만(=그러나) 살은 빠지지 않았다' 또는 '그는 운동을 열심히 했다. 하지만(=그런데) 친구들은 알아채지 못했다'처럼 쓸 수 있어.

🔍 한눈에 쏙! 개념 정리

항목	그러나(180°)	그런데(30°)
이미지	정반대 방향으로 급선회(U턴)	같은 길에서 옆길로 살짝 방향 전환
개념 정의	앞 문장과 상반·대립되는 내용을 연결하는 역접 부사	앞 문장과 이어지되 초점이나 맥락을 전환하는 접속 부사
수능 문맥	기대와 반대되는 결과, 반전 강조	장점에서 세부 문제, 상황에서 구체화 등 전환
독해 전략	'그러나' 뒤에 나오는 문장이 핵심	흐름은 이어 가되, '초점이 어디로 바뀌는가'를 살펴보기

2장

인문·예술
철학적·예술적 개념을 구분하는 어휘

개미처럼 모으는 귀납

VS

거미처럼 실을 뽑는 연역

귀납

"과거에도 그랬으니 앞으로도 그럴 거야"처럼 여러 번 겪은 과거의 사건을 바탕으로 미래를 예측하는 방법이 바로 '귀납'이야. '돌아갈 귀(歸)'에 '거둘 납(納)'을 써서, 여러 개별적인 사례를 모아 공통된 원리를 찾아내는 추론 방법이지. 다시 말해, 여러 개의 작은 것들을 모아 큰 원리를 발견하는 사고야.

〔2016 수능〕 귀납은 기존의 정보나 관찰 증거 등을 근거로 새로운 사실을 추가하는 지식 확장적 특성을 지닌다.

보이지 않는 수증기가 모여 비가 되듯, 귀납은 흩어져 있는 정보를 모아 우리가 미처 인식하지 못했던 공통된 원리를 드러내는 방식이야. 단편적인 사실을 단순히 나열하는 데서 멈추지 않고, 그것들을 새로운 지식으로 엮어 내는 것이 특징이지.

예를 들어, 영국의 천문학자 핼리는 1531년, 1607년, 1682년에 나타난 혜성이 동일한 혜성이라는 것을 확인했어. 그는 이 과거의 데이터를 바탕으로 '이 혜성은 76년 주기로 태양을 공전하므로, 1758년에 다시 나타날 것이다' 라고 예측했지. 과거 사례를 바탕으로 '미래'에 대한 정보가 생겨난 거야. 이게 바로 귀납의 핵심인 '지식 확장 기능'이야.

> 〔2016 수능〕 흄은 과거의 경험을 근거로 미래를 예측하는 **귀납**이 정당한 추론이 되려면 미래의 세계가 과거에 우리가 경험해 온 세계와 동일하다는 자연의 일양성, 곧 한결같음이 가정되어야 한다고 보았다.

지난 열흘 동안 지각을 했다고 해서 내일도 반드시 지각한다고 말할 수는 없어. 과거의 경험이 미래를 100퍼센트 보장하지는 않기 때문이야. 이처럼 귀납으로 얻은 지식은 확률적 지식이야.

학자들은 귀납을 사용하기 위해서 확률을 높이는 방법을 찾아야 했어. 그게 이 지문에 나온 '자연의 일양성'이야. 과거와 미래의 조건이 한결같이 똑같다면 사건이 일어날 확률이 훨씬 높아져. 이렇게 귀납은 지식의 확장성이라는 유용한 기능과 확률적 지식이라는 한계로 인해 비문학 제재로 자주 출제돼.

연역

'연역'은 '펼 연(演)'에 '실 뽑을 역(繹)'을 사용해. 하나의 큰 실타래에서 한 가닥씩 작고 구체적인 실을 뽑아내는 모습과 닮아 있어. 귀납이 작은 것들을 모아서 하나의 큰 원리를 도출한다면, 연역은 그 반대라고 할 수 있어.

연역은 **일반 원리에서 개별 결론을 논리적으로 끌어내는** 추론이기 때문에 전제가 참이고 형식이 타당하면, 결론은 반드시 참이 돼.

● **만유인력**
일만 만(萬)+있을 유
(有)+끌 인(引)+힘
력(力). 질량을 가지고
있는 모든 물체가 서
로를 끌어당기는 힘.

〔2019 수능〕 그는 만유인력•의 가설로부터 케플러의 행성 운동 법칙들을 성공적으로 **연역**했다.

이 지문은 보편적 원리인 만유인력을 개별적 사실인 케플러 법칙에 적용했다는 뜻이야. '세상의 모든 질량을 가진 존재는 서로 끌어당기는 힘이 있으니 행성들도 서로를 끌어당기겠다'라고 적용한 거지. '이미 알고 있는 큰 원리를 구체적 사안에 적용'하는 전형적인 연역 추론이라 할 수 있어.

빨간 실타래에서 뽑아낸 실은 모두 빨갛듯, 참인 보편 원리에서 연역해 낸 개별 사실은 전제가 참일 경우, 언제나 참이야. 반면 귀납은 세상의 모든 개별 사실을 확인할 수 없기 때문에 언제나 참이라고 단정할 수는 없어.

연역은 확실하다는 장점과 새로운 지식을 만들진 못한다는 단점, 귀납은 지식 확장이 가능한 장점과 100퍼센트가 아닌 확률적이라는 단점이 있다고 기억하면 돼.

🔍 하나 더 알아보기 성급한 일반화의 오류

귀납에서 사례가 너무 적거나, 대표성이 부족한데도 섣불리 전체로 판단해 버리는 경우가 있지. 이를 '성급한 일반화의 오류'라고 해. 우리 반 남자애 몇 명이 시끄러운 것을 보고, '역시 남자애들은 다 시끄러워!'라고 말하는 것이 좋은 예야. 고작 두세 명의 사례만 가지고 수십 명, 나아가 전 세계의 남자애들이 다 그럴 것이라고 단정 짓는 건 논리적으로 아주 위험한 '성급한 일반화'지. 이처럼 귀납적 사고에는 충분한 근거와 다양한 사례가 필요해. 그렇지 않으면 성급한 일반화의 오류에 빠지기 쉬워.

🔍 한눈에 쏙! 개념 정리

항목	귀납(歸納)	연역(演繹)
이미지	개미처럼 모으기: 작은 사례에서 큰 원리로	거미처럼 뽑기: 큰 원리에서 작은 결론으로
개념 정의	여러 개별적 사실을 관찰·분석하여 공통된 원리나 법칙을 도출하는 추론 방법	일반 원리나 법칙에서 개별 사실을 논리적으로 이끌어 내는 추론 방법
수능 문맥	지식 확장, 경험적 추론, 자연의 일양성, 귀납적 탐구	논리적 적용, 철학적 논증, 과학적 검증, 연역적 사고
독해 전략	사례가 충분한지 확인하기	전제가 참이고 논증 형식 타당한지 확인하기

불변의 절대
VS
변하는 상대

절대

"절대 안 돼!"라는 말을 들으면 깜짝 놀라게 돼. 왠지 하면 큰일 날 것 같거든. '절대'는 **변하지 않는 기준**이기 때문에 뒤에 오는 말에 힘을 실어 줘. 절대는 끊을 절(絕)에 대할 대(對)를 쓰는데, 한 마디로 딱 잘라 단정한다는 뜻이야. 시험에도 절대 평가와 상대 평가가 있지? 예를 들어, 수능 영어는 절대 평가야. 시험의 난이도나 응시 인원과 무관하게 사전에 정해 둔 성취 구간에 따라 등급을 부여하거든. 즉, 기준이 고정되어 있다는 말이야.

> 〔2023 9월〕 화자는 달을 **절대적 존재**로 인식하고, 강호 자연에서 '무심'한 삶을 살 수 있도록 기원하고 있다.

'절대'는 시험에서 '절대적 존재', '절대적 가치' 등으로 자주 출제돼. '절대'가 붙으면 변하지 않는 막강한 힘이 실린다고 했지? 그럼 '절대적 존재'는 막강한 힘을 지닌 존재, 다른 존재들과 비교할 수 없는 존재를 뜻해. 보통 '신'을 말하지. 지문에서 달을 절대적 존재로 인식한다는 건 달을 그저 자연물로 보는 것이 아니라 나의 소원을 이루어 줄 수 있는 초월적인 존재로 본다는 뜻이야.

> 〔2026 6월〕 생명에 **절대적**인 가치를 부여하는 생명 중심 윤리학은…

'가치'는 쓸모 있고 중요한 것을 뜻해. 여기에 '절대'가 붙었으니, 어떤 조건에서도 변하지 않는 소중함을 뜻하겠지? 이 지문에서 생명 중심 윤리학은 생명이 있는 존재라면 그 자체로 절대적 가치를 지닌다고 봐. 살아 있지 않은 것(무생물)과는 철저히 구분하며, 어떤 상황에서도 생명을 최우선으로 보호해야 한다는 뜻이야. 반면 인간 중심 윤리학은 오직 인간에게만 절대적 가치를 부여해. 인간이 아닌 다른 생명체들은 인간의 행복을 위한 '도구'일 뿐이라고 생각하지. 그래서 인간과 자연 사이에 철저한 차등(등급의 차이)을 두는 관점이야. 이렇게 '절대적'도 시대에 따라, 사람에 따라 달라질 수 있어. 시험에 '절대적'이 나오면 어느 시대, 누구의 관점인지 확인해야 해.

상대

수능 영어와 달리 수능 국어는 상대 평가야. 어떤 차이가 있을까? '상대'는 서로 상(相)에 대할 대(對)를 써서 서로 비교해 본다는 뜻이야. 언제나 똑같이 고정된 기준으로 평가하는 것이 아닌, **상황에 따라 주변과 비교**하여 평가하는 거지. 똑같은 90점이어도 영어는 언제나 1등급이지만 국어에서는 난이도에 따라 1등급일 수도, 2등급일 수도 있어. 이렇게 상대는 유동적이라는 특징이라는 있어.

〔2025 수능〕 글을 읽는 중에는 문장이나 문단에 나타난 정보 간의 **상대
적 중요도**를 결정할 때까지 밑줄 긋기를 잠시 늦추었다가 주
요한 정보에 밑줄 긋기를 한다.

이 지문에서 '상대적 중요도'는 중요도가 달라질 수 있다는 걸 의미해.
글을 읽으면서 어디에 밑줄을 그어야 할지 모를 때가 있지? 그럴 때는 앞뒤
를 비교해 반복되거나 강조되는 부분에 밑줄을 치면 된다는 거야. 그런데
그 밑줄 친 단어가 다른 글에서도 똑같이 중요하다는 보장은 없으니 절대
적이 아닌 상대적 중요도라는 거지.

〔2021 9월〕 삶의 방식을 **상대적 기준**에 따라 나누어 평가한 것은 자신
의 가치관과 세상 사람들의 생각을 비교하여 세계의 의미
를 새롭게 파악한 것이라고 할 수 있다.

사람마다 중요하게 생각하는 가치는 달라. 그런데 각기 다른 삶을 돈, 학
벌 등의 똑같은 기준으로만 판단하면 다른 사람을 제대로 이해할 수 없어.
따라서 이 지문에서는 사람마다 기준이 다를 수 있다는 '상대적 기준'에
따라 삶을 비교하는 것이 세상을 이해하는 방법이라는 말을 하는 거야.

◎ 하나 더 알아보기 **이분법적 사고(흑백 논리)**

여러 기준이 있을 수 있는 상대적인 대상을, 마치 하나의 절대적 기준만 존
재하는 것처럼 착각하면 큰 오류가 생겨. 사람의 생각과 판단은 각기 다를
수 있는데, 내 생각만을 기준으로 맞다 또는 틀리다를 나누면 상대를 이해
할 수 없겠지. 이렇게 대상을 둘 중 하나로만 나누어 판단하는 사고방식을

'이분법적 사고'라고 해. 흰색 아니면 검은색으로만 본다고 해서 '흑백논리'라고도 부르지. 하지만 현실의 대부분은 흰색과 검은색 사이에 다양한 회색 지대가 존재해. 그래서 수능에서는 이분법적 사고를 경계해야 할 사고 방식, 또는 복잡한 문제를 지나치게 단순화한 오류로 자주 출제돼.

🔍 한눈에 쏙! 개념 정리

항목	절대(絶對)	상대(相對)
이미지	• 고정된 기준 • 바꿀 수 없는 원칙 • 딱 끊어진 구분선	• 변하는 기준 • 상황 따라 다른 판단 • 서로 비교함
개념 정의	상황과 관계없이 언제나 변하지 않는 기준이나 가치	다른 것과 비교하여 결정되는 기준이나 평가
수능 문맥	'절대'가 붙은 대상은 가장 중요하고 바꿀 수 없는 존재로 이해	'상대'가 붙은 대상은 비교, 맥락, 다양성 속에서 이해
독해 전략	누구의 절대적 기준인지 확인하기	근거를 가지고 상대적 중요도 파악하기

보이지 않는 **형이상학**
VS
눈에 보이는 **형이하학**

형이상학

metaphysics는 meta(초월)와 physics(물리학)의 결합으로 물리학에서 다루는 것 그 이상의 것을 말해. 한자로는 '형태(물리학) 이상의 것', 즉 형이상학 (形而上學)이라고 하지. 형이상학은 경험이나 실험으로 바로 검증하기 어려운, 즉 눈에 보이지 않는 대상을 연구하는 학문이야. 아주 근본적인 존재, 본질에 관한 걸 다루지. 철학의 한 갈래로 이해하면 돼.

> 〔2025 수능〕 우리의 배꼽은 우리가 그 마지막 우주와 만나고자 하는 향수의 표상이며 가능성의 상징이며 존재의 비밀로 나아가는 **형이상학**이다.

이 지문은 이청준의 소설 「배꼽을 주제로 한 변주곡」의 일부로, 배꼽이 없어진 한 남자에 대한 이야기야. '배꼽'은 우리 눈에 보이는 물리의 대상이지. 그런데 갑자기 주인공의 배꼽이 사라져. 눈에 보이는 신체 기관이 사라진 주인공은 계속 배꼽을 생각하다가 배꼽이 엄마와 태아가 연결된 첫 번째 연결 통로이자 존재의 근원임을 깨닫게 돼. 물리적 대상이 형이상학, 즉 형태 그 이상의 의미로 확장될 수 있음을 보여 주는 거지.

〔2020 수능〕 16세기 전반에 서양에서 태양 중심설을 지구 중심설의 대안으로 제시하며 시작된 천문학 분야의 개혁은 경험주의의 확산과 수리 과학의 발전을 통해 **형이상학**을 뒤바꾸는 변혁으로 이어졌다.

형이상학(철학)과 형이하학(과학)은 상반되지만 서로 영향을 주기도 해. 지구를 중심으로 모든 우주가 돌고 있다는 지구 중심설 대신 태양 중심설이 인정받자, 우주의 중심이던 지구는 태양 주위를 도는 하나의 행성으로 위상이 변했어. 그에 따라 인간의 위상도 모든 생명체의 중심에서 여러 생명체 중 하나일 뿐이라는 의미로 변할 수밖에 없었지. 즉, 과학(형이하학)의 발전이 지구와 인간의 위상에 대한 근본적인 이해(형이상학)까지 영향을 주었다는 내용이야.

형이하학

고대 철학자들은 눈에 보이고 감각으로 확인할 수 있는 세계보다, 그 이면에 있는 본질과 원리를 더 높은 차원의 지식으로 보았어. 이 때문에 감각으로 포착되는 자연 현상은 **형태(形態)로 드러나는 세계**, 즉 '형태 이하의 영역'으로 이해되었고, 이 영역을 다루는 학문을 형이하학이라고 부른 거지. 이는 과학을 하찮게 본다기보다, 감각 가능한 세계보다 보이지 않는 원리를 더 근본적인 것으로 본 고대의 철학적 사고방식을 반영한 구분이야.

즉, 형이하학은 오늘날의 과학과 마찬가지로 **경험 가능한 자연 세계를 다루던 학문**을 가리키는 용어라 할 수 있어.

〔2024 6월〕 심리 철학에서 동일론은 의식이 뇌의 **물질**적 상태와 동일하다고 본다.

지문에서 동일론은 '의식'이라는 형이상학의 대상과 '뇌'라는 형이하학의 대상을 동일한 것으로 여겨. 즉, 형이상학과 형이하학의 구분이 의미가 없다는 거지. 동일론의 관점에서 눈에 보이지 않는 '의식'은 물질인 '뇌'의 작용일 뿐이니 중요한 건 눈에 보이는 물질이라는 이야기를 하려는 거야. 다수의 철학자들은 의식과 뇌를 구분하며 동일론을 반박해. 이렇게 형이상학과 형이하학의 구분은 많은 학자들의 논쟁거리이기 때문에 지문에 자주 나와.

〔2026 수능〕 열팽창이란 **물체**의 온도 변화에 따라 그 **길이, 부피**가 변화하는 현상을 말한다. 그중 길이의 변화를 **수치화**한 것이 선형 열팽창 계수인데, 이는 온도 변화에 따른 길이 변화율을 온도 변화량으로 나눈 값이다.

형이상학과 비교할 수 있는 형이하학의 특징은 '숫자'라고 할 수 있어. 눈에 보이는 대상을 탐구하는 많은 영역은 숫자와 m, km, g, kg과 같은 단위를 사용한다는 공통점이 있지. 지문에서 말하는 물체의 길이, 부피도 모두 수로 표현할 수 있는 '수치화'의 대상이야.

형이하학은 눈에 보이는 구체적인 세계를 탐구해. 그리고 그 세계를 가장 잘 보여 주는 도구가 바로 '수치'지. 따라서 시험 지문에서 형이하학＝과학＝수치화의 영역으로 연결해서 이해하는 게 도움이 될 거야.

하나 더 알아보기 **이기론**

동양 철학의 핵심인 '이기론'도 형이상학과 형이하학으로 구분할 수 있어. 이기론은 세상 모든 것을 이와 기의 결합으로 이루어져 있다고 생각해. 눈으로 확인할 수 있는 경험의 대상은 기(氣), 그 대상의 근본 원리는 이(理)라고 보는 거지. '기(氣)'는 찰흙이나 벽돌 같은 거야. 눈에 보이고 무게도 잴 수 있지. 숫자로 표현할 수 있는 '기'는 형이하학(수치화의 대상)이야. 반면에 '이(理)'는 그 벽돌을 어떻게 쌓아야 집이 되는지 알려 주는 '건축 원리'나 '법칙'이야. 원리나 법칙 자체는 눈에 보이는 물질이 아니지. 그래서 '이'는 형이상학(철학적 대상)인 거야.

한눈에 쏙! 개념 정리

항목	형이상학(形而上學)	형이하학(形而下學)
이미지	눈에 보이지 않는 본질	• 눈에 보이는 실체 • 숫자로 표현 가능
개념 정의	존재의 본질과 근원을 이성으로 탐구하는 철학적 사유	감각으로 인식 가능한 물질적 대상과 그 원리를 분석하는 영역
수능 문맥	철학, 본질, 가능태, 정신, 초월적 상징	수치화 가능한 대상
독해 전략	보이지 않는 의미의 확장 또는 상징적 해석에 주목	수치들의 관계 위주로 파악 (예 비례와 반비례)

속성을 담는 존재 VS 가치관을 담는 이념

존재

'존재'는 있을 존(存)에 있을 재(在)를 써서 **대상의 존재를 강조**할 때 쓰는 표현이야. '아름다운 존재', '그리운 존재'처럼 '존재'는 앞에 붙은 성질을 담아내는 그릇 같은 역할을 하는 셈이지. 그냥 '아름다운 대상', '그리운 대상'이라고 해도 되지 않나 싶지? '존재'는 '있다'는 걸 강조하는 단어잖아. 그러니 눈에 보이는지 여부와 관계 없이 '있다'라는 걸 강조하고 싶을 때 '존재'라는 말을 쓰는 거야.

> 〔2022 6월〕인간은 정보와 독립적으로 **존재**하며 정보는 인간의 도구에 불과하다는 인간중심주의와 달리, 플로리디의 정보 철학은 인간을 정보적 **존재**의 하나로 간주한다.

● 간주
볼 간(看)+지을 주(做). 확실하지 않더라도 그렇게 보고 여기는 것.

'존재'가 가장 많이 언급되는 건 바로 '인간은 어떤 존재인가'를 논할 때야. 인간 중심 주의에서는 '인간 존재'와 '정보'를 명확하게 구분해. '나'라는 인간과 '나의 이름, 주소, 몸무게, 키' 등의 정보를 구분하는 거지. 하지만 플로리디는 이 둘을 구분할 수 없다고 주장해. 그는 인간을 포함한 모든 존재가 정보로 이루어져 있는 '정보적 존재'라고 해. '나의 이름, 주소, 몸무게, 키' 등의 정보를 모으면 '나'라는 하나의 존재가 만들어진다는 거지. 이렇게 철학자마다 인간 존재에 대한 정의가 다르니 나올 때마다 주의해서 보도록 해.

〔2025 6월〕 가상 공간의 특성에 주목한 연구자들은 사람들과의 관계 속에서 드러나는 고유한 존재로서의 위상을 뜻하는 자기 정체성이 가상 공간에서 다양하게 나타난다고 본다.

● 위상
자리 위(位)+서로 상(相). 다른 것과의 관계 속에서 그 사물이 차지하는 위치나 상태.

자기 정체성은 '나는 어떤 존재인가'로 바꿔 말할 수 있어. 지문에서는 가상 공간으로 인해 나의 존재가 다양해졌다는 걸 말하는 거야. 현실에서 나란 존재는 고정되어 있고 유일한 하나의 존재이지만, 가상 공간이 생기며 상황이 변했어. 새로운 ID로 '나'를 창조할 수 있게 되었으니까. 철학과 법 영역에서는 가상 공간의 ID와 현실의 '나'를 동일한 존재로 볼 것인지 논의해.

이념

'이념'은 다스릴 리(理)에 생각 념(念)을 써서 머릿속으로 떠올렸을 때 최고의 생각을 말해. 실제 존재 여부와 관계 없이 가장 이상적인 생각인 거지. 그런데 사람마다, 사회마다 가치 있게 여기는 바가 다르기 때문에 '이념'도 다를 수밖에 없어. 그래서 이념은 각자의 가치를 담은 삶의 방향이 되기도 하지만 갈등을 유발하는 원인이 되기도 해.

〔2025 6월〕 공적 활약을 통해 공적 가치의 권위를 인정하는 이면에 사적 목표의 추구를 배치하는 이러한 구도는 영웅 소설이 지향하는 '충'이라는 **이념**을 훼손하지 않으면서도 사적 목표의 추구를 정당화 한다.

● 정당화
바를 정(正)+마땅 당(當)+될 화(化). 옳고 마땅히 해야할 일로 만듦.

이념 중에서도 사회에 널리 퍼져 인정받는 것을 '보편적 이념'이라고 해. 고전 문학은 유교의 '충, 효'라는 보편적 이념이 있기 때문에 해석이 수월하지. 영웅 소설에서 반역을 꾀하는 악인이 주인공의 부모를 죽인 원수인 경우가 많아. 그럼 주인공이 악인을 처단하는 게 사적인 '효'를 실현하면서 공적인 '충'도 달성할 수 있으니, 공적으로도 사적으로도 모두 옳은 행위를 한 게 되는 거지.

〔2024 9월〕 정신분석학적 영화 이론은 영화가 은폐하고 있는 특정한 **이념**을 관객이 의심하지 않고 자신의 것으로 받아들일 위험이 있다고 경고한다. 이는 관객이 비판적 거리를 유지하면서 영화를 볼 수 있도록, 영화가 환영임을 영화 스스로 폭로하는 설정이 담겨 있는 대안적인 영화가 필요하다는 주장으로 이어진다.

이념 갈등이 전쟁을 일으키기도 하지만 눈에 보이지 않는 교묘한 방식으로 실현되기도 해. 영화 속에 은밀히 자신이 지지하는 이념을 숨겨 넣는 방식이 그 중 하나지. 예를 들어, 악당 역할로 유색 인종만 출연하면, 관객은 나도 모르는 사이 인종 차별의 이념을 학습하게 돼. 그래서 지문은 영화 속 숨겨진 이념을 알아챌 수 있도록 관객들이 비판적 거리를 유지할 것을 당부하고 있어.

🔍 하나 더 알아보기 **이데올로기**

'이데올로기(Ideology)'는 그리스어로 관념을 뜻하는 'idea'와 학문을 뜻하는 'logos'가 합쳐진 말로, 우리말로는 '이념'이라고 불러. 즉, 이데올로기와 이념은 같은 단어인 거야. 이데올로기는 사회적 갈등을 설명할 때 자주 출제돼. 서로가 옳다고 믿는 생각의 틀이 부딪칠 때, '이념 갈등' 혹은 '이데올로기 대립'이 발생하기 때문이야. 우리 역사의 비극인 한국 전쟁(6·25) 역시 단순히 영토를 차지하기 위한 싸움이 아니라, 자유 민주주의와 공산주의라는 두 이데올로기가 격돌하며 벌어진 사건이었어. 이처럼 이데올로기는 한 개인의 가치관을 넘어 국가의 운명과 사회의 모습을 결정짓는 강력한 힘을 가지고 있어.

🔍 한눈에 쏙! 개념 정리

항목	존재(存在)	이념(理念)
이미지	• 성질을 담는 그릇 • 실체가 있는 것	• 생각의 틀 • 관념으로 구성된 것
개념 정의	• 실제로 있는 대상 • 눈에 보이든 보이지 않든 '있다'는 사실	• 이상적·가치 중심의 생각 • 현실보다 추상적이고 주관적
수능 문맥	'어떠한 존재' 표현에 수식어 주목 (예 이익을 추구하는 존재)	사회마다 다른 신념 체계로 갈등 유발 (예 지배 이데올로기)
독해 전략	앞에 수식하는 말이 핵심 속성 (예 경제적 존재)	생각의 주체와 배경을 비판적으로 해석하기

목표를 위한 도구
VS
가지고 태어난 본질

도구

'도구'는 길 도(道)에 갖출 구(具)를 써서 **길을 가기 위해 갖추어야 하는 것**을 말해. 그렇다면 숙제는 목표일까 도구일까? 숙제는 학습이라는 목표를 위한 도구야. 그런데 가끔 숙제가 밀리면, 학습이라는 목표를 잊고 숙제를 끝내는 것 자체를 목표로 삼기도 해. 이를 중요한 것과 덜 중요한 것이 바뀌었다는 뜻으로 본말전도(本末顚倒)라고 하지.

> 〔2022 수능〕 내면적 성장을 위한 **도구**로서의 독서의 중요성을 인식하고 다양한 매체를 활용한 독서의 방법을 제안하고 있다.

독서의 가치는 누구나 인정해. 그렇다면 독서는 목표일까 도구일까? 독서가 목표 그 자체라면 어느 책이든 읽기만 해도 될 거야. 하지만 독서는 '내면의 성장'이라는 목표를 위한 도구이기 때문에, 내적 성장에 도움을 주는 책을 읽어야 해. 그러니 독서의 가치는 '도구적 가치'인 것이지.

〔2022 6월〕 화자는 도심 속 가로수를 관찰하며 도시를 비판적으로 조망한다. 도시의 가로수는 나무의 푸름이나 아름다운 꽃조차도 **도구적 가치**에 의해서 평가된다.

그렇다면 자연의 아름다움은 무엇일까? 이 지문의 화자는 자연의 아름다움은 그 자체로도 충분하다고 생각해. 그런데 도시에서는 자연의 아름다움을 도시 환경 미화라는 목표 달성의 도구로 삼고 있다고 비판하지. 여기서 핵심은 자연이 본래의 의미로 평가되지 않고 인간이 만든 기준과 목적에 맞추어 재단되고 있다는 점이야. 시험에서는 소중한 대상을 도구로 여기는 세태를 자주 비판해. 고귀한 사람의 생명, 건강, 신뢰 등을 내가 돈을 벌기 위해 이용하는 행위 등이 이에 해당되지.

● 재단
마를 재(裁)+끊을 단(斷). 옷을 만들기 위해 옷감을 재고, 자르는 것처럼 옳고 그름을 판단함.

본질

'본질'은 근본(本)적으로 가지고 태어난 성질(質)을 말해. 학습하거나 외부에서 부여받은 후천적인 것이 아니라 선천적인 것, 즉 핵심적이고 근본적인 성질을 가리켜. 도구가 목표를 위해 존재하는 것이라면 본질은 그 자체로서 가지고 있는 성질을 말하는 거야. 철학적으로는 **사물의 현상 너머에 숨겨진 진짜 모습**을 뜻해. 예를 들어, 시계의 겉모습이 금색이든 은색이든, 혹은 손목시계든 탁상시계든 그것은 눈에 보이는 '현상'일 뿐이야. 시계의 '본질'은 시간을 알려 주는 기능에 있지. 아무리 멋지고 비싼 시계라도 시간이 맞지 않는다면, 본질을 잃어 제 기능을 하지 못하는 거야. 이렇게 본질은 **대상을 존재하게 하는 이유이자 정체성**이야.

〔2023 9월〕 아도르노는 문화 산업에 의해 양산되는 대중 예술이 이윤 극
대화를 위한 상품으로 전락함으로써 예술의 **본질**을 상실했
을 뿐 아니라 현대 사회의 모순과 부조리를 은폐하고 있다고
지적했다.

아도르노는 드라마, 영화, 가요 등의 대중 예술이 즐거움과 아름다움이
라는 본질을 잃고 돈을 벌기 위한 도구가 되었다고 비판해. 본질적 가치를
상실하고 도구적 가치로 변질된 거지.

〔2022 수능〕 '산'을 수시로 변하는 인간과 달리 태고로부터 **본질**을 잃지
않는 불변성을 지닌 것으로 인식하는군.

불변성 또는 가변성도 결국 본질을 유지하는지 아닌지로 나뉘어. 여기서
'산'은 자연의 대표로 등장해. 사람은 생각과 감정이 수시로 바뀌지만, 산은
늘 그 자리에 있으므로 '본질적 안정성'을 상징하고, 인간은 '변화 가능성'
을 상징하는 거지. 문학 시험에서 자연과 인간의 대비는 대부분 본질의 변
화 여부와 연결되어 제시되는 경우가 많으니 꼭 기억해야 해.

🔎 하나 더 알아보기 **정체성**

정체성이란 '나는 누구인가'라는 물음에 대해 스스로 내놓는 답변이야. 주
의해야 할 점은 나의 정체성을 무엇으로 채우느냐야. 만약 나를 '공부 잘
하는 학생'이나 '운동 잘하는 아이'처럼 성적이나 능력 같은 도구적 가치로
만 정의한다면 어떻게 될까? 성적이 떨어지거나 능력을 발휘하지 못해 스
스로를 '쓸모없다'고 느끼는 순간, 나의 정체성이 흔들릴 거야. 하지만 나의

정체성을 존재 자체의 소중함인 본질적 가치로 채운다면, 어떤 상황에서도 쉽게 무너지지 않는 단단한 마음을 가질 수 있어. 시험에서는 청소년 정체성 확립을 주제로 한 철학 지문이 종종 출제되니 기억해 두자.

🔍 한눈에 쏙! 개념 정리

항목	도구(道具)	본질(本質)
이미지	목표를 이루기 위해 사용하는 수단이나 무기	근본적으로 가지고 태어난 성질, 변하지 않는 뿌리
개념 정의	목적 달성을 위해 활용되는 수단	사물이나 존재가 본래부터 지니고 있는 핵심적 성질
수능 문맥	독서 · 자연 · 예술 등이 수단화될 때, '도구적 가치'로 비판됨	예술 · 자연 · 인간이 본래 성질을 잃었는지, 유지하고 있는지 평가
독해 전략	'도구적 가치'로만 평가되는 상황은 비판적 시각에서 이해해야 함	'본질'의 상실 또는 유지 여부를 묻는 문제에서는 가치 기준에 주목하기

필수인 전제

VS

임시인 가정

전제

전제는 앞 전(前)에 끌 제(提)를 써서 결론이 나오기 전에 **반드시 앞에서 갖춰져야 하는 밑바탕**을 말해. 예선을 치르지 않고 본선에 갈 수 없듯, 전제 없이는 결론도 없지. 수능 시험 문제는 학생들이 고등학교 교육 과정을 충실히 이수했다는 걸 전제로 출제돼. 그러니 내신 공부를 충실히 해야 수능 성적도 잘 받을 수 있겠지.

〔2024 9월〕 박물관의 핵심은 유물 보존과 연구입니다. 특히 충분한 연구가 **전제**되지 않으면 내실 있는 전시가 어렵습니다. 따라서 유물 연구를 강화해야 합니다.

● **내실**
안 내(內)＋열매 실(實). 속이 꽉 찬 열매처럼 겉보다 속의 내용이 알차다는 뜻에서 유래. 실속·내용의 충실함을 가리킴.

성공적인 유물 전시를 하고 싶다면 유물의 보존 상태가 좋아야 해. 지문은 어떤 유물을 전시할지, 어떻게 보관할지에 대해 충분히 연구해야 좋은 전시를 열 수 있다는 말이야. 이렇게 전제는 원하는 결과를 얻기 위해 어떤 단계를 거쳐야 하는가를 논의할 때도 자주 나와.

〔2026 수능〕칸트는 '시간의 흐름 속에서 스스로의 동일성을 의식하는 것은 인격이다'와 '영혼이 자기의식을 한다'라는 두 **전제** 모두 납득할 수 있다고 보지만, 그 **전제**들로부터 '영혼이 인격이다'라는 결론은 도출되지 않는다고 지적한다.

눈에 보이지 않는 영역을 연구하는 철학에서는 전제와 결론의 논리적 연결이 타당성 검증의 수단이 돼. '어제의 나'와 '오늘의 나'가 같은 존재라는 걸 철학에서는 '인격의 동일성'이라고 해. '영혼이 같으니 인격도 동일하다'라는 주장에 대해 칸트는 전제와 결론의 연결을 근거로 반박하고 있지. 칸트는 두 가지 전제, '인격의 동일성 개념'과 '영혼의 존재'에 모두 동의해. 하지만 두 전제가 '영혼＝인격'이라는 결론을 도출하진 않는다고 반박하고 있어. 이렇게 철학 지문에서는 전제와 결론을 구분하여 동의하는 내용과 동의하지 않는 내용을 확인해야 해.

가정

이제 막 고등학교에 입학한 철수가 아직 시험을 치러 본 적이 없다면, 철수의 수능 성적은 어떻게 말해야 할까? 이렇게 아직 일어나지 않은 일을 임시로 세워 논의하는 게 '가정'이야. 거짓 가(假)에 정할 정(定)을 써서, 사실은 아니지만 **마치 사실처럼 임시로 정해 두고 이야기**하는 거지. 실제로 일어난 일이 아니기 때문에 여러 상황을 가정할 수 있어. 철수가 공부를 열심히 한 경우를 가정할 수도 있고, 소홀히 한 상황을 가정할 수도 있지. 두 가지 가정을 통해 철수에게 원하는 결과를 얻으려면 공부를 해야한다는 설득을 할 수 있어. 이렇게 가정은 주장에 힘을 실어 주는 역할을 해.

가정을 통해 대상을 설득하려면 논리적인 타당성이 필요해. 지문 내용대로 '밤을 새우면(행위 실행) 시험에서 원하는 결과를 받지 못할 거야(부정적 전망)'를 납득시키려면, 그 사이를 잇는 논리적 연결 고리가 탄탄해야 하지. 수면 부족 → 뇌 활동 저하 → 시험 성적 하락이라는 논리적 연결 고리가 가정의 설득력을 높여 줘.

〔2022 9월〕 경제에 광고가 없는 상황을 **가정**할 때와 비교하면 광고는 쓰던 상품을 새 상품으로 대체하고 싶은 소비자의 욕구를 강화하고, 신상품이 인기를 누리는 유행 주기를 단축하여 소비를 증가시킬 수 있다.

이미 일어난 현실은 바꿀 수 없지만 가정을 통해 현실과 다른 모습을 떠올려 볼 수는 있어. 만약 세상에 광고가 없었더라면 물건이 망가질 때까지 계속 사용하며 불필요한 소비는 하지 않았을 거야. 하지만 현실은 소비 욕구를 자극하는 광고로 인해 필요하지 않아도 자꾸 새 물건을 사게 되지. 이렇게 가정은 현실과 다른 상황을 비교하여 주장을 뒷받침하는 근거를 마련해 줘.

◎ 하나 더 알아보기 **가설**

'가정'과 '가설'은 모두 '임시로 세운 생각'이라는 점에서 비슷해 보이지만, 결정적인 차이가 있어. 바로 '증명(검증)의 의지'가 있느냐 없느냐야. 예를 들어, "만약 세상에 마찰력이 존재하지 않는다면(가정) 물체는 영원히 멈추지 않고 이동할 텐데"라고 말한다면, 이것은 가정이야. 지금 당장 사실인지를 따지기보다, 어떤 상황을 미리 설정해 놓고 그 뒤의 일을 상상해 보는 거지. 반면 "물체의 무게가 무거울수록 마찰력의 크기도 커질 거야"라는 생각은 가설이야. 어떤 현상(마찰력 변화)에 대한 나름의 결론을 내린 뒤, 실제로 무게에 따른 마찰력을 비교하며 내 생각이 맞는지 틀린지 실험(검증)해 보겠다는 의지가 담겨 있기 때문이지. 즉, 가정은 논의를 위해 잠시 빌려온 '바탕'이고, 가설은 과학적 실험을 통해 '참과 거짓'을 판별해야 하는 '정답 후보'라고 이해하면 쉬워.

🔍 한눈에 쏙! 개념 정리

항목	전제(前提)	가정(假定)
이미지	본선 앞의 예선전, 반드시 충족해야 하는 출발점	"만약 ~라면"으로 시작하는 임시 상황, 가짜로 세워둔 바탕
개념 정의	결론이 성립하기 위해 앞에서 충족되어야 하는 필수적 바탕	실제 사실 여부와 상관없이 논의를 위해 임시로 정해 놓은 바탕
수능 문맥	내신 학습·연구 활동 등이 전제되어야 성과(수능, 전시)가 의미 있음	행위나 상황을 임시로 설정해 긍정적·부정적 전망을 제시하는 데 활용됨
독해 전략	글쓴이가 암묵적으로 전제하는 사실을 찾아내 주장의 논리 구조 확인하기	글쓴이가 가정을 사용하여 주장하는 바 찾기

충돌하는 모순
VS
딱 맞는 정합

모순

형광등 스위치는 ON, OFF 두 가지뿐이야. 아무리 스위치를 중간에 걸쳐 두려 해도 결국 켜지거나 꺼지지. **둘이 동시에 될 수 없고, 둘 다 부정할 수도 없는 상태**, 이게 모순이야. 예를 들어, '철수는 남자이면서 여자다'라는 문장은 성별이 남자, 여자로만 나뉘기 때문에 성립할 수 없어. 이런 걸 '모순 관계'라고 해.

모순 관계가 성립하려면 조건이 필요해. 첫째, 두 가지만 존재해야 해. 즉, 중간이 없어. '뜨겁다'와 '차갑다'는 중간인 '미지근하다'가 있기 때문에 모순 관계가 아니야. 둘째, 참 또는 거짓 판별이 가능해야 해. 그래서 '예쁘다' 또는 '착하다'처럼 주관적 판단에도 모순 개념을 적용할 수 없어.

〔2022 9월〕 심청이 효를 실천하기 위해 자기희생을 선택함으로써 정작 부친 곁에 남아 있지 못하게 되는 것은 심청의 효행으로 인한 **모순**적 상황이다.

문학에서는 극적인 효과를 위해 모순적인 상황을 의도적으로 사용하기도 해. 효를 행하기 위해 불효를 하는 「심청전」이 대표적이지. 효녀 심청은 아버지의 눈을 뜨게 하려고 목숨을 버리는 불효를 해. 그래야 결말에서 죽은 줄 알았던 딸과 아버지의 만남을 더 절절하게 표현할 수 있으니까.

〔2021 수능〕 이덕무는 당시 청에 대한 찬반의 이분법에서 벗어나 청과 조선의 현실적 차이뿐만 아니라 양쪽 모두의 가치를 인정하였다. 이런 시각에서 그는 청과 조선은 구분되지만 서로 배타적이지 않다고 보았다. 즉 청을 배우는 것과 조선 사람이 조선 풍토에 맞게 살아가는 것은 서로 **모순**되지 않는다는 것이다.

● **이분**
두 이(二) 나눌+분(分). 두 가지로만 나누어 보는 것.

● **배타**
밀칠 배(排)+다를 타(他). 다른 대상을 밀어내어 함께 있지 않음.

조선 시대 사대부들은 명나라를 무너뜨린 청나라에 대해 찬성과 반대 둘 중 하나만 선택해야 하는 모순 관계로 생각했어. 하지만 이덕무는 '청나라 문물을 배우는 것'과 '조선 풍토에 맞게 살아가는 것'이 동시에 가능하다고 주장했지. 당대 사대부들과 달리 청과의 관계를 모순 관계가 아니라고 파악한 거야. 이렇게 모순 관계는 관점에 따라 다르게 해석되기도 해.

정합

'정합'은 가지런할 정(整)에 합할 합(合)을 써서 **모순 없이 딱 알맞게 어울리는 것**을 말해. 이론을 만들 때는 그 이론 내용의 앞뒤가 충돌하지 않도록 정합성을 갖추는 것이 중요해. 예를 들어, '운동은 언제나 신체를 건강하게 한다. 그러나 과도한 운동은 건강을 해칠 수 있다'는 문장을 보면 100퍼센트를 말하는 '언제나'와 '건강을 해칠 수 있다'는 가능성이 충돌해. 이때 '언제나'를 '대체로'로 바꾸면 정합성을 갖춘 내용이 되지.

〔2022 수능〕 변증법의 원칙에 최적화된 엄밀하고도 **정합**적인 학문 체계를 조탁하는 것이 바로 그의 철학적 기획이 아니었던가.

● **조탁**
새길 조(彫)+깎을 탁
(琢). 갈고 닦음.

이미 존재하던 이론을 이어받아 확장할 때도 기존 이론과 충돌하지 않도록 정합성을 유지하는 것이 중요해. 지문에서는 기존에 있던 변증법 원칙에 따른 학문 체계를 만들고자 하면서 변증법의 핵심 원리를 어긴다면, 그건 정합적이지 못하다는 지적을 하는 거야.

〔2019 6월〕 최한기의 인체관은 서양 의학과 신기 개념의 접합을 통해 새롭게 정립된 것이었다. 비록 양자 사이의 결합이 완전하지는 않았지만, 서양 의학을 맹신하지 않고 주체적으로 수용하여 **정합적**인 체계를 이루고자 한 그의 시도는 조선 사상사에서 주목할 만한 성취라 평가할 수 있을 것이다.

● **맹신**
맹인 맹(盲)+믿을 신
(信). 마치 눈이 안 보
이는 것처럼 옳고 그
름을 따지지 않고 그
냥 믿음.

수능에서는 서양과 동양의 학문이 결합할 때 정합성을 따지는 지문이 자주 나와. 서양의 과학적, 경험적 이론이 동양의 철학과 부딪치면 유용한 내용이어도 사람들이 수용하기 어려우니까. 지문에 등장하는 최한기는 서양 의학과 조선의 철학이 충돌하지 않게끔 정합성을 추구하며 두 학문의 결합을 시도해. 그 과정에서 완벽하게 딱 맞는 수준까지는 아니더라도, 충돌하지 않는 정합성을 추구한 것만으로도 주목할 만한 결과를 만들었다는 좋은 평가를 받고 있어.

🔎 하나 더 알아보기 **역설법**

문학에서 깊은 뜻을 전달하기 위해 모순된 표현을 의도적으로 사용하는 경우가 있는데, 이를 '역설법'이라고 해. 예를 들어, 서정주의 시 「견우의 노래」 중 '사랑을 위하여서는 이별이, 이별이 있어야 하네'라는 행을 보자. 겉으로는 사랑과 이별은 양립할 수 없는 모순 관계이지만, 속뜻은 사랑의 소중함을 느끼려면 이별이 필요하다는 거야. 역설법에서는 겉(모순)과 속(의미)의 이중 구조를 파악하는 게 핵심이지.

🔎 한눈에 쏙! 개념 정리

항목	모순(矛盾)	정합(整合)
이미지	부딪쳐 깨지는 두 주장	잘 맞물려 돌아가는 하나의 체계
개념 정의	동시에 참일 수 없는 두 명제가 충돌하는 상태	이론 내부에서 서로 충돌 없이 조화롭게 어울리는 상태
수능 문맥	이분법, 양립 여부, 모순적 상황, 가치 충돌	학문 체계의 정합성, 이론 결합, 논증의 일관성
독해 전략	두 주장의 양립 가능 여부 판단 → 충돌한다면 모순	이론·주장 안에서 앞뒤가 맞는지 확인 → 충돌이 없으면 정합

조화로운 유기
VS
매여 있는 종속

유기

'유기'는 있을 유(有)에 틀 기(機)를 써서 서로 다른 요소가 하나의 틀 안에서 어우러지는 것을 뜻해. 실을 얽어 하나의 면을 만드는 베틀처럼 **가로실, 세로실이 서로 조화를 이루며 하나를 완성**하는 거지. 가로실이나 세로실이 하나라도 빠지면 전체 조화가 망가지듯, 유기적 조화 속에서는 각 요소가 자기 역할을 다하면서 전체의 완결성을 이룬다는 뜻이 담겨 있어.

> 〔2021 9월〕 따뜻한 계열의 색들을 **유기적**으로 구성한 점에서 이 그림이 우수한 작품임을 언급할 수 있겠군.

그림을 그릴 때도 각기 다른 색이 조화를 이룬다면 유기적으로 구성되었다고 할 수 있어. 주황, 빨강은 서로 다른 색이지만 하나로 모여 따뜻한 느낌을 주는 완결된 이미지를 형성하는 거지. 그런데 거기에 노랑, 파랑, 초록, 보라까지 온갖 색을 칠하면 조화로움과 유기성이 깨져서 어수선한 그림이 될 거야. 지문에서는 따뜻한 이미지의 빨강, 주황, 노랑을 자연스럽게 이어지도록 배치하여 유기성이 있는 우수한 작품이 되었다는 걸 말하고 있어.

〔2021 6월〕 담화는 하나 이상의 발화나 문장으로 이루어진다. 담화가 그 내용 면에서 완결성을 갖추기 위해서는 담화를 이루는 발화나 문장들이 일관된 주제 속에 내용상 **유기적**인 관련을 맺고 있어야 한다.

● 발화
쏠 발(發) + 말 화(話). 입밖으로 쏘아 보낸 말. "너 밥 먹었어?" 이 한 문장이 발화이고 여러 발화가 모여 담화가 됨.

말과 글도 각각의 문장들이 유기적으로 연결되어야 해. 만약 친구가 "점심 먹었어? 맞다, 수행평가 해야 하는데. 우리 주말에 영화 보러 갈래?"라고 이야기한다면 어떨까? 문장마다 주제가 달라서 대답하기 어려울 거야. 하나의 틀로 묶일 수 없는 유기성이 부족한 대화인 거지. "수행평가 해야 하는데. 언제까지 제출해야 하는 거였지? 너는 다 했어?" 이렇게 '수행평가'라는 일관된 틀, 주제로 이루어지는 대화가 유기적인 대화야. 이렇게 '유기성'은 **여러 대상이 모여 하나의 틀 안에서 조화**를 이루는 걸 말해.

종속

'종속'은 따를 종(從)에 무리 속(屬)을 써서 중심이 있고 나머지 존재들이 **따라가는 관계**를 뜻해. 조화를 이루는 '유기'와 달리 **상하관계**가 분명하지. 부부 관계는 두 사람이 서로 역할을 나누어 맡아 한 가정을 이루는 유기적 관계에 가깝고, 부모와 미성년 자녀는 자녀가 부모의 보호와 결정에 의존한다는 점에서 종속적 성격을 지닌 관계라고 할 수 있어.

〔2023 6월〕『멋진 신세계』에서는 사람들이 과학 기술을 지나치게 신뢰하다가 오히려 이에 **종속**당하는 충격적인 미래상을 암울하게 그리고 있다.

종속은 부정적 관계를 설명할 때도 사용돼. 인간이 주체가 되어 과학 기술이란 도구를 이용해야 하는데, 반대로 과학 기술이 주체가 되는 부정적 종속 관계가 형성된 거지. 산업화 이후 과학 기술이 삶의 곳곳에 파고들었고 사람들은 과학의 편리함을 누렸지. 하지만 과학 기술에 지나치게 의존하다가 오히려 기술이 주인이 되는 상황이 발생한 거야. 즐거움을 위해 이용하던 소셜미디어(SNS)가 우리 일상을 지배하게 된 게 대표적인 예지. 이런 관계를 부정적 종속 관계라고 할 수 있어.

〔2023 6월〕'일렬로', '묵묵히' 벽돌을 나르는 모습은 권력에 **종속**된 대중의 형상을 보여 주는군.

문학에서는 권력에 종속된 사람들의 모습을 비판해. 권력자가 요구하는 질서에 맞게 '일렬로' 움직이며 '묵묵히' 아무런 반항도 하지 않고 일하는 모습은 저항할 생각조차 하지 못하고 무기력하게 종속된 사람들의 모습을 비판하는 거야.

🔍 하나 더 알아보기 종속 합성어

단어를 만들 때도 종속 관계가 나타나. 예를 들어, '할미꽃'은 '할머니'와 '꽃'이 결합한 말이야. 여기서 주인공은 '꽃'이고, '할머니'는 꽃의 특징을 빗댄 표현이지. 결국 '할머니 같은 꽃'이라는 뜻으로, '할머니와 꽃'이 아니라

'꽃'에 '할머니'가 종속된 구조야. 이렇게 한쪽이 다른 쪽을 꾸며 주거나 제한하는 구조의 합성어를 '종속 합성어'라고 해.

🔍 한눈에 쏙! 개념 정리

항목	유기(有機)	종속(從屬)
이미지	• 가로실과 세로실이 얽혀 완성된 직물 • 색이 어우러져 완성된 그림	• 벽돌을 일렬로 나르는 대중 • 주인에게 묶인 종 • 나무에 기대 자라는 덩굴
개념 정의	서로 다른 요소가 대등하게 어우러져 전체를 완성하는 관계	주체와 객체가 대등하지 않고, 한쪽이 다른 쪽에 붙어 자유를 잃고 지배받는 관계
수능 문맥	색의 조화, 담화의 통일성과 응집성	과학 기술·권력에 종속된 인간과 대중
독해 전략	부분들이 균형 있게 연결되어 전체를 이룬 구조에 주목하기	힘의 불균형·예속 관계, 자유를 잃은 모습에 주목하기

응용하는 원리
VS
순서가 있는 체계

원리

'원리'는 근원 원(原)에 다스릴 리(理)를 써서 **근본적 이치**를 뜻해. '기계 작동 원리', '공부의 원리' 등 근원이라는 글자에서 알 수 있듯 원리는 여러 대상에 적용되는 기본 방식이야. 그래서 한 번 터득하면 **여러 대상에 응용**할 수 있지. 예를 들어, 블루투스 작동 원리를 이해하면 블루투스 스피커, 이어폰, 리모컨 등에 모두 적용할 수 있는 것처럼 말이야.

〔2025 9월〕안전 교육 때 **원리**가 비슷한 장치에 대해 배웠잖아. 그걸 떠올리며 들으니 안전벨트의 **원리**가 잘 이해됐어.

● **완화**
느릴 완(緩) + 화할 화(和). 긴장·격렬함을 느슨하게 하여 조화를 이루게 함.

안전장치는 각기 달라 보여도 결국 '충격을 완화한다'라는 같은 원리를 공유해. 안전벨트는 사고가 났을 때, 신체가 멈추는 데 걸리는 시간을 강제로 늘려 주는 역할을 해. 똑같은 충돌이라도 충격이 흡수되는 시간이 길어질수록 우리가 느끼는 힘은 작아지거든. 이처럼 '충돌 시간의 확보'라는 원리는 우리 주변의 다른 안전장치에서도 쉽게 찾아볼 수 있어. 갑자기

부풀어 오르는 에어백이나 충격을 받으면 찌그러지며 시간을 버는 범퍼, 심지어 높이뛰기 선수가 착지하는 푹신한 매트도 모두 같은 원리로 우리를 보호하고 있는 셈이지. 이렇게 원리는 한 번 배우면 여러 대상을 이해하는 만능 열쇠 같은 역할을 해.

> 〔2026 수능〕 은은한 단맛의 비밀이나 소화제로 기능하는 **원리**도 알려 주면 이해에 더욱 도움이 되겠어.

전통 음료 '식혜'를 소개할 때, '식혜'가 소화에도 도움이 된다는 정보를 덧붙이면 좋은 글이 될 거야. 그런데 단순한 정보만이 아닌 어떻게 소화를 돕는지 원리도 함께 전달한다면 설득력을 더 높일 수 있어. 재미만을 위한 이야기가 아닌 원리까지 포함한 고급 정보가 되는 거지. 이렇게 '원리'는 대상을 이해하는 기본 틀이자 **설득력을 높이는 장치**의 기능도 해.

체계

'체계'는 몸 체(體)에 이을 계(系)를 써서 여러 요소가 정해진 순서에 따라 하나의 몸을 이루는 걸 말해. 머리·심장·폐가 모여 하나의 몸을 이루며 일정한 역할을 하듯, 체계는 **각 부분들이 질서를 갖추어 하나의 전체를 이루는 거야.** 예를 들어, 체계적인 공부는 순서와 단계, 중요도에 따라 정리된 공부를, 체계적인 운동은 목표를 세우고 정해진 순서를 지켜서 하는 운동을 말하지.

〔2024 수능〕기후 변화 대응 활동에 관한 긍정적 인식이 형성되려면, 대응 활동이 효과가 있었다고 체감할 수 있는 성공적인 경험이 쌓여야 한다. 이를 위해서는 **체계**적이고 지속적인 지원이 필요하다.

체계적이라는 건 기분이나 상황에 따라 달라지지 않고 정해진 틀과 순서를 지키는 거야. 지문 속 기후 변화 대응도 한 번의 시도로는 효과가 나타나지 않아. 그러니 사람들이 꾸준히 행동을 이어 가게 하기 위해서는 일회성 지원이 아니라, 미리 짜 놓은 틀과 절차에 따라 이루어지는 지속적이고 체계적인 지원이 필요하다는 의미지.

〔2026 수능〕그러나 문리 해석으로 그 내용을 제대로 파악하기 어려우면, 그것이 사용된 맥락을 고려하여 그 의미를 파악하는 '**체계적 해석**' 등의 해석 방법을 사용할 수 있다.

법을 해석할 때는 먼저 단어 자체의 의미를 살피는 것이 기본이야. 하지만 이것만으로 충분하지 않을 때는 관계와 맥락을 고려한 체계적 해석이 필요해. 예를 들어, '담보'라는 말은 일상에서는 '안전을 담보하다'처럼 확실히 보장한다는 뜻으로 쓰이지. 그런데 계약할 때 사용하는 법적 용어 '담보'는 의미가 달라. 이처럼 법의 상하 관계나 다른 법 개념과의 연관성까지 살펴 의미를 밝히는 것이 바로 체계적 해석이야. 체계란 결국 **관계와 순서 속에서 전체를 바라보는 시각**이라 할 수 있어.

🔍 하나 더 알아보기 **원칙**

'원리'와 '원칙'은 모두 근원 원(原)을 쓰지만, 그 쓰임은 달라. 원리는 "왜 그 렇게 되는가?"에 대한 답이고, 원칙은 "어떻게 행동할 것인가?"에 대한 기 준이야. 우리가 자전거를 탈 때, 쓰러지지 않고 앞으로 나아가는 것은 원심 력과 균형이라는 과학적 '원리' 덕분이야. 이건 우리가 정한 게 아니라 자연 적으로 일어나는 현상이지. 반면 "자전거 도로에서는 우측통행을 한다"라 는 것은 우리가 안전을 위해 정해 둔 '원칙'이야. 이 '원칙'은 사람이 운영하 는 기준이기 때문에 상황에 따라 예외가 생길 수 있어. "수업 시간에는 교 실을 나가지 않는다"라는 원칙이 있어도, 갑자기 몸이 아픈 학생에게는 예 외가 허용되는 것처럼 말이야. 즉, 원리는 변하지 않는 자연의 법칙에 가깝 고, 원칙은 공동체의 질서를 위해 세운 '큰 틀의 약속'이라고 이해하면 돼.

🔍 한눈에 쏙! 개념 정리

항목	원리(原理)	체계(體系)
이미지	세상의 작동 이유, 근본 이치	서로 연결된 구조, 질서의 틀
개념 정의	사물이나 현상을 성립·운용하게 하는 근본 법칙	여러 요소가 일정한 관계와 순서를 이루며 구성된 전체 구조
수능 문맥	과학 원리, 안전벨트의 원리, 학문의 근본 이치	체계적 지원, 체계적 해석, 단계적 구조
독해 전략	'왜 이런 일이 일어나는가'를 설명하는 핵심 개념 찾기	'어떻게 연결되어 있고 어떤 순서로 이루어 지는가'에 주목하기

감각을 사용하는 지각
VS
인정하는 인지

지각

'알다'는 '이해, 인지, 지각, 각성' 등 여러 단어로 바꿀 수 있어. 그중에서도 앎의 출발점이 되는 게 '지각'이야. 지각은 알 지(知)에 깨달을 각(覺)을 쓰는데, 여기서 중요한 건 이 각(覺)이 시각, 청각, 촉각과 같은 감각의 각이라는 거야. 그래서 지각은 사람이 **감각을 통해서 알게 되는 것**을 뜻해. '대상을 지각하다'라는 건 대상이 눈, 손, 귀 등으로 알아차릴 수 있을 정도의 거리에 있고, 색, 모양, 소리 등을 지니고 있다는 말이야. 따라서 사랑, 자유와 같은 추상적 대상은 지각의 대상이 될 수 없어.

> 〔2026 9월〕 **지각**부호화는 청각 특성에 따라 감도가 낮은 소리를 제거하여 오디오 신호를 압축하는 기술이다.

지문에 '지각'이라는 표현이 등장하면, 우선 어떤 감각을 사용하는지 확인해야 해. 지문에 나온 '지각부호화'는 '청각'을 말하고, '감도가 낮은 소리'는 '듣기 어려운 소리'라는 걸 알 수 있지. 따라서 '지각부호화'는 잘 들리지 않는 소리들을 제거해 신호를 압축하는 기술이야. 이렇게 새로운 용어가 나와도 감각과의 연결 고리를 찾으면 해석이 쉬워져.

〔2025 6월〕 '나'의 **지각** 내용을 '나'가 서술하는 상황으로 인물과 서술자가 겹쳐 있다.

소설에서는 '누가 보았는가(지각자)'와 '누가 말하는가(서술자)'를 구분해야 해. 내가 보고 들은 걸 말할 때와 남의 이야기를 전달할 때가 다른 것처럼 말이야. 지각한 인물과 서술자가 다를 경우 서술자의 긍정 또는 부정 판단이 섞일 수 있으니 의도를 잘 파악해야 해. 이처럼 '지각'은 단순한 '보기'가 아니라 시점과 관찰의 주체와 연결되는 개념이야. 철학에서는 주체의 지각을 기준으로 대상의 존재 여부를 구분하기도 해. "하늘 위의 달은 내가 보았을 때만 존재한다"라는 파격적인 문장이 그 예지. 이는 철저히 사람의 감각을 통한 인식만이 존재의 근거가 된다는 인식론의 한 입장이야. 이렇게 지각은 여러 학문에서 핵심적인 개념으로 다루어져.

인지

알 인(認)에 알 지(知)를 쓰는 '인지'는 단순히 아는 것에서 그치지 않고 '인정'하는 단계까지 나아가. 지각이 눈·귀 같은 감각 기관으로 외부 자극을 받아들이는 일이라면, 인지는 그것을 **머리와 마음으로 받아들이고 의미를 부여**하는 것을 뜻해. 예를 들어, '문해력이 중요하다는 걸 인지한다'라는 건 단순히 '그렇다더라'라는 소문 수준이 아니라 '정말 중요하구나'라고 인정했다는 뜻이야. 그래서 인지는 감각적 수용을 넘어, 지식·판단·승인의 단계까지 나아가는 사고 작용이라고 할 수 있어.

● 소구
호소할 소(訴)+구할
구(求). 상대에게 어
떤 행동을 하도록 호
소하고 요구하는 것.

〔2024 6월〕공포 소구의 효과는 수용자의 감정적 반응만이 아니라 **인지**
적 반응과도 관련된다고 하였다.

'하루에 100종의 생물이 사라지고 있습니다. 곧 인간 차례입니다'와 같
은 문구가 공포 소구야. 지문에서는 공포감을 자극해 설득하려면 감정적
반응과 인지적 반응을 함께 고려해야 한다고 해. '무섭다'라는 건 감정적
반응이고, '이러다간 정말 사람이 살 수 없겠다'라고 받아들이는 건 인지
적 반응이지. 이렇게 인지는 단순 생각이 아니라 판단과 의미 부여가 동반
되는 사고 작용이야.

● 생소하다
날 생(生)+드물다 소
(疏). 드물게 가끔 나
타나서 친하지 않다,
즉 낯설고 서먹하다
는 의미.

〔2023 9월〕이름이 대상의 특성을 잘 드러내지 못하고 지나치게 생소
해 의미 파악이 어렵다는 지적에 '민원24'로 바꾸자 **인지도**
가 향상됨.

'인지도'는 사람들이 인지하고 있는 정도를 말해. 여기서 중요한 건 단순
히 '안다'가 아니라 '인정하고 기억한다'라는 뜻까지 포함된다는 거야. 사
람들이 이해하기 쉽고 친근한 이름이면 잘 기억할 수 있겠지? 그래서 쉬운
이름일수록 인지도가 올라가고 서비스 이용도 활발해지는 거야.

🔍 하나 더 알아보기 **인지부조화**

'지각'한 사실과 내가 가진 '인지'가 충돌할 때 강한 불편함을 느껴. 이를
'인지부조화(Cognitive Dissonance)'라고 해. 내가 아는 것(인지)과 실제 일어난

일(현실/행동) 사이의 균형이 깨진 상태를 뜻하지. '공부를 해야 성적이 오른다'라는 인지는 확고한데, 정작 내 몸은 침대에 누워 스마트폰을 보고 있다는 사실을 지각하는 순간, 불편함을 느끼는 거야. 우리 뇌는 이 불일치를 해결하기 위해 두 가지 선택을 해. 공부를 시작해 행동을 바꾸거나, "지금 쉬어야 나중에 더 집중이 잘 돼"라며 생각(인지)을 바꿔 합리화하는 거지. 시험 지문에서는 이 인지부조화가 단순한 불편함을 넘어, 사람이 자신의 태도를 바꾸게 되는 결정적인 계기로 자주 등장해.

🔍 한눈에 쏙! 개념 정리

항목	지각(知覺)	인지(認知)
이미지	감각으로 느낌: 시각·청각·촉각	머리와 마음으로 받아들임: 인정·의미 부여
개념 정의	오감을 통해 외부 대상을 알아차리는 단계	감각 정보를 토대로 사실을 인정하고 의미를 부여하는 단계
수능 문맥	지각부호화(청각 정보 압축), 인물의 지각과 서술 관계	공포 소구 효과의 인지 반응, 서비스 이름의 인지도 등
독해 전략	'어떤 감각을 통해 파악하는가'를 확인하기	'단순히 알았는가, 인정·판단까지 갔는가'를 구분하기

3장

사회·문화

제도, 권리, 정책을 해석하는 어휘

나 필요해 수요
VS
내가 줄게 공급

수요

'수요'는 구할 수(需)에 요긴할 요(要)를 써. 말 그대로 필요한(요긴한) 것을 구하는 것을 수요라고 해. 하지만 여기서 주의해야 할 점은, 모든 욕구가 수요는 아니라는 점이야. 돈을 주고 **거래할 수 있는, 경제적 욕구**만 수요라고 해. 사냥, 채취처럼 돈이 필요 없는 행위는 욕구일 수는 있어도 수요는 아니야. 시장에서 구하는 것, 돈을 주고 거래하고자 하는 걸 수요라고 하지.

> 〔2018 9월〕 **수요** 조사에 따른 버스 운영으로 시내버스 회사의 이익 창출에 기여하며, ○○시도 시내버스 운영 지원비를 줄일 수 있게 될 것입니다.

수요가 경제 분야의 핵심 단어인 이유는 수요 예측이 시장 경제의 시작이기 때문이야. 사람들이 얼마나 이 물건을 사고 싶어 하는지, 어느 정도 금액을 지불하려는지, 수요 조사를 통해 안정된 거래와 수익을 확보할 수 있어. 이 지문에서는 시민들이 버스를 얼마나 이용할지 미리 수요 조사를 하면 회사도 안정된 이익을 얻고 지방 정부도 지원비를 줄여 세금을 아낄 수 있다고 이야기해. 수요 조사가 정확하면 시민들도 원하는 만큼의 버스 서비스를 제공받으니 이득이지.

> 〔2022 9월〕 이윤을 보는 판매자가 있으면 그러한 이윤에 이끌려 약간 다른 상품을 공급하는 신규 판매자의 수가 장기적으로 증가하고, 그 결과 기존 판매자가 공급하던 상품에 대한 **수요**는 감소하여 이윤이 줄어들 것이기 때문이다.

수요는 원인이 되기도 하고 결과로 나타나기도 해. 사람들이 원하기 때문에(수요가 있어서) 상품이 만들어지기도 하고, 상품이 많아지면(공급이 늘면) 소비자의 선택이 분산되어 수요가 줄어들기도 하지. 이 지문에서는 바로 그 과정을 설명하고 있어. 이런 수요 변화를 잘 예측해야 기업은 손해를 막고 새 전략을 세울 수 있는 거야.

공급

'공급'은 이바지할 공(供)에 줄 급(給)을 써. 도움(이바지)이 되게끔 준다는 뜻이지. 수요와 다른 공급의 특징은 돈을 주고받는 거래가 반드시 필요하지는 않다는 거야. 대가를 받지 않고 무료로 줄 수도 있으니까. 공급에는 돈을 받는 **유상 공급**과 돈을 받지 않는 **무상 공급**이 있어. 예를 들어, 손님에게 호떡을 판 행위는 돈을 받고 거래한 유상 공급이고, 배고픈 사람에게 호떡을 무료로 제공한 것은 무상 공급이지. 유상 공급은 경제에서, 무상 공급은 사회 복지 분야에 나오니까 잘 기억해 두자.

〔2018 수능〕 어떤 재화의 수요가 증가하면 가격이 상승하고, 가격이 상승하면 **공급**이 증가한다. 이로 인해 다시 가격이 조정되며 시장은 균형을 이루게 된다.

물건의 가격은 사고 싶은 마음인 '수요'와 팔고 싶은 양인 '공급'의 힘겨루기로 결정돼. 장마철처럼 장화를 찾는 사람이 갑자기 많아지면(수요 증가) 시장에 장화가 부족해지며 '희소성'에 의해 가격이 오르지. 그럼 기업은 더 많은 이윤을 얻기 위해 장화 생산을 대폭 늘려(공급 증가). 하지만 장화가 시장에 너무 많이 풀려 사고 싶은 사람보다 팔려는 물건이 더 많아지면(초과 공급) 기업들은 재고를 줄이기 위해 다시 가격을 낮추기 시작해. 이처럼 가격은 수요와 공급이 파도처럼 오르내리며 서로 딱 맞아떨어지는 지점인 '균형'을 찾아 끊임없이 움직여.

● **담합**
말씀 담(談)+합할 합(合). 기업들이 서로 짜고 가격이나 공급량을 조절해 부당한 이익을 챙기는 행위.

〔2016 6월〕 담합이 이루어지면 수요자는 다양한 **공급자** 사이의 가격 경쟁을 통해 제품을 싸게 살 수 없게 되며, 특정 기업만 이익을 얻게 된다.

장화를 파는 기업이 많을수록 각 기업은 좋은 품질과 낮은 가격으로 소비자를 끌어오려 해. 공급자가 다양하다는 것은 소비자가 더 저렴하고 다양한 상품을 구매할 기회가 생긴다는 뜻이야. 반대로 담합은 시장의 이러한 자연스러운 작동을 가로막는 행위야. 여러 기업이 가격을 함께 올리기로 약속하면 기업만 이익을 보고 소비자는 피해를 보게 돼. 그래서 담합은 법으로 엄격히 금지하고 있어.

🔎 하나 더 알아보기 독점 시장

수요와 공급의 관계에 따라 다양한 시장 형태가 존재해. 공급자가 얼마든지 늘어날 수 있는 완전 경쟁 시장, 공급자가 소수인 독점적 경쟁 시장, 공급자가 딱 하나인 독점 시장이 있어. 독점 시장은 공급자가 하나뿐이기 때문에 얼마든지 가격을 조정할 수 있지. 공급량을 줄여서 적은 물건을 비싼 값에 파는 게 독점 기업에게는 최고의 전략이야. 그래서 국가에서는 독점 기업이 가격을 지나치게 높이지 못하게끔 제한을 두고 있어.

🔎 한눈에 쏙! 개념 정리

항목	수요(需要)	공급(供給)
이미지	내가 원하는 것을 구하고자 하는 마음	내가 가진 것을 제공하려는 의지
개념 정의	돈을 주고 사고 싶어 하는 경제적 욕구	대가를 받고 혹은 대가 없이 외부에 재화를 제공하는 행위
수능 문맥	• 수요 조사를 통한 정책 · 서비스 조율 • 수요에 따른 납품 방식	• 수요 증가 → 가격 상승 → 공급 증가 • 공급자 간 경쟁, 담합 등
독해 전략	'사고 싶다', '원한다', '필요로 한다'라는 표현에 주목하기	'제공하다', '생산하다', '판매하다', '담합', '독점' 표현에 주목하기

돈의 가치 금리
VS
교환 비율 환율

금리

● 희소
드물 희(稀)+적을 소
(少). 매우 드물고 적
음.

수나 양이 적어서 구하기 어려울수록 가치가 올라가는 것, 이게 희소성의
원리야. 돈도 마찬가지야. 시장에 돈이 많이 풀려 있으면 가치가 내려가고
적게 풀려 있으면 올라가. 돈의 가치는 쇠 금(金)에 이할 리(利)를 써서 '금
리'라고 해. 돈의 가치＝금리＝이자율이라고 기억하면 돼.

돈의 가치는 물건 가격으로 확인할 수 있어. 예를 들어, 만 원이던 책이
만 2천 원으로 올랐다고 해 보자. 똑같은 만 원이 있어도 이제는 그 책을
살 수 없어. 물건 가격이 올랐다는 건 돈의 가치가 떨어져서 더 이상 예전
가격으로는 물건을 팔 수 없게 되었다는 뜻이지. '물가가 오른다＝돈의 가
치가 떨어졌다'로 이해하면 돼.

1단계: "물가가 많이 올랐네. 왜 그렇지?"
2단계: "돈이 시중에 너무 많이 풀려서 금리가 내려갔구나."
3단계: "금리를 올려서 돈의 가치를 올리고, 물가를 안정시켜야겠다."

중앙은행은 금리를 조절하여 물가를 안정시키는 역할을 해. 물가가 너무 높다고 판단하면 금리(=돈의 가치=이자율)를 높이는 결정을 하지. 금리를 높이면 대출 받으려던 사람들은 높은 이자 때문에 대출을 꺼리고, 저축하려는 사람들은 많은 이자를 받으려고 저축을 더 하겠지. 결국 시장에 풀려 있던 돈이 은행으로 모이며 돈의 양과 물가가 조절되는 거야. 이렇게 중앙은행이 금리를 통해 시장의 안정을 유지하는 걸 '통화 정책'이라고 해.

> 〔2018 수능〕 해외 자금 유입에 따른 통화량° 증가로 시장 **금리**가 변동할 것으로 예상된다.

● **통화량**
통할 통(通)+재물 화(貨)+헤아릴 양(量). 나라 안에서 실제로 유통되고 있는 화폐의 양.

중앙은행은 통화량을 예측하여 물가 변동에 대비하기도 해. 예를 들어, 해외에서 투자 자금이 많이 들어오는 것도 돈이 늘어나는 거라 금리에 영향을 줘. 시장에 풀려 있는 돈의 양이 늘어나니, 돈의 가치가 떨어져 금리가 내려가고 물가가 상승할 것을 예측할 수 있지. 결국 중앙은행은 기준 금리를 올리는 등의 대책을 통해 시중의 통화량을 줄이고, 불안정해진 물가를 다시 제자리로 돌려놓는 역할을 수행해.

환율

환율은 화폐의 교환 비율을 뜻해. 보통 국제 거래의 기준이 되는 달러(기축 통화)를 중심으로 이야기하지. 1달러가 1000원에서 1200원이 되면 환율 상승, 800원이 되면 환율 하락이라고 해. 환율은 기축 통화 중심이기 때문에 환율 상승, 하락이라는 표현은 모두 미국 달러의 가치 상승과 하락을 의미하는 거야. 그러니 환율이 오르면 달러 값은 강세, 우리 돈(원화)은 약세이고,

환율이 내리면 달러 값은 약세, 원화 값은 강세인 거지.

예를 들어, 환율이 상승하면 같은 1달러짜리 물건을 팔고도 1000원이 아니라 1200원을 받을 수 있으니 수출 기업에게는 유리해. 하지만 수입 기업은 달러로 지불해야 하는 수입 물품의 값이 1200원이 되어 비용이 늘어나 불리해지지. 환율 하락은 그 반대야. 수출하고 1000원 받던 것을 800원만 받게 되니 수출 기업에게는 불리하고, 수입 기업은 원화 800원으로 같은 물건을 살 수 있어 유리해. 환율은 이렇게 수출과 수입에 반대되는 작용을 한다는 걸 꼭 기억해.

〔2018 수능〕 정부는 환율 변동으로 가격이 급등한 수입 필수 품목에 대한 세금을 조절함으로써 내수가 급격히 위축되는 것을 방지하려고 하기도 한다.

'환율 변동으로 가격이 급등한 수입 필수 품목'이라는 표현은 환율 상승 때문에 같은 물건을 비싸게 수입해야 하는 경우를 말해. 필수 품목이라 꼭 사야 하는데 가격이 비싸지니 정부에서 세금을 줄여서 도와주겠다는 거야.

하나 더 알아보기 예금 금리 vs 대출 금리

금리는 무조건 오르는 게 좋은 것도, 내리는 게 좋은 것도 아니야. 예를 들어, 예금(저축)을 하는 사람 입장에서는 금리가 높아야 이자가 많이 붙으니 금리가 오르는 게 유리하지. 하지만 대출받는 사람 입장에서는 금리가 낮아야 부담이 줄어. 신문에 '금리 인상'이란 말이 나오면, 누구는 웃고, 누구는 울상인 이유가 바로 이거야.

🔍 한눈에 쏙! 개념 정리

항목	금리(金利)	환율(換率)
이미지	• 돈의 가치(이자율) • 희소성에 따라 변하는 화폐 가치	• 화폐의 교환 비율 • 달러와 원화의 가치 비교
개념 정의	• 돈을 빌리거나 맡길 때 적용되는 이자율 • 돈의 가치 변동 지표	• 두 나라 간 화폐 교환 비율 • 환율 변동은 화폐 가치의 상대적 변동
수능 문맥	해외 자금 유입 → 통화량 증가 → 금리 변동	환율 변동 → 수입 필수품 가격 급등, 정부 세금 조절
독해 전략	'물가 · 통화량과 연결해 돈의 가치가 어떻게 변했는가'를 확인하기	'환율 변동이 수출 · 수입 · 정부 정책에 어떤 영향을 주는가'를 파악하기

확실함을 약속하는 보증
VS
위험을 대비하는 보험

보증

보석을 사면 '보증서'가 함께 들어 있어. '보증'은 지킬 보(保)에 증거 증(證)을 써서 **증거를 내세워 확실하게 지켜 준다**는 뜻이야. 그러니까 보석 보증서는 '이 보석이 진짜입니다'라는 걸 문서로 증명하는 약속이지. 그런데 보증 내용과 달리 가짜 보석이었다면? 그 책임은 보증한 사람, 즉 판매자가 져야 해. 보증은 약속과 함께 책임이 따라오는 행위야.

〔2025 9월〕 경험적 사실을 근거로 추천·**보증**을 할 때는 실제 사용해 봐야 하고 추천·**보증**을 하는 내용이 경험한 사실에 부합해야 부당한 광고로 제재받지 않는다. 전문적 판단을 근거로 추천·**보증**을 할 때는 그 내용이 해당 분야의 전문적 지식에 부합해야 한다.

● 제재
절제할 제(制)+자를 재(裁). 일정한 규칙 또는 관습의 위반에 대하여 제한하거나 금지함.

보증은 **신뢰**가 전제되어야 해. 그러니 아무나 할 수 없고, 조건도 까다로워. 광고에서도 마찬가지야. '내가 써 봤으니 보증합니다'라고 하려면 실제 사용 경험이 있어야 하고, '전문가로서 보증합니다'라고 하려면 해당 분야의 전문 지식이 뒷받침되어야 해. 이렇게 보증은 신뢰와 책임이 결합된 약속이야.

> 〔2026 6월〕 또한 **보증금**이 상가건물 임대차보호법에 정해진 상한액을 초과하면 최단 존속 기간이 적용되지 않으므로, 이때 존속 기간을 정하지 않기로 계약했다면 당사자들은 자유롭게 임대차를 종료시킬 수 있다.

　보증은 사람만 하는 게 아니야. 돈이 보증의 역할을 하기도 해. 예를 들어, 부동산 거래의 '보증금'은 계약을 지킬 의사와 능력이 있음을 보여 주는 장치지. 계약이 정상적으로 끝나면 보증금은 돌려받고, 계약을 어기면 제대로 돌려받지 못하지. 법에서는 보증금의 액수를 기준으로 보호 대상 여부를 결정하기도 해. 지문에서는 보증금의 액수가 크면 기간을 보장하는 보호를 하기보다 자유롭게 계약을 끝내서 돈을 사용할 수 있게 한다는 뜻이야. 결국 보증은 신뢰를 증명하는 행위고, 사람·기관·돈 모두 보증의 주체 또는 수단이 될 수 있어.

보험

'보험'은 지킬 보(保)에 험할 험(險)을 써서, 말 그대로 '험한 일로부터 지켜 준다'는 뜻이야. 보증이 현재의 확실함을 증명하는 거라면, 보험은 미래의 위험을 대비하는 거야. 보험 회사는 사람들이 내는 보험료를 모아 두었다가, 실제 사고나 질병이 생기면 그 손해를 대신 보상해 주는 방식으로 운영

돼. 예를 들어, 자동차 운전자는 평소에 보험료를 내다가 사고가 나면 보험금으로 수리비나 치료비를 받는 거지.

〔2018 수능〕 환율 급등락으로 인한 피해에 대비하여 수출입 기업에 환율 변동 **보험**을 제공하거나, 외화 차입* 시 지급 보증을 제공하기도 한다.

● **차입**
빌릴 차(借)+들 입
(入). 빌려서 가지고
들어옴.

수출입 기업은 환율이 바뀌면 손해를 볼 수도 있어. 예를 들어, 1달러가 1000원일 때 계약했는데, 실제 돈을 받을 때 800원으로 환율이 떨어지면 손해를 보게 돼. 이때 환율 변동 보험을 들어 두면, 떨어진 200원만큼 발생한 손해를 보험 회사에서 보상받을 수 있어. 보험은 이렇게 예상치 못한 위험을 미리 분산하고 대비하는 제도라는 점이 핵심이야.

〔2019 9월〕 은행 갑은, 기업 을이 발행한 채권*을 매입*하면서 그것의 신용 위험을 피하기 위해 **보험** 회사 병과 CDS 계약을 체결할 수 있다.

● **채권**
빌릴 채(債)+문서 권
(券). 남에게 빌린 돈
을 문서로 적은 것. 채
권 발행: 돈을 빌리고
적어 둠. 채권 매입:
돈을 빌려 줌.

● **매입**
살 매(買)+들 입(入).
사서 가지고 들어옴.

돈을 빌려주고 받지 못할까 걱정될 때도 보험에 가입할 수 있어. 지문에서 '갑 은행'이 '을 기업'이 발행한 채권을 샀다는 건, 을에게 돈을 빌려줬다는 뜻이야. 그런데 을 기업이 부도가 나면 돈을 못 받을 수도 있잖아? 그래서 갑 은행은 '보험 회사 병'과 CDS(신용부도스와프) 계약을 맺는 거야. 이 계약의 핵심은 '**위험을 넘기는 조건으로 보험료를 내는 것**'이야. 즉, 갑 은행이 보험료를 병에게 내고, 만약에 을이 정말 부도가 나서 돈을 갚지 못하면, 그 손해는 보험 회사 병이 대신 떠안는 구조지. 이처럼 보험은 일정한 보험료를 내고, 미래의 위험에 대한 손해를 보전받는 제도야.

🔍 하나 더 알아보기 담보

담보는 멜 담(擔)에 지킬 보(保)를 써. 여기서 '메다'는 말은 '책임을 어깨에 짊어진다'라는 뜻이지. 우리가 돈을 빌릴 때 '말로만' 갚겠다고 하면 상대방은 불안할 수 있어. 이때 그 불안을 확신으로 바꿔 주는 장치가 바로 담보야. "내가 약속을 꼭 지킬게. 혹시라도 지키지 못하면, 미리 정해 둔 이 소중한 물건을 네가 팔아서 손해를 메워도 좋아." 이것이 담보에 담긴 약속의 핵심이야.

가장 대표적인 예가 은행의 '주택 담보 대출'이야. 은행이 주택을 담보로 돈을 빌려준 뒤, 만약 빌린 사람이 돈을 갚지 못하면(채무 불이행), 은행은 그 주택을 처분해서 빌려준 돈을 우선적으로 돌려받아. 결국 담보는 약속에 '경제적 무게'를 더해 거래를 성사시키는 가장 강력한 보증서인 셈이야.

🔍 한눈에 쏙! 개념 정리

항목	보증(保證)	보험(保險)
이미지	확실함을 약속하는 증거의 문서	미래 위험에 대비하는 보호막
개념 정의	증거로 사실이나 신뢰를 확실히 보장하고, 그에 대한 책임을 지는 행위	위험에 대비해 일정 금액(보험료)을 내고, 손해 발생 시 보상받는 제도
수능 문맥	외화 차입 보증, 광고의 추천·보증, 보증금 제도 등 '신뢰와 책임' 중심	환율 변동 보험, 신용 위험 보험 등 '미래 위험 대비' 중심
독해 전략	보증의 주체(사람·기관·돈)를 구별하고 책임 구조 파악하기	보험의 대상(위험)과 작동 원리 (보험료→ 보험금) 파악하기

나무의 기둥 헌법
VS
나무의 열매 제도

헌법

법에는 민법, 상법, 형법 등 여러 종류가 있어. 이때 한자의 쓰임을 알면 법의 구체적인 적용 대상을 알 수 있지. 예를 들어, 백성 민(民)을 쓰는 민법은 개인 간의 관계를 다루고, 장사 상(商)을 쓰는 상법은 상업 거래를 다루는 법이야. 그런데 '헌법'은 법 헌(憲)에 법 법(法)을 써. 구체적인 하나의 범위에만 적용되는 것이 아니라 국가 전체, 하위 법률 전체에 적용되는 법이기 때문이야.

우리나라의 법체계는 쉽게 바꿀 수 없는 근본인 '헌법', 그리고 사회 변화에 맞춰 유연하게 손질할 수 있는 '법률'로 나뉘어. 헌법은 법 중에서도 최상위 규범이라 웬만해서는 바뀌지 않아. 실제로 1948년에 제정된 이후, 지금까지 단 아홉 차례만 개정되었지. 반면 하위 법률은 변화하는 사회 흐름에 따라 매년 수십 차례 개정되고 있어.

헌법 제2조 ① 대한민국의 국민이 되는 요건은 법률로 정한다.

이 조항은 제정 이후로 바뀐 적이 없지만, 이를 근거로 한 국적법은 국제 결혼 증가, 재외 동포 문제, 복수 국적 범위 등 시대 현실에 맞춰 여러 차례 개정되었어. 헌법이 나무의 기둥이라면 법률은 거기에서 뻗어 나온 가지에 해당해. 상위 법인 헌법의 내용 안에서 시대 현실에 따라 하위 법률을 바꾸는 거지.

〔2024 수능〕이러한 규정이 선거 운동의 기회균등 원칙을 침해하는지에 대해 헌법재판소는 위헌이 아니라고 결정했다.

● 위헌
어긋날 위(違)+법 헌(憲). 헌법에 위배됨.

다양한 하위 법률들이 헌법에 알맞은지, 아닌지를 판단하는 곳이 헌법재판소야. 지문에서 '위헌이 아니다'라는 말은 하위 법률 규정이 헌법에 위배되지 않았다, 즉 합헌이라는 뜻이지. 헌법이라는 근본 규칙에 맞으니 그대로 쓸 수 있다고 판정한 거야.

민법, 상법, 형법 등은 결국 헌법의 하위 법률에 해당해. 마치 체육부, 미술부, 음악부별로 세부 규칙이 있다 하더라도 교칙 안에 존재하는 것과 같아. 시험에 헌법이 나오면 하위 법률이 헌법에서 벗어났는지 판단하는 내용이니 꼭 기억해.

제도

'제도'는 지을 제(制)에 법도 도(度)를 써서 법을 기반으로 만든 실질적인 운영 방법을 말해. 헌법이 국가의 최상위 규범이라면, 법률은 이 헌법을 구체화한 규범이야. 제도는 이러한 법적 근거를 토대로 설계된 운영 시스템이지. 헌법이 나무의 기둥이라면 법률은 가지, 제도는 그 가지 끝에 맺히는 열매라고 할 수 있어. 기둥에서 가지로, 가지에서 열매로 갈수록 우리 생활과 더 가까워지고, 눈에 보이는 구체적인 형태가 돼. 이렇게 제도는 법전에 추상적인 글로 적혀 있는 법률을 현실에서 살아 움직이게 하는 장치야. 복지 제도, 교육 제도, 입시 제도, 세금 제도 등 우리가 매일 경험하는 대부분의 장치가 다 헌법에 뿌리를 두고 있어.

헌법 제31조 ③ 의무교육은 무상으로 한다.

⑥ 학교교육 및 평생교육을 포함한 **교육제도**와 그 운영, 교육재정 및 교원의 지위에 관한 기본적인 사항은 법률로 정한다.

이 헌법 조항을 근거로 국회(입법부)가 「교육기본법」·「초·중등교육법」을 만들고, 행정부가 이를 바탕으로 '의무교육 제도'를 운영하고 있어. 헌법의 큰 틀은 그대로이지만, 의무교육 제도는 사회 변화에 따라 구체적인 내용이 달라졌지. 초등 6년 중심이던 무상 의무교육이 초등학교에서 중학교까지 총 9년으로 확대된 것이 그 예야. 이렇게 제도는 헌법이라는 기둥에 의지하면서도, 사회 변화에 따라 얼마든지 바뀔 수 있어.

〔2024 6월〕초보 운전 표지 의무화 **제도**를 운영하는 일이 실행 가능한지 확인하고 있다.

● **실효성**
열매 실(實)+본받을 효(效)+성품 성(性).
실제로 효과를 나타내는 성질.

시험에서는 제도의 도입과 시행, 홍보 방안과 실효성˙에 대해 자주 물어. 아무리 좋은 제도라도 국민들에게 알려지지 않으면 무용지물이 될 거야. 그래서 "이 제도를 어떻게 알릴까?"를 고민해. 또 외국의 제도를 도입할 것을 제안하며 한국 사회에서 실제 효과가 있을지를 논의하는 내용이 자주 출제돼.

🔍 하나 더 알아보기 조례와 규칙

나라의 큰 틀을 잡는 헌법과 법률이 있다면, 지방자치단체에도 자기 지역을 다스릴 수 있는 작은 법이 있어. 그게 바로 '조례(지방의회 제정)와 규칙(지자체장 제정)'이야. 예를 들어, 시·군·구에서 청소년 심야 출입 제한이나 지역 축제 비용 지원을 결정할 때 조례가 필요해. 이렇게 조례와 규칙은 법률보다 한 단계 낮은 규범이지만, 주민 생활과 가장 가까운 자리에서 작동해. 다만 조례와 규칙은 상위 법률에 위반될 수 없어. 그러니 시험에서 "지방자치단체의 조례는 법률에 위배되어서는 안 된다"라는 문장을 만나면, 위계 질서 속에서 상위 법률이 항상 우선한다는 뜻이라고 기억하면 돼.

🔍 한눈에 쏙! 개념 정리

항목	헌법(憲法)	제도(制度)
이미지	나무의 기둥(근본 규칙)	나무에 맺힌 열매(구체적 운영 장치)
개념 정의	국가 질서를 정하는 최상위 규범으로 쉽게 개정되지 않음	헌법·법률에 근거하여 행정부가 만든 구체적 시스템
수능 문맥	• 위헌·합헌 판별 • 법률 충돌 시 헌법 우선	• 제도 시행 가능성 • 외국 제도의 도입 • 실생활 적용성
독해 전략	'최상위 규범·근거'라는 키워드에 주목 → 하위 법률·제도와 구분하기	제도가 어떤 법률·헌법에 근거하는지, 실행·수용 가능성 따져 읽기

주장할 수 있는 권리
VS
꼭 해야 하는 의무

권리

'권리'는 힘을 뜻하는 권(權)에 이로움을 뜻하는 리(利)가 합쳐진 말로, 나에게 필요한 **이익과 자유를 지킬 수 있는 힘**을 의미해. 여기서 말하는 이익은 단순히 경제적 이득만이 아니라, 사람으로서 마땅히 누려야 할 기쁨과 자유까지 포함해. 예를 들어, 인권(人權)은 인간으로서의 자유와 존엄을 침해받지 않을 힘을 뜻하는 말이지.

● 출원
날 출(出)+원할 원(願). 원하는 바가 있어 원서를 냄.

〔2021 6월〕 **특허권**은 발명에 대한 정보의 소유자가 특허 출원 및 담당 관청의 심사를 통하여 획득한 특허를 일정 기간 독점적으로 사용할 수 있는 법률상 **권리**를 말한다.

권리에는 사람이라면 태어날 때부터 당연히 갖게 되는 인권, 자유권 등과 법적 요건을 충족해야만 갖는 권리가 있어. 또 여러 사람과 함께 누릴 수 있는 것과 나만이 누릴 수 있는 배타적 성격의 권리로도 나눌 수 있어. 지문의 '특허권'은 법적 요건을 충족해야 가질 수 있고 나만이 누리는 권리에 해당돼. 시험 지문에 권리가 나오면 권리의 성격이 무엇인지부터 구분해야 해.

> 〔2024 수능〕 이러한 규정이 국민의 알 **권리**와 언론의 자유를 침해하는지에 대해 헌법재판소는 신뢰할 수 있는 여론 조사 결과라 하더라도 선거일에 임박해 보도하면 선거에 영향을 끼칠 수 있다며 합헌 결정을 내렸다.

선거에서 국민은 후보자에 대해 알 권리가 있어. 언론사도 마찬가지로 취재하고 보도할 권리를 갖고 있지. 선거일이 가까워졌는데 여론 조사 결과를 마음대로 보도하면 그 정보가 유권자의 판단을 왜곡할 수도 있기 때문에 이 경우에는 두 권리보다 공정한 선거라는 더 큰 공익을 우선시한 거야. 이처럼 권리는 항상 누릴 수 있는 게 아니야. 권리도 충돌할 수 있어. 그럴 땐 가치의 우선순위를 따져서 해결하는 거야.

의무

'의무'는 옳을 의(義)에 힘쓸 무(務)를 써서 **사람으로서 마땅히 힘써야 하는 일**을 의미해. '납세의 의무'는 국민으로서 세금을 내어 국가가 운영될 수 있게 해야 한다는 것을, '부양의 의무'는 가족으로서 서로를 돌보아야 한다는 것을 말하지. 권리에는 태어나면 자연스럽게 주어지는 자연상의 권리들이 있지만, 의무는 사회적 약속으로 정해지는 거야. 그래서 사회적 상황에 따라 의무가 달라지기도 해.

〔2024 9월〕 조선 왕조의 기본 법전인 『경국대전』에 규정된 신분제는 신분을 양인과 천인으로 나눈 양천제이다. 양인은 과거에 응시할 수 있었지만, 납세와 군역 등의 **의무**를 져야 했다. 천인은 개인이나 국가에 소속되어 천역(賤役)을 담당했다.

조선시대에는 양인과 천인, 두 신분이 있었어. 양인은 과거 시험에 응시할 수 있는 권리와 세금을 내고 군대를 가야 하는 의무가 있었지만, 천인은 과거에 응시할 권리도 세금을 낼 의무도 없었지. 양인과 천인의 차이처럼 사회적 지위나 계약 관계에 따라 권리와 의무가 달라지기도 해. 의무의 주체를 슬쩍 바꿔치기하는 선지는 출제자들이 가장 좋아하는 함정이니까 주의하자. "모든 백성은 조세를 부담했다"라는 문장이 나온다면, '천인'은 제외된다는 사실을 떠올려 함정을 피해야 해.

〔2019 수능〕 매도인은 매수인에게 매매 목적물의 소유권을 이전하여야 할 **의무**를 짐과 동시에 매매 대금의 지급을 청구할 권리를 갖는다. 반대로 매수인은 매도인에게 매매 대금을 지급할 **의무**가 있고 소유권의 이전을 청구할 권리를 갖는다. 양 당사자는 서로 권리를 행사하고 서로 **의무**를 이행하는 관계에 놓이는 것이다.

물건을 사고파는 매매 거래에서는 파는 사람(매도인)과 사는 사람(매수인)의 권리와 의무가 상반돼. 매도인(파는 사람)은 물건을 넘겨 주어야 하는 의무와 상대에게 물건값의 지불을 요구할 수 있는 권리가 생겨. 반면 매수인(사는 사람)은 물건값을 지불해야 하는 의무와 물건을 넘겨 달라 요구할 수 있는 권리가 생기지. 이렇게 권리와 의무는 동전의 양면처럼 한 세트를 이뤄.

◎ 하나 더 알아보기 변제

법률 세계에서는 무언가를 해 줘야 할 의무를 지닌 사람을 '채무자', 그 권리를 가진 사람을 '채권자'라고 불러. 예를 들어, 친구에게 5,000원을 빌렸다면, 나는 돈을 갚아야 할 '의무'가 있는 채무자가 되고 친구는 돈을 돌려받을 '권리'가 있는 채권자가 되지. 이때 약속대로 돈을 갚는 행동을 법률용어로 '변제(辨濟)'라고 해. 풀이하면 '구별하여(辨) 덜어내다(濟)'라는 의미로, 내가 짊어진 의무의 짐을 갚아서 없앤다는 뜻이야. 채무자가 변제를 완료하면 그동안의 의무에서 해방되고, 채권자의 권리 또한 목적을 달성했으므로 사라지게 돼. 즉, 변제란 서로 얽혀 있던 권리와 의무의 실타래를 약속대로 풀어서 관계를 깔끔하게 마무리 짓는 것을 말해.

◎ 한눈에 쏙! 개념 정리

항목	권리(權利)	의무(義務)
이미지	내가 누리고 주장할 수 있는 힘	• 나에게 주어진 역할 • 반드시 지켜야 할 책임
개념 정의	인간이 자유롭게 행동하고, 국가가 국민에게 주장하고 요구할 수 있는 자격 또는 힘	도덕적·법적으로 반드시 수행해야 하는 행동 기준
수능 문맥	알 권리, 표현의 자유, 특허권, 청구권 등	납세 의무, 군역의 의무, 대금 지급 의무, 물건 인도 의무 등
독해 전략	권리의 성격이 선천적·후천적인지, 독점적인지 구분하기	'해야 할 일'이 무엇이며, 그 이행 여부가 결과에 어떤 영향을 미치는지 추적하기

제한된 자유 재량

VS

규칙을 정하는 자유 자율

재량

내 마음대로 할 수 있는 자유에도 여러 가지 종류가 있어. 그중 '재량'은 주어진 범위 안에서 내가 선택하고 판단할 수 있는 자유를 말해. 이때 핵심은 외부에서 재량의 범위를 정해 준다는 점이야. 재량으로 할 수 있는 범위를 벗어나면 선택권은 사라지기 때문에 재량은 **제한된 자유**인 거야.

운동 경기에서 심판은 정해진 규칙(외부 기준)에 따라 파울 여부를 판정해. 예를 들어, '상대 선수 발을 걸면 안 된다'라는 규칙은 이미 정해져 있지만, 그 행동이 고의인지 실수인지, 경고로 끝낼지 퇴장시킬지는 심판이 상황을 보고 판단해. 이게 바로 심판의 재량이야. 그래서 같은 상황이라도 심판에 따라 판정이 달라질 수 있는 거지.

〔2023 수능〕 민법에는 '손해 배상 예정액이 부당히 과다한 경우에는 법원은 적당히 감액할 수 있다.'라는 규정이 있다. 이때 법원은 구체적 상황을 고려하여 손해 배상 예정액을 **재량**으로 줄일 수 있다.

운동 경기에 심판의 재량이 있듯, 재판에는 법원의 재량이 작용해. 법은 모든 세부 상황까지 다 정해 놓을 수 없기 때문에 일부러 불확정적인 표현을 쓰고, 그 공백을 법원이 재량으로 메워. 지문에 나온 '부당히 과다하다'라는 표현이 바로 그 경우인데, 이 말은 법원이 구체적인 상황을 고려해 금액을 깎아 줄 수 있다는 의미야.

> 〔2023 수능〕 행정청은 상황에 따라 선택할 수 있는 **재량** 행위를 할 수 있다. 이때 기준이 되는 **재량 준칙**은 법령이 아니어서 지키지 않아도 법을 위반한 것은 아니다.

교육청, 경찰서 같은 행정청에도 재량권이 있어. 행정청이 재량 행위를 할 때 스스로 세워 두는 기준을 '재량 준칙'이라고 해. 법이 아니기 때문에 지키지 않아도 제재를 받는 건 아니지만, 행정 처리가 공평하게 이루어지도록 돕는 규칙이라는 거지.

자율

수업이 끝나고 스스로 공부하는 걸 왜 '자유 학습'이 아니라 '자율 학습'이라고 할까? 자유는 단순히 '기분 내키는 대로', '하고 싶은 대로'라는 뉘앙스가 강하지만, 자율은 스스로 자(自)에 법칙 율(律)을 써서 **스스로 정한 규칙**을 지켜 운영한다는 의미가 있어. 재량이 외부에서 정해 준 틀 안에서 처리하는 자유였다면, 자율은 내가 주체가 되어 기준을 정하고 지키는 자기 주도성이 강한 개념이야. 그래서 '자율 학습'은 다른 사람이 시켜서 하는 게 아니라, 자기 스스로 정한 규칙에 따라 공부하는 걸 말하지.

● 기득권
이미 기(旣)+얻을 득
(得)+권세 권(權). 이
미 얻은 권세, 권리,
힘.

〔2024 9월〕양반 집단의 기득권을 지키기 위한 **자율적** 노력이다.

조선 후기 신분 질서가 흔들리자 기득권을 잃고 싶지 않았던 양반들은 예절을 강화하고, 족보를 정비하는 등 스스로 특권을 지키려 했어. 이런 행위는 국가의 강제적 규제가 아니라 양반들의 자발적 실천이므로 '자율적'이라는 표현이 쓰인 거야. 시험에서는 "누가 주도했는가?"를 묻기 때문에 이런 차이를 구분해야 해.

〔2026 6월〕법적 규제가 과도할 경우 고유한 직업 윤리나 문화·도덕 규범이 침해되어 사회의 **자율적** 조절 기능이 무너진다.

법과 도덕은 모두 사회 질서를 유지하는 데 기여하지만 방식이 달라. 법은 강제로 따르게 하지만, 도덕은 스스로 따르게 하는 자율적 성격을 지니거든. 그런데 법이 지나치게 강하면 원래 자율적으로 작동하던 사회의 힘이 깨져 버려. 스스로 조절하는 힘이 약화되어 자율적 질서가 무너지면, 사회가 오히려 불안정해진다는 거지.

◎ 하나 더 알아보기 기속 행위

국가 기관(행정청)이 일을 처리하는 방식은 크게 두 가지로 나뉘어. 바로 '기속 행위'와 '재량 행위'야. 기속은 굴레 기(羈)에 묶을 속(束)을 써서, 말의 고삐를 묶듯 법에 꽉 매여 있다는 뜻이야. 법적 요건이 모두 충족되었다면 담당 공무원이 자기 생각대로 결정할 수 없고, 반드시 법에 정해진 대로만 처리해야 하지. 예를 들어, 운전면허 발급이 대표적이야. 시험에 합격하고 결격 사유가 없다면, 담당자가 "나는 이 사람이 마음에 안 드니 면허를 주지 않겠다"라고 할 수 없어. 반드시 발급해야 하지. 반면 재량(裁量)은 법령 안에서 담당자가 "이게 더 공익에 맞겠다"라고 판단하여 여러 선택지 중 하나를 결정할 수 있는 자유를 뜻해. 예를 들어, 영업 정지 처분을 내릴 때 "법적으로는 최대 3개월까지 가능하지만, 이번에는 초범이니 1개월만 정지하겠다"라고 선택하는 것이 재량이야.

🔍 한눈에 쏙! 개념 정리

항목	재량(裁量)	자율(自律)
이미지	정해진 틀 안에서의 선택	스스로 규칙을 세워 따르는 자유
개념 정의	외부에서 정한 범위 안에서 상황에 맞게 처리할 수 있는 자유	스스로 규칙이나 질서를 정하고 지키는 자유
수능 문맥	심판의 재량(파울 판정), 법원의 재량 (손해 배상 감액), 국가 기관의 재량 준칙	자율 학습(자기 규칙), 양반의 자율적 노력, 사회의 자율적 조절 기능
독해 전략	자유롭게 처리할 수 있는 범위가 어디까지인지 확인하기	누가 스스로 규칙을 만들고 지키는지 확인하기

내가 주인인 소유
VS
내 손에 있는 점유

소유

'따릉이' 자전거를 빌려 타는 건 가능하지만, 개조하거나 판매하는 건 왜 안 될까? 물건을 이용하는 권리와 물건을 처분할 권리가 다르기 때문이야. 이 차이를 법적으로 설명할 때 사용하는 개념이 바로 소유와 점유야. '소유'는 바 소(所)에 있을 유(有)를 써서 '내가 가지고 있는 바', 즉 내가 주인이라고 인정받아 나의 재산으로 보유하는 상태를 의미해. 소유권은 재산권의 한 종류지. '이 물건은 내 소유다'라는 말은 결국 '이 물건은 나의 재산이다'라는 뜻과 같아. 서울시가 따릉이를 빌려준 것은 맞지만, 소유권은 여전히 서울시에 있어. 재산을 처분할 권리는 소유자만이 가지고 있으니 빌려 타는 사람은 따릉이를 마음대로 개조하거나 판매할 수 없는 거야. 타인의 재산권을 침해하는 건 당연히 위법 행위니까.

〔2019 수능〕 매수인은 매도인에게 매매 대금을 지급할 의무가 있고 소유권의 이전을 청구할 권리를 갖는다.

물건을 사고파는 것도 법적으로는 '소유권이 이전되는 것'으로 설명할 수 있어. 물건을 사는 사람은 돈을 지불하고 그 대가로 물건의 소유권 이전을 요청하는 거지. 가방, 반지처럼 움직일 수 있는 재산인 동산은 물건을 건네받는 것으로, 집이나 땅처럼 움직일 수 없는 재산인 부동산은 공적 기록을 남기는 것으로 소유권 이전이 확정돼.

● 동산
움직일 동(動)+재산 산(産). 움직일 수 있는 재산.

● 부동산
아니 부(不)+움직일 동(動)+재산 산(産). 땅, 건물처럼 움직여 옮길 수 없는 재산.

> 〔2023 9월〕 하나의 물건에 대한 **소유권**이 여러 명에게 나눠지는데, 이때 각자의 몫을 지분이라고 한다.

집이나 건물처럼 아주 비싼 물건은 여러 사람이 돈을 모아 함께 소유하기도 해. 이때 각자가 가진 권리의 몫을 가질 지(持)와 나눌 분(分)을 써서 '지분'이라고 하지. 현대 경제의 꽃인 주식회사도 이 지분의 원리로 돌아가. 우리가 어떤 회사의 주식을 산다는 건, 그 회사의 소유권을 조각조각 나누어 놓은 지분을 갖게 된다는 뜻이야. 지분을 가진 사람인 주주들은 자신이 가진 지분의 비율만큼 회사의 주인으로서 권리를 행사할 수 있지.

점유

돈을 내고 따릉이를 빌려 타는 건, 소유권 없이 이용만 하는 상태야. 그걸 점유라고 해. '점유'는 점령할 점(占)에 있을 유(有)를 써. '적군이 도시를 점령했다'라는 건 적군이 도시 안으로 들어와 자리잡았다는 뜻인 것처럼, 법적 의미의 점유도 **물건이 내 손(신체)에 들어와 있는 상태**를 말해.

내가 내 소유의 자전거를 사용하는 건 소유자와 점유자가 일치하는 경우야. 반면 따릉이를 빌려서 타는 건 소유자에게 돈을 내고 일시적으로 점유권을 얻은 거야. 우리가 '이용권을 구매했다'라는 것도 바로 법적으로는 점유권을 얻은 거지. 여기서 핵심은 '권한의 범위'야. 소유권은 물건을 사용하고, 그것으로 이익을 얻고(수익), 마음대로 팔거나 버릴 수 있는(처분) 권리를 모두 포함해. 하지만 따릉이 이용자는 소유자로부터 오직 '사용'할 수 있는 권한만 빌려온 거야. 시험에는 집주인인 임대인(소유자), 집을 빌려 사용하는 사람인 임차인(점유자)의 개념으로 자주 출제돼.

〔2020 9월〕 가방을 **점유**하고 있더라도 그 가방의 소유자가 아닐 수 있다.

가방과 같은 동산은 옮기기 쉬워서 점유자가 바뀌는 경우가 많아. 친구 가방을 잠깐 들어 주면 점유자는 나로 바뀌지만, 소유자는 여전히 친구야. 이 관점은 사회 이슈를 볼 때도 도움이 돼. 예를 들어, 독도의 경우 우리나라가 실질적으로 지배, 즉 점유하고 있지만, 일본이 소유권을 주장하고 있어. 즉, 독도 분쟁은 점유가 아닌 소유권 분쟁인 거지.

〔2025 6월〕 X사는 정밀 부품 분야에서 독보적인 기술을 장기간 보유하여 발전시켜 온 기업으로서 **시장 점유율**도 높다.

점유는 시장 점유율이라는 표현으로도 자주 나와. '시장 점유율'은 경쟁 시장에서 해당 회사가 전체 시장에서 차지하는 판매 비율을 뜻해. 노트북 시장에서 삼성 제품이 엘지 제품보다 더 많이 팔리면 삼성의 점유율이 높다라고 표현하는 거야. 전쟁터에서 땅을 많이 점령한 쪽이 유리한 것처럼 시장에서도 점유율이 높을수록 협상력과 수익성에서 우위에 있게 돼.

● **경쟁 시장**
둘 이상의 기업이 동일한 또는 비슷한 제품을 판매하는 시장.

🔍 하나 더 알아보기 공시

'공시'는 한자로 공평할 공(公)에 보일 시(示)를 써서, '누가 주인인지 모두가 볼 수 있게 공개하는 것'을 말해. 내 물건에 법적인 '이름표'를 붙이는 셈이지. 손에 교과서(동산)를 들고 있다면, 친구들은 그 책을 내 것이라고 생각할 거야. 별도의 서류가 없어도 물건을 점유(직접 가지고 있음)하고 있는 상태 자체가 "내 거야!"라고 세상에 알리는 공시 역할을 하기 때문이지. 하지만 집이나 땅처럼 크고 비싼 부동산은 내가 그곳에 머물고 있다고 해도 주인으로 인정받기 어려워. 그래서 나라에서 관리하는 장부인 등기부등본에 주인의 이름을 정확히 기록해 누구나 확인하게 하지. 이처럼 공시는 "이 물건은 내 것이니 함부로 건드리지 마!"라고 선포하여 서로 믿고 안전하게 거래할 수 있도록 돕는 아주 중요한 장치야.

🔍 한눈에 쏙! 개념 정리

항목	소유(所有)	점유(占有)
이미지	법적으로 주인인 상태	실제로 손에 쥐고 있는 상태
개념 정의	법적으로 내 재산으로 인정받아 마음대로 처분할 수 있는 권리	물건을 사실상 지배하고 있는 상태
수능 문맥	거래에서 소유권 이전 여부 판단	실질적 지배자와 소유자 일치 여부 확인
독해 전략	누가 처분할 수 있는지 확인하기	'누가 실제로 사용·지배하는지'와 '소유자와 다른지' 비교하기

이성적인 근대
VS
이어지는 전통

근대

'근대'는 가까울 근(近)에 시대 대(代)를 써. 현대와 그리 멀지 않은 과거이면서, 동시에 기존 전통과 확실히 결별한 시기를 뜻해. 영어로 모던(modern)이라 하고, 근대적 경향이 잘 드러난 예술을 모더니즘이라 불러. 근대는 사람들을 억압하던 기존의 신분, 전통, 종교로부터 탈출한 시기야. **'이성'을 무기로 기존의 부당한 질서에 반격**하기 시작했지. 서양에서는 신(神) 중심이 아닌 국민이 주인이 된 프랑스 혁명(1789년)을, 한국에서는 신분제가 폐지된 갑오개혁(1894년)을 근대의 본격적 출발점으로 봐.

> 〔2026 6월〕 근대 국가는 시민의 생명과 재산을 보호하는 것을 일차적인 존립 이유로 삼았다.

● 존립
있을 존(存) + 설 립
(立). 살아서 서 있는
것, 즉 존재하며 버티
는 것.

근대는 왕권, 신분제 등과 공식적으로 결별한 시대야. 정치적으로는 민주주의가, 경제적으로 자본주의가 자리 잡았던 시기지. 근대에는 국가가 더 이상 왕이나 귀족을 위해 존재하지 않고, 헌법과 시민의 권리를 중심으로 운영되었어. 투표로 대표를 뽑는 제도도 이 시기에 본격적으로 시작되었지.

〔2022 6월〕 **근대** 이후 서양의 철학자들은 과학적 세계관이 대두하면서 이전과는 달리 인과를 물리적 작용 사이의 관계로 국한하려는 경향을 보였다.

● **대두**
들 대(擡) + 머리 두(頭). 머리를 들고 세상에 모습을 드러냄.

● **국한**
판 국(局) + 제한할 한(限). 적용되는 판(범위)을 제한함.

근대를 대표하는 단어가 있다면 바로 '이성'이야. 과학이 발전하기 전에는 이해하지 못하던 것을 철저한 분석과 실험으로 완벽하게 이해한 시대, 그래서 감정적인 접근보다 이성적 접근이 주목받던 시대가 바로 근대야. 물론 부작용도 있었어. 합리적이지 않다고 여겨지는 감정이나 가치는 무시되기 시작했거든. 지문에서는 근대 이후 '원인과 결과'를 과학의 물리 영역으로만 보려는 경향이 생겼다는 걸 말하고 있어. 이렇게 근대는 비합리적인 신분제에서 사람들을 해방시켰다는 긍정적 측면과 지나친 합리성 강조라는 부정적 측면을 동시에 지니고 있어.

전통

전통은 우리 일상에서 '전통문화', '전통 시장' 등의 쓰임으로 자주 접해 봤을 거야. 전통은 전할 전(傳)에 거느릴 통(統)을 써서, 하나의 계통을 이루며 전해 내려오는 것을 의미해. 그럼 시험에서 한국 사회의 전통 문화라고 하면 무엇을 말할까? 바로 농경 문화, 공동체 문화를 말해. 넓은 논과 밭을 마을 사람들이 함께 도와가며 농사 짓던 공동체 문화가 바로 우리의 전통 문화야.

〔2025 수능〕 A 마을은 가난했지만 **전통**문화와 공동체적 삶을 중시하며 이웃 마을들과 조화롭게 살아왔다. (중략) 젊은이들에게 **전통**문화는 서양 문화에 비해 열등[•]한 것으로 여겨졌다.

● 열등
못할 렬(劣)+무리 등(等). 보통의 수준이나 등급보다 낮음.

공동체를 중시하는 전통문화가 나오면 세대 간의 갈등이 함께 언급되는 경우가 많아. 개인주의적 환경에서 자란 젊은 세대는 자기 선택과 효율을 중시하기 때문에 전통의 공동체 규범과 충돌하기 쉬워. 그래서 전통은 공동체적 가치와 개인주의적 가치가 충돌하는 지점으로 시험에 자주 출제돼. 이런 경우 세대 간의 갈등을 해결하며 사회 발전으로 이어질 방법을 많이 묻는다는 걸 기억하자.

〔2025 6월〕 **전통**적인 윤리학의 주요 주제는 무엇이 옳고 그른지를 판정하는 객관적 근거를 찾는 것이다. 그러나 윤리학은 오랫동안 그에 대한 만족스러운 답을 내놓지 못했다.

전통의 또 다른 용법은 전통을 '새로운 이론과 대비되는 과거의 것'으로 보는 거야. 그래서 지문에서처럼 '전통적인 윤리학'이 나오면 그 뒤에 새로운 윤리학이 등장하며 기존의 문제를 해결하는 거지. 지문에서 전통 윤리학은 객관적 근거를 찾는 걸 주요 과제로 삼았지만 해결하지 못했어. 그럼 그 뒤에 새로운 윤리학이 등장하여 그 문제를 해결하는 거야. 시험에서 첫 한두 단락에 전통, 고전이 나오면 "아, 뒤에 새로운 이론이 나오겠구나. 비교해야겠다"라고 생각하면 돼.

🔍 하나 더 알아보기 포스트모더니즘(탈근대)

근대가 이성을 절대적인 가치로 내세우며 효율성을 추구함에 따라, 개인의 '감정'은 자연스레 소외되었어. 합리적이고 체계적인 일 처리에 있어 주관적인 감정은 통제해야 할 '걸림돌'로 여겨졌으니까. 이러한 이성 중심주의의 한계에서 벗어나려는 움직임이 바로 '포스트모더니즘'이야. 포스트모더니즘은 "이성만이 유일한 정답은 아니다"라는 전제 아래, 그동안 억눌려왔던 다양한 가치와 감정, 그리고 소수 문화를 존중해야 한다고 주장했어. 수능 비문학에서는 '중세에서 근대로의 이행 과정'이나 '모더니즘과 포스트모더니즘의 가치관 비교'가 단골 소재로 출제돼.

🔍 한눈에 쏙! 개념 정리

항목	근대(近代)	전통(傳統)
이미지	신분제와 결별, 민주주의·자본주의, 과학적 이성	농경 사회 공동체 방식, 예전부터 이어진 생활 양식
개념 정의	비합리적 신분제를 벗어나 개인의 권리와 이성을 강조한 시대	과거부터 이어져 온 방식, 특히 공동체적 생활 양식이나 기존의 방법
수능 문맥	민주주의·헌법·개인의 권리, 과학적 세계관, 이성적 합리주의 vs 탈근대 비판	전통문화(공동체와 세대 갈등), 전통 방식과 새로운 방식 대비
독해 전략	근대＝개인 권리·이성 강조 vs 탈근대 등장 예고	전통＝새로운 방식의 등장 신호로 읽기

주인의 권리 주권
VS
주인의 실체 주체

주권

집에서는 주인과 손님의 권한이 달라. 주인만이 누릴 수 있는 권리를 주인 주(主)에 권세 권(權)을 써서 '주권'이라고 해. 우리나라는 헌법에서 대한민국의 주인은 국민이며 주권은 국민에게 있다는 걸 밝히고 있어. 국가를 세우고 헌법을 만드는 과정에서 '누가 주인이냐'를 먼저 정한 거지.

> 〔2025 수능〕 고종이 발간한 「한성순보」는 서양 기술과 제도를 받아들여 생활을 발전시키고, 국가의 독립 주권의 소중함을 깨닫게 하려는 개화의 뜻이 담겨 있었다.

● 개화
열 개(開)＋변할 화(化). 사람의 지혜가 열려 새로운 사상이나 문물, 제도 등을 가지게 됨.

● 외세
바깥 외(外)＋기세 세(勢). 외국의 세력.

「한성순보」에서 '독립 주권'의 소중함을 강조한 건 외세가 주인의 자리를 위협하고 있었기 때문이야. 일제강점기 이전이었지만 동서양 여러 나라가 동시에 조선을 흔들고 있었거든. 결국 고종은 근대 문물의 수용과 주권 지키기 사이에서 균형을 맞춰야 하는 딜레마에 놓여 있었던 셈이지.

〔2025 9월〕 공정거래위원회는 시장 경쟁을 촉진하고 **소비자 주권**을 확립하기 위해, 사업자의 불공정한 거래 행위와 부당한 광고를 규제한다.

주권은 꼭 국가에만 있는 게 아니야. 어떤 영역이든 '주인'이 있다면 그 영역에서도 주권이 성립해. '소비자 주권'은 소비자의 선택이 시장을 움직이기 때문에 무엇을 사고, 고를지는 소비자가 결정한다는 원칙이야. 그런데 허위 광고나 끼워 팔기와 같은 불공정한 행위는 소비의 주인으로서의 권리를 침해하는 거지. 시험에 주권이 나오면 '이 영역에서 주인은 누구인가?'와 '주인이 어떤 권리를 갖는가'를 꼭 확인해야 해.

주체

'주체'도 '주인 주'를 쓰는 건 같지만 핵심은 몸 체(體)자에 있어. 주인의 권리가 '주권'이라면, '주체'는 그 **권리를 실제로 행사하는 주인의 실체**를 분명히 밝히는 말이야. 그래서 '선택의 주체'는 선택하는 사람이 누구인지, '실행 주체'는 실제로 행동하는 사람이 누구인지를 드러내는 거지. 사회 현상은 여러 사건이 동시에 얽혀 있으니, 독해할 때에는 항상 "누가 했는가?"를 먼저 정리해야 해. 그래서 행위의 주체, 행정 주체, 소비 주체, 경제 주체 등 다양한 주체가 시험에 나오는 거야.

〔2025 6월〕 동물이 **소유권의 주체**가 될 수 있는지에 대해 이해가 더 필요하여 자료를 찾아보았다.

소유권이란 '이건 내 재산이다'라는 것을 인정받는 권리야. 다수의 법체계에서 동물은 권리의 주체로 인정되지 않기 때문에, 동물에게 소유권이 있다고 보기는 어려워. 예를 들어, 코끼리가 그린 그림의 소유는 관련 있는 사람이나 기관에게 돌아가지. '주체'는 단순히 주인을 구분하는 것을 넘어 권리를 행사할 수 있는 실체가 있는지까지 따지는 개념이야.

●평판
평할 평(評)+판단할
판(判). 사람들의 평
가와 판단.

〔2025 수능〕인터넷 ID가 사회적 평판인 **명예의 주체**로 인정될 수 있는가
와 관련된다.

'내 이름에 먹칠을 했다'라는 말은 곧 나의 명예가 손상됐다는 뜻이지. 이름은 개인을 대표하기 때문에 이름은 '명예의 주체'가 될 수 있어. 하지만 인터넷 ID는 익명성, 가명성이 높고 쉽게 변경 또는 삭제할 수 있어서 주체성을 인정할지에 대해서는 여전히 논쟁이 많지. ID의 주체성을 인정하는 입장은 "ID가 나의 정체성을 드러낸다"라고 보고, 인정하지 않는 입장은 "ID는 그냥 표시일 뿐"이라고 주장해. 시험에서는 이 두 입장의 근거를 확인하는 문제가 나오니 꼭 기억해.

◎ 하나 더 알아보기 **사회계약론의 주권**

사회계약론에서는 사람들이 자연 상태의 불안을 피하려고 자유의 일부를 내어 놓아 힘을 모으고, 그 힘으로 '주권'을 만든다고 보았어. 이건 국민이 태어나면서 곧바로 국가 주권을 가진다고 보는 현대 헌법의 관점과는 달라. 사회계약론에서는 이렇게 만들어진 주권을 군주나 공동체가 대신 행사한다고 봐. 그래서 주권은 개인으로부터 생겨나지만, 실제로 행사하는 주체는 통치자나 집단이었던 거야. 정리하면 "사람들이 자유를 조금씩 모아

만든 힘이 주권이고, 주권자는 그 힘을 위임받아 관리하는 존재(군주나 공동체)"라는 뜻이야.

🔍 한눈에 쏙! 개념 정리

항목	주권(主權)	주체(主體)
이미지	주인의 권리: 주인만 누릴 수 있는 권한	주인의 실체: 실제로 행동하는 몸, 주인공
개념 정의	국가나 특정 영역에서 '주인'이 갖는 권리	어떤 행위를 실제로 하는 주인공(실체)
수능 문맥	국가 주권(헌법), 독립 주권(한성순보), 소비자 주권(공정거래)	행위 주체(선택·실행), 소유권 주체(동물), 명예 주체(인터넷 ID)
독해 전략	"누구의 권리인가?"를 먼저 묻고 권한의 범위 확인하기	"누가 실제로 했는가?"를 먼저 정리하고 논증 구조 따라가기

공통점이 있는 집단
VS
목적이 있는 조직

집단

사람이 혼자일 때는 개인이지만, 모이면 이름이 달라져. 집단, 조직, 단체, 사회, 공동체처럼 말이야. '집단'은 모을 집(集)에 둥글 단(團)으로 여러 사람이 모여 하나 이상의 공통점을 공유할 때 형성돼. 좋아하는 대상이 같거나, 같은 목표를 추구하거나, 동일한 조건에 놓여 있는 것이 공통점이 될 수 있지. 단순히 모여 있는 사회와 달리 공통점이 있고, 함께 살아가는 공동체보다는 느슨한 모임이라는 것이 특징이야. 예를 들어, 노동자 집단인 '노동 조합', 전문가 집단인 '변호사 협회' 등이 있어.

〔2026 9월〕 20세기 중·후반에 언론은 주로 권력 집단과 관련된 사안을 피상적으로 보도하는 경향이 있었다.

● 피상
피부 피(皮)+서로 상
(相). 피부처럼 겉으
로 드러난 부분만 보
는 것.

시험에는 권력 집단이 자주 등장해. 권력은 다른 사람을 좌우할 수 있는 힘을 말하니, 그 힘을 행사할 수 있는 모임인 정당, 국가 기관, 이익 집단이 권력 집단에 포함돼. 지문에서는 신문, 방송 등의 언론이 권력 집단의 눈치를 보느라 제대로 된 비판 보도를 못 했다는 걸 지적한 거야.

〔2022 9월〕 반면 우리 기업은 이번 광고로 상품에 대한 정보 검색을 많이 하는 **소비 집단**을 공략하고자 제품 정보를 강조하되, 광고 비용은 최소화하려 한다.

집단은 내가 인식하지 못해도 속해 있는 경우가 있어. 예를 들어, 기업은 소비자를 특성별로 분류해 소비 집단을 설정해. MZ세대도 마찬가지야. 같은 시기에 태어나 비슷한 성향을 보이는 집단으로 묶이는 거지. 즉, 집단은 공통된 성질을 가진 사람들이 모여 만들어지고, 한 사람이 여러 집단에 동시에 속할 수도 있어. 앞으로 지문에서 집단이 나오면 앞에 붙은 수식어를 보고 **이런 성질을 공유한 사람들 전체를 말하는구나**라고 파악하면 돼.

조직

'조직'은 짤 조(組)에 짤 직(織)으로 **목적을 가지고 명확하게 짜 놓은 모임**을 말해. 회사 구성원들은 각자 맡은 바 역할이 있고 긴밀하게 연결되어 있지. 이런 경우 회사는 단순한 집단이 아닌 질서가 있는 조직이라고 말해.

〔2025 6월〕 정당과 같은 **정치 조직**이 민주적 방식과 절차로 운영되어야 하는 것은 당연하다.

권력 집단이 정당이나 국회, 이익 집단 등을 묶어서 부르는 개념이었다면, 정치 조직은 하나의 의도를 가진 개별 모임을 가리키는 거야. 정당 하나가 하나의 조직이고, 국회도 하나의 조직이지. 하지만 정당과 국회를 묶어서 '하나의 조직'이라고 하진 않아. 이렇게 조직은 소속감과 역할이 분명하고, 각자가 해야 할 일도 정해져 있는 게 특징이야.

● 신용 기관
믿을 신(信) + 쓸 용
(用). 상대를 믿고 돈
을 빌려주는 기관.

〔2021 수능〕 **상인 조직**의 발전과 신용 기관의 확대는 교역의 질과 양이 급변하고 있었음을 보여 준다.

상인 집단이 상업에 종사하는 모든 사람을 뜻한다면, 상인 조직은 의도를 가지고 꾸려진 모임을 가리켜. 예를 들어, 우리나라에 있는 상업에 종사하는 모든 사람은 '상인 집단'이 되고, '새마을 시장 상인회'처럼 구체적이고 긴밀하게 연결된 모임은 '상인 조직'이 되는 거야. 조직은 집단보다 단체 행동이 쉽고, 소속감도 강한데, 이는 단순히 묶인 게 아니라 '특정한 목적'을 위해 가입한 모임이기 때문이야.

🔍 하나 더 알아보기 **이익 집단**

'이익 집단'은 특정한 이해관계를 공유한 사람들이 모여서 자신들의 이익을 관철하려는 집단을 뜻해. 노동조합은 노동자의 권익을, 기업 단체는 기업의 이익을 대변하지. 시험에서는 정치 과정에서 이익 집단이 정책이나 여론 형성 등에 어떤 영향을 주는지가 자주 출제돼. 즉, 권력 집단이 사회 전체에 영향을 주는 큰 힘이라면, 이익 집단은 특정한 실리적 목표를 두고 영향력을 행사한다는 점에서 차이가 있어.

● 관철
꿸 관(貫) + 통할 철
(徹). 어려움을 뚫고
나아가 원하는 바를
달성함.

● 여론
수레 여(輿) + 논할 론
(論). 사회 대중들의
공통된 의견.

🔍 한눈에 쏙! 개념 정리

항목	집단(集團)	조직(組織)
이미지	공통된 성질을 가진 사람들이 모인 덩어리	역할과 위계가 분명한 울타리
개념 정의	여러 사람이 공통점을 하나 이상 공유하여 형성된 모임	특정 목적과 규칙, 역할 분담을 바탕으로 운영되는 모임
수능 문맥	권력 집단, 소비 집단 등	정치 조직, 상인 조직 등
독해 전략	앞에 붙은 수식어(권력·소비 등)를 보고 어떤 성질의 집단인지 파악하기	집단보다 더 의도적이고 구조적인 성격임을 확인하고 소속감·역할에 주목하기

4장

과학·기술

과학적 개념과
기술 논리를
이해하는 어휘

요리 재료 데이터
vs
완성된 요리 정보

데이터

'데이터(data)'는 라틴어 '데이텀(datum)'에서 온 말로, 이미 주어진 것, 즉 세상에 존재하는 재료 그 자체를 뜻해. 요리로 비유하면 데이터는 감자·당근·고기 같은 재료이고, 정보는 그 재료로 만든 완성된 요리라고 할 수 있어. 이렇게 데이터는 지식과 정보의 시작점으로 데이터의 정확성에 따라 결과가 달라지게 돼.

〔2024 수능〕 데이터를 처리할 때 데이터의 정확성은 매우 중요하다. 그런데 데이터에 결측치와 이상치가 포함되면 데이터의 특징을 제대로 나타내기 어렵다.

● 결측
이지러질 결(缺)+헤아릴 측(測). 마치 결석한 것처럼 제대로 된 측정이 이루어지지 않은 것.

맛있는 요리를 하려면 좋은 재료가 있어야 하듯, 좋은 정보를 얻으려면 정확한 데이터가 필요해. 데이터에 빠진 부분이 있거나(결측치), 다른 데이터와 크게 동떨어진 값(이상치)이 섞여 있다면 정확하게 분석하기 힘들어. 따라서 데이터를 분석하기 전에 이런 오류를 찾아내고 다듬는 과정이 필요해. 정확한 데이터가 있어야 가치 있는 정보가 나오기 때문이야.

> [2024 9월] 데이터를 재화로 보아 소유권이 누구에게 귀속되어야 하는지에 대한 논의가 있다. 소유권의 주체를 빅 데이터 보유자로 보는 견해와 정보 주체로 보는 견해가 있다.

● **재화**
재물 재(財)+재물 화(貨). 경제적 가치가 있어 거래될 수 있는 것.

● **귀속**
돌아갈 귀(歸)+무리 속(屬). 어느 무리에 속하게 되는 것.

우리의 일상도 전부 데이터화 되고 있어. 내가 어디서 무엇을 먹었는지, 어떤 영상을 봤는지와 같은 것들이 데이터로 쌓이지. 기업은 이런 데이터를 분석하여 소비자 맞춤형 광고로 수익을 벌어들이고 있어. 그러다 보니 '이 데이터의 주인은 누구인가?'라는 문제가 생겼지. 데이터를 수집·보유한 기업의 것인지, 데이터를 만들어 낸 개인의 것인지 의견이 갈리기도 해. 이처럼 데이터는 이제 단순한 자료를 넘어 경제적 가치를 지닌 하나의 자원이 되었다고 할 수 있어. 시험에서는 데이터의 경제적 가치를 어떻게 보호할 것인가, 그리고 그 수익을 누구에게 귀속시킬 것인가라는 관점이 중요하게 출제돼.

정보

똑같은 재료로 다양한 요리를 만들 수 있듯, 데이터도 처리하는 **목적과 방법에 따라 서로 다른 정보로 재구성**할 수 있어. 성적표의 국어 100점, 수학 90점, 영어 80점은 데이터야. 이를 이용해서 학생의 평균적인 성적을 알고 싶다는 목적으로 가공하면, 평균 90점이라는 하나의 정보가 만들어져. 또한 보완해야 할 과목의 순서를 알고 싶다는 목적으로 가공하면, '영어→수학→국어' 순으로 공부를 더 해야 한다는 결과가 나와. 이렇게 같은 데이터도 목적에 따라 다른 정보가 될 수 있어.

〔2025 수능〕 ID로는 그 사용자의 **개인 정보**를 알 수 없으며

인터넷이 널리 보급된 후 지금까지 가장 큰 쟁점 가운데 하나가 개인정보야. 나이, 학교, 전화번호 뒷자리 등 몇개의 데이터만 모아도 '나'라는 개인이 특정되는 개인 정보가 되기 때문이야. 이 지문은 ID라는 데이터 하나로는 그 사람이 정확히 누구인지 알려 주는 개인 정보를 도출할 수 없다는 뜻이야.

〔2022 수능〕 책을 읽을 때는 자신의 관점에서 각 관점들을 비교·대조하면서 **정보의 타당성**을 비판적으로 검토하고 평가한 내용을 통합한다.
〔2022 수능〕 시청자 1과 2는 △△ 신문 기사의 내용과 관련하여, 지문 등 사전등록제의 등록률에 대한 **정보의 출처**가 믿을 만한지 점검하였다.

정보는 **데이터를 목적에 맞게 가공한 것**이기 때문에 그 정보가 믿을 만한지, 타당한지를 묻는 문제가 자주 나와. 정보가 주장하는 바를 충분한 근거로 뒷받침하고 있는지가 타당성, 그 정보가 믿을 만한 출처·방식으로 생산되었는지가 신뢰성이야. 우리가 AI와 대화하며 많은 정보를 얻지만, 다시 종이 책 등의 매체를 통해 사실을 확인하는 이유가 타당성과 신뢰성을 판단하기 위해서야. 타당성 판단을 위해서는 다양한 관점과 비교·대조하여 검토해야 하고, 신뢰성은 출처 확인이 기본이야.

🔍 하나 더 알아보기 **빅데이터**

'빅데이터(Big Data)'는 말 그대로 '엄청나게 크고 많은 데이터'를 뜻해. 그런데 단순히 양만 많은 게 아니야. 종류도 다양하고 생성 속도도 빠르고 너무 복잡해서 사람이 일일이 처리하기 어려운 데이터를 말하지. 그래서 빅데이터는 컴퓨터 프로그램이나 인공지능을 통해 분석하고 정리해야 의미 있는 정보로 바뀔 수 있어. 이처럼 빅데이터는 단순한 자료가 아니라, 가공과 분석을 통해 '정보'가 되고 그 정보가 다시 상품처럼 활용될 수 있다는 점에서 매우 중요한 자원이야.

🔍 한눈에 쏙! 개념 정리

항목	데이터(Data)	정보(Information)
이미지	요리 재료: 이미 주어진 자료	완성된 요리: 가공·분석으로 얻은 결과
개념 정의	관찰이나 측정을 통해 얻은 사실, 수치, 기록	데이터를 가공·분석해 목적에 맞게 재구성한 지식
수능 문맥	데이터의 정확성, 결측치·이상치, 데이터 소유권, 자원으로서의 데이터	정보의 타당성·신뢰성, 개인정보, 정보의 가공·통합
독해 전략	데이터는 '있는 그대로의 자료'로 오류·결측치 확인하기	정보는 '가공된 결과'로 근거의 타당성과 출처의 신뢰성을 판단하기

결과 중시 디지털
VS
과정 중시 아날로그

디지털

'디지털(digital)'은 손가락을 뜻하는 라틴어 '디기투스(digitus)'에서 유래한 말이야. 옛날에는 손가락으로 하나씩 세며 계산했어. 손가락은 '1, 2, 3…'처럼 하나씩 셀 수는 있지만, '1.3개'나 '2.7개'처럼 중간 숫자는 셀 수 없지. 그래서 디지털은 이렇게 중간이 없이 뚝뚝 끊어진 수, 즉 '분절된 수'를 말해. 전기로 작동하는 기기들은 이렇게 분절된 수만 이해할 수 있어. 그래서 우리는 전자 기기가 사용하는 방식을 '디지털'이라고 부르기 시작했지. 쉽게 말하면 중간 과정 없이 분절된 결과만 보여 주는 방식이 '디지털'이야.

〔2018 수능〕 **디지털** 통신 시스템은 송신기, 채널, 수신기로 구성되며, 전송할 데이터를 빠르고 정확하게 전달하기 위해 부호화 과정을 거쳐 전송한다.

디지털은 0과 1처럼 분절된 몇 개의 수만을 사용하다 보니 인간이 사용하는 문장을 있는 그대로 전달할 수 없어. 기계가 사용하는 부호로 바꾸어 전송해야 하지. 그리고 도착한 후에는 다시 인간의 언어로 바꿔 주어야 해. 이를 디지털 통신 시스템이라고 해. 송신기로 보낼 때는 데이터를 부호화하고, 수신기에서 받은 후에는 부호를 다시 데이터로 복호화하는 과정을 거쳐. 우리가 스마트폰으로 주고받는 문자가 이런 과정을 거쳐 전달되는 거야.

〔2021 6월〕 영상 안정화 기술에는 빛을 이용하는 광학적 기술과 소프트웨어를 이용하는 **디지털** 기술 등이 있다.

필름 카메라와 달리 디지털카메라는 화면을 0과 1처럼 분절된 값(픽셀)들의 조합으로 표현해. 이때 각 픽셀은 색과 밝기 정보를 딱 한 가지씩 갖는데, 픽셀 수가 적으면 픽셀 간의 경계가 눈에 보이고 사진이 부자연스러워져. 그래서 수많은 픽셀(0과 1의 조합)을 촘촘하게 배치해 경계면이 사람 눈에 보이지 않게 만드는 거야. 우리가 카메라나 휴대폰을 살 때 해상도가 높은 제품을 고르는 건 픽셀(화소) 수가 많아 사진을 선명하게 찍고 볼 수 있는 기계를 고르는 거야.

아날로그

디지털이 결과만 보여 준다면 '아날로그'는 연속적인 중간 과정을 보여 줘. 예를 들어, 아날로그 시계는 시침과 분침이 있어서 시간이 흘러가는 과정을 볼 수 있지. 디지털 시계로는 볼 수 없었던 3시 1분과 3시 2분 사이를 시침과 분침의 이동 과정을 통해 볼 수 있어.

컴퓨터 자판으로 글자를 입력할 때에는 '강'을 입력하든 '물'을 입력하든 손가락으로 세 번의 타점을 두드리는 동작에는 큰 차이가 없다. 그러나 **손으로 글씨를 쓸 때**에는 손의 동선이 그대로 글씨를 이루며 단어마다 다른 궤적이 생기게 된다. 뇌의 시각 처리와 손을 통한 운동 경험, 쓰고자 하는 단어를 떠올리는 과정이 동시에 이루어져 뇌의 다양한 영역이 활성화되는 효과가 생기는 것이다.

● **궤적**
바큇자국 궤(軌)+발자취 적(跡). 수레 바퀴가 지나간 것처럼 물체가 이동한 자국, 흔적, 과정.

디지털 기계의 사용이 늘면서 오히려 아날로그 방식의 장점이 주목받고 있어. 디지털이 목적지까지 빠른 비행기를 타고 도착하는 것이라면 아날로그는 느린 기차를 타고 중간 풍경을 감상하는 것과 같아. 또한 디지털이 속도를 중시한다면 아날로그는 과정과 경험을 생각하지. 글을 쓸 때도 마찬가지야. 컴퓨터를 사용한 글쓰기(디지털)는 손 움직임과 글자의 연결이 끊겨 있어. 하지만 손으로 글씨를 쓰는 것(아날로그)은 손의 움직임과 글자가 서로 연결되는 행위야. 그렇기 때문에 행위 능동성이 뇌에 각인되어 뇌 활성화, 정서적 만족감 등을 느낄 수 있지. 예전에는 아날로그라고 하면 예전 방식, 과거의 것이라는 이미지였다면 지금은 멋스러움을 뜻하기도 해.

🔍 하나 더 알아보기 **비트**

디지털 방식을 다루는 기술 지문에서 빠지지 않는 개념이 '비트(bit)'야. 디지털 정보의 최소 단위를 비트라고 해. 비트는 0 또는 1의 값을 가지며, 디지털 방식에서는 이 두 가지 상태로 모든 정보를 표현해. 예를 들어, '0100'이라고 하면 4개의 비트로 이루어진 데이터라는 뜻이야. 비트 여러 개를 모아 더 큰 단위를 만들 수 있는데, 예를 들어 8비트는 1바이트(byte)라고 부르고, 글자 · 숫자 · 이미지 등 다양한 데이터로 변환할 수 있어.

🔍 한눈에 쏙! 개념 정리

항목	디지털(digital)	아날로그(analog)
이미지	계단: 뚝뚝 끊겨 한 칸씩 변화	경사로: 부드럽게 이어져 끊김 없이 변화
개념 정의	0과 1처럼 분절된 값으로 정보를 표현하는 방식	연속적인 값으로 끊김 없이 정보를 표현하는 방식
수능 문맥	부호화 · 복호화, 비트(bit), 픽셀(화소), 영상 압축, 디지털 통신 등	필름, LP, 손 글씨, 연속 측정, 뇌 활성화 효과 등
독해 전략	'0/1', 'on/off', '샘플링', '화소' 등 분절과 변환 과정에 주목하기	'연속성', '과정', '자연스러움' 등의 표현에 주목하기

미리 정해 놓는 부호
VS
밀고 전달하는 신호

부호

첩보 영화에서 '모스 부호'를 본 적 있지? 모스 부호는 '삐-삐삐-삐-'처럼 짧고 긴 소리의 조합이 각각 어떤 문자를 뜻하는지 미리 약속해 둔 기호 체계야. 이렇게 정해진 부호 덕분에 소리만으로도 뜻을 정확히 전달할 수 있는 거지. 빨간불이 '멈춤', 파란불이 '보행'을 의미하는 것도 같은 원리야.

〔2018 수능〕 채널 부호화를 거친 부호들을 채널을 통해 전송하려면 부호들을 전기 신호로 변환해야 한다.

우리가 쓰는 '안녕'이라는 글자를 컴퓨터는 바로 이해하지 못해. 그래서 컴퓨터가 이해할 수 있도록 미리 정해 둔 약속된 체계인 '부호'를 사용하지. 전자 기기는 오직 0과 1이라는 두 가지 숫자로 이루어진 부호만 사용해. 이때 부호를 구성하는 최소 단위인 0과 1을 우리는 '비트(Bit)'라고 불러. 마치 'ㄱ, ㄴ' 같은 음운이 모여 하나의 단어가 되듯, 컴퓨터는 수많은 '비트'를 조합하여 글자, 소리, 영상과 같은 모든 정보를 처리하는 거야.

〔2026 9월〕 일반적으로 오디오 신호 압축에는 지각**부호화**를 이용한다. 지각부호화는 청각 특성에 따라 감도가 낮은 소리를 제거하여 오디오 신호를 압축하는 기술이다.

정보를 부호화하고 전달하는 과정에서 용량이 너무 크면 속도가 느려져. 그래서 전달 속도와 저장 효율을 높이려면 불필요한 정보를 줄이는 '압축 부호화' 기술이 필요해. 지문의 '지각 부호화'는 사람이 들을 수 없는 아주 작은 소리를 제거해 용량을 줄이는 압축 기술이야. 결국 부호는 '무엇을 어떻게 보낼지' 정하는 약속이고, 압축 부호화는 그 약속을 가장 가볍고 빠르게 실행하도록 다듬는 기술이라 할 수 있어.

신호

미리 정해 둔 약속에 따라 부호화를 끝냈다면, 이제 이 부호를 실어 나를 수 있는 신호를 결정해야 해. '신호'는 믿을 신(信)에 부를 호(號)를 써서 전달이 가능한, 믿을 만한 형태로 정보를 보내는 걸 말해.

내가 친구에게 문자를 보낼 때, 먼저 문자 내용을 기계의 약속인 부호(0과 1)로 바꾸고, 그 부호를 기계끼리 주고받을 수 있는 에너지 형태인 전기 신호에 실어 전달하는 거야. 신호는 전달되는 통로(매체)에 따라 전기 신호, 광 신호, 전파 신호 등 다양한 물리적 형태를 가져. 부호가 '무엇'을 보낼지 정하는 약속이라면, 신호는 그것을 '어떻게' 실어 나를지 결정하는 에너지라고 이해하면 쉬워.

● 이진수

두 이(二)+나아갈 진
(進)+셈 수(數). 숫자
두 개(0, 1)만으로 나
타내는 수.

● 피사체

당할 피(被)+베낄 사
(寫)+몸 체(體). 사진
찍히는 대상.

〔2026 9월〕소리를 **디지털 신호**, 즉 이진수로 이루어진 오디오 신호로 바
꾸어 파일로 저장한다.

〔2021 6월〕카메라는 렌즈를 통해 들어온 빛이 이미지 센서에 닿아 피사
체의 상이 맺히고, 피사체의 한 점에 해당하는 위치인 화소마
다 빛의 세기에 비례하여 발생한 **전기 신호**가 저장 매체에 영
상으로 저장된다.

컴퓨터나 카메라는 소리와 빛을 사람처럼 자연스럽게 인식하지 못해. 그
래서 전자 기기에 정보를 저장할 때는 소리와 빛을 미리 정해 둔 부호(0과
1)로 바꾸고, 이를 다시 전압의 변화와 같은 전기 신호에 실어 전달하거나
저장하는 과정이 필요해. 우리가 배터리가 없으면 컴퓨터나 휴대폰을 전
혀 사용할 수 없는 이유도 바로 여기에 있어. 전자 기기는 정보를 전기 신
호라는 물리적인 에너지 형태로만 주고받고 저장할 수 있기 때문이야.

〔2016 9월〕**신호** 전달 억제제는 암세포의 증식을 유도하는 **신호** 전달 과
정 중 특정 단계의 진행을 방해한다.

신호는 전자 기기뿐 아니라 사람의 몸속에서도 오가. 예를 들어, 컴퓨터
가 전기 신호로 "0을 저장해"라고 말하는 것처럼, 암세포는 생물학적 신호
를 통해 "증식해"라는 정보를 전달받아. 결국 이 지문의 '신호 전달 억제제'
는 그 명령(정보)이 전달되는 통로를 차단해서 암세포가 더 이상 자라지 못
하게 만드는 약인 셈이야.

🔍 하나 더 알아보기 **복호화**

'복호화'란 부호화된 정보를 다시 원래의 형태로 되돌리는 과정이야. 친구가 보낸 '안녕'이라는 문자도 처음엔 0과 1의 부호로 전송돼. 그리고 수신자의 휴대폰이 이 신호를 다시 해석(복호화)해서 우리가 읽을 수 있는 글자로 바꿔 주는 거야. 부호화가 정보를 '보내기 위한 약속'이라면, 복호화는 그 약속을 '이해하기 위한 해석'이야. 즉, 신호가 오가는 세상에서는 부호화와 복호화가 짝처럼 함께 작동하는 거지.

🔍 한눈에 쏙! 개념 정리

항목	부호(符號)	신호(信號)
이미지	정보 전달을 위해 미리 정해 놓은 기호, 약속의 언어	어떤 형태로 전달하고 저장할지 결정하는 에너지
개념 정의	신호 전달 전 미리 정해 둔 기호 체계	정보를 전달하고 저장하는 에너지 형태
수능 문맥	모스 부호, 지각 부호화, 채널 부호화	디지털 신호, 전기 신호, 신호 전달 억제제
독해 전략	어떤 체계에 따라 부호화되는지, 여러 부호화의 목적 이해하기	신호 전달이 이루어지는 과정 확인하기

인간의 오감 센서
VS
인간의 두뇌 CPU

센서

'센서(sensor)'는 감각을 뜻하는 '센스(sense)'에서 유래한 용어로, **외부 자극을 감지해 전기 신호로 바꾸는 장치**야. 감각이란 시각, 청각, 촉각뿐 아니라 속도, 거리, 압력 같은 모든 물리량을 포함하지. 사람에게 여러 감각 기관이 있듯이 센서에도 이미지 센서(눈), 압력 센서(피부), 가스 센서(코)처럼 대응하는 종류가 많아. 센서는 기계의 눈, 귀, 피부 같은 역할을 하는 거지. 우리에게 가장 익숙한 예는 디지털카메라의 이미지 센서야. 예전엔 필름에 기록하던 장면을 이제는 이미지 센서가 받아들여, 빛을 전기 신호로 바꿔 저장해.

● 관성
익숙할 관(慣)+성품
성(性). 하던 대로, 익
숙한 대로 기존의 움
직임을 유지하려는
성질.

〔2022 9월〕 **동작 추적 센서**는 사용자의 동작을 파악하며, **관성 측정 센서**는 사용자의 이동 속도 변화율 및 회전 속도를 측정한다.

VR이 대중화되면서 우리는 다양한 센서를 일상에서 접할 수 있게 되었어. VR 헤드셋을 쓰고 가상 세계를 체험할 때, 몰입감을 높이려면 시각 이

외의 감각을 보완해 주는 센서들이 필요해. 이때 동작 추적 센서는 손동작을 아바타에게 그대로 전달해. 여기에 몰입감을 한층 높여 주는 게 바로 관성 측정 센서야. 관성 측정 센서는 '정지 상태의 점프'와 '연속 점프'의 힘의 차이를 반영해서 동작과 동작을 더 자연스럽게 이어 줘.

〔2024 6월〕 B는 **초음파 센서**로 탐지한 사물의 위치 정보를 '뇌-컴퓨터 인터페이스(BCI)'를 사용하여 전달받는다. 이를 통해 B는 사물의 위치를 파악할 수 있다. BCI는 사람의 뇌에 컴퓨터를 연결하여 외부 정보를 뇌에 전달할 수 있는 기술이다.

센서가 인간의 감각 기관과 같은 역할을 하게 되면서, 신체 기능이 약한 경우에 센서가 대신 정보를 제공해 주는 기술이 등장했어. 인간의 감각 기관을 본뜬 센서가 실제로 인간의 신체를 대신하는 시대가 열린 거야. 먼저 초음파 센서가 사물의 위치를 파악해 컴퓨터로 보내고, 다시 뇌와 연결된 BCI가 그 정보를 사람에게 전달해. 감각(센서) → 해석(컴퓨터) → 인지(뇌)의 흐름이 기술로 구현된 거야. 시력이 약한 사람도 이 과정을 통해 외부 사물을 인지할 수 있어.

CPU

CPU는 'Central Processing Unit'의 약자로, 중앙 처리 장치라는 뜻이야. 센서가 인간의 감각 기관이라면 CPU는 인간의 두뇌에 해당하지. 인간의 뇌는 한 개지만, 앞·뒤·좌·우 영역이 나뉘어 여러 일을 동시에 처리할 수 있어. 그래서 차를 마시면서 통화를 하는 멀티태스킹이 가능해. 하지만 초기 컴퓨터의 CPU는 하나뿐이었고 내부에 처리 영역이 나누어져 있지 않았기 때문에 한 번에 한 가지 작업만 처리할 수 있었어. 그래서 속도가 많이 느렸지. 기술 지문에서는 보통 이런 CPU의 한계를 어떻게 극복했는지를 물어.

〔2021 수능〕 컴퓨터의 **중앙 처리 장치(CPU)**는 데이터를 하나씩 순서대로 계산하기 때문에, 데이터가 많아지면 차례를 기다리느라 시간이 오래 걸린다. 이를 보완하기 위해 만든 **그래픽 처리 장치 (GPU)**는 작은 계산 장치인 코어를 수백 개, 수천 개 가지고 있다. GPU의 코어는 속도는 느리지만, 같은 계산을 동시에 나누어 하기 때문에 짧은 시간에 화면을 만들어 낼 수 있다.

요즘에는 CPU 안에 여러 영역을 나눠 두었는데, 이 각 영역을 코어라고 해. 코어가 많을수록 여러 작업을 동시에 나눠 맡아 더 빠르고 부드럽게 처리할 수 있지. 같은 연산을 대량으로 반복해야 하는 그래픽·영상 영역에서는 코어를 대규모로 배열해 많은 양을 처리할 수 있는 GPU가 훨씬 속도가 빨라. 비교하자면 CPU는 복잡한 문제를 차근차근 해결하는 큰 뇌, GPU는 단순한 계산을 수천 개의 작은 뇌가 동시에 처리하는 장치라고 할 수 있어.

🔍 하나 더 알아보기 알고리즘

'알고리즘'은 문제를 해결하기 위한 단계적 절차나 규칙을 말해. CPU가 아무리 빠르더라도 어떤 순서로 처리할지 알려 주는 설계도가 없다면 무용지물이야. 예를 들어, 시험 문제를 풀 때 '조건 확인 → 계산 → 답안 정리'라는 절차가 필요하듯, 컴퓨터도 알고리즘을 따라야 CPU가 효율적으로 일할 수 있어. 그래서 CPU는 두뇌, 알고리즘은 두뇌가 따라야 할 '문제 풀이 전략'이라고 할 수 있지.

🔍 한눈에 쏙! 개념 정리

항목	센서(sensor)	CPU
이미지	인간의 감각 기관(눈, 귀, 피부 등)	인간의 두뇌
개념 정의	빛·소리·압력 등 외부 물리량을 감지해 전기 신호로 바꾸는 장치	Central Processing Unit, 입력된 정보를 해석하고 처리하는 장치
수능 문맥	VR·BCI(뇌-컴퓨터 인터페이스)·각종 감각 센서	CPU의 한계(순차 처리)와 GPU의 역할 (병렬 처리)
독해 전략	어떤 센서가 어떤 감각·정보를 담당하는지 연결 지어 파악하기	CPU와 GPU의 차이를 구별하고, '순차 vs 병렬' 처리 방식 확인하기

전자를 잃는 산화
VS
전자를 얻는 환원

산화

'산화'는 과학의 발전과 함께 의미도 발전한 단어야. '산화'의 산은 산소의 산(실 산, 酸)에 변할 화(될 화, 化)를 써. 물질이 산소와 결합하여 변했다는 게 산화의 가장 기본적인 의미지. 옛날 사람들이 철이 녹스는 현상을 보고 그 변화를 **산소와 결합하여 물질이 변했다고** 설명한 것이 바로 산화의 첫 번째 정의야.

그런데 과학이 발달하며 산소 없이도 물질 변화가 생기는 현상을 발견하게 돼. 이런 현상들의 공통점은 원래 있던 물질 속 전자가 바깥으로 나가 다른 물질로 이동한다는 사실이었어. 철이 녹스는 산화에서도 전자가 밖으로 이동해 산소로 옮겨져. 따라서 산소와 결합해 변하는 경우뿐 아니라, 산소가 없어도 **전자를 내놓아 변하는 경우**까지 포함해 '산화'라고 부르게 된 거지.

〔2026 6월〕 **산화** 극에서는 공급된 **수소**가 수소 이온과 **전자**로 분해되는 반응이 일어난다. 수소 이온은 전해질을 통해, 전자는 도선을 통해 환원 극으로 이동하면서 전기를 생산한다.

'산화'를 이용한 대표적인 기술이 바로 '수소연료전지'야. 산화극에 연료인 수소를 공급하면 산화 반응이 일어나며 전자와 수소 이온으로 분해돼. 이때 수소에서 방출된 전자가 전류를 만들어 내는 거지.

〔2021 9월〕 산화제는 불특정한 단백질들을 산화시켜 단백질로 이루어진 효소들의 기능을 비활성화하고 병원체를 사멸에 이르게 한다.

산화는 병을 일으키는 세균, 바이러스의 단백질 구조에서 전자를 빼앗아 무너뜨리는 방식으로 질병 감염을 막는 역할도 해. 이렇게 산화는 시험에서 '전기 생성'과 '소독'의 두 가지 역할로 등장해. 수소가 공급되면 전자를 빼앗는 산화 반응을 일으켜 전기 에너지를 생성하거나 병을 일으키는 세균이나 바이러스의 전자를 빼앗는 산화 반응으로 소독을 하는 거지.

환원

'환원'은 돌아올 환(還)에 처음 원(元)을 써서 산화가 일어나기 전의 상태로 돌아간다는 뜻이야. 산화된 물질을 되돌리는 게 환원이지. 산화가 산소와 결합하여 녹스는 현상에서 출발한 것처럼 환원은 녹슨 철을 불에 넣어 다시 되돌리는 것부터 시작되었어. 녹슨 철을 불에 넣어 달구면 결합되어 있던 산소가 다시 밖으로 나가며 원래 상태로 돌아오게 되기 때문이야. 산화가 '산소를 얻음, 전자를 잃음'인 것처럼 환원은 '산소를 잃음, 전자를 얻음'으로 정리하면 돼.

> 〔2026 6월〕**환원** 극에서는 공급된 산소가 수소 이온과 전자를 만나 물을
> 생성한다.

수소 연료 전지는 산화 반응으로 전기 에너지를 생성하고 환원 반응으로 마무리해. 산화 극에서 수소가 전자를 빼앗기고 전기 에너지를 생성한 후, 환원 극에서는 새로 유입된 산소가 이 전자와 결합하는 환원 반응이 일어나. 이런 전기 생성 과정에서는 환경 오염 물질이 배출되지 않기 때문에 친환경 연료로 주목받고 있어. 간단하게 전자를 잃음＝산화, 전자를 얻음＝환원, 이렇게 기억해도 좋아.

> 〔2024 6월〕 의식을 포함한 모든 것을 물질로 **환원**하여 의식은 물질에 불
> 과하다고 주장한다.
> 〔2023 9월〕 모든 것을 상품의 교환 가치로 **환원**하려는 자본주의 사회

환원은 인문 지문에서도 중요 단어로 나와. 환원의 기본 뜻인 '되돌리다' 그대로 해석하면 첫 번째 지문의 '물질로 환원'한다는 건 정신적인 영역인 의식까지 뇌와 같은 신체 물질로 바꾸어 해석한다는 거야. 두 번째 지문의 '교환 가치로 환원'한다는 것은 자본주의 사회를 모든 것을 돈을 주고 사고 팔 수 있는 교환이 가능한 것으로 되돌려 파악한다는 뜻이지. 이렇게 환원은 산화에 대응하는 과학 용어로도, 대상을 다른 개념으로 되돌려 파악하는 인문 용어로도 사용할 수 있어.

🔍 하나 더 알아보기 **항산화**

'항산화'란 겨룰 항(抗)을 써서 산화를 막는 작용을 말해. 우리 몸의 세포도

전자를 가지고 있는데, 이걸 과도하게 잃어버리면 산화가 일어나. 철이 녹슬 듯이 우리 몸의 단백질이나 DNA도 손상될 수 있지. 세포가 계속 산화되면 노화나 질병으로 이어질 수 있는데, 이를 막는 물질이 항산화제야. 비타민 C, 비타민 E 같은 항산화 물질은 세포가 전자를 빼앗기지 않도록 보호해 주는 거야. 시험 지문에서는 '항산화 물질 = 전자를 지켜 주는 보호막'으로 이해하면 돼.

🔍 한눈에 쏙! 개념 정리

항목	산화(酸化)	환원(還元)
이미지	• 철이 산소와 결합해 녹이 됨 • 전자를 잃음	• 녹슨 철이 다시 금속으로 돌아옴 • 전자를 얻음
개념 정의	산소와 결합하거나, 전자를 잃음	산소를 잃거나, 전자를 얻음
수능 문맥	전기 생산(연료 전지), 소독(단백질 산화)	물 생성(연료 전지), 인문 지문에서 '되돌림' 의미
독해 전략	'전자를 내놓는 쪽이 산화'로 이해하기	'전자를 받아들이는 쪽이 환원'으로 짝지어 파악하기

움직이는 전자
VS
양성·음성의 이온

전자

'전자'는 번개 전(電)을 써서, 번개처럼 전기성을 지닌 아주 작은 입자라는 뜻이야. 전자는 원자에 포함된 기본 입자야. 세상 모든 물체가 원자로 이루어져 있으니, 곧 모든 존재가 전자를 가지고 있다는 말이지. 그런데 모든 물체에 전자가 있음에도 전기가 통하는 물체와 통하지 않는 물체가 있어. 둘의 차이는 전자가 자유롭게 움직일 수 있는지 여부에 달려 있지.

원자는 여러 껍질로 되어 있고 가장 바깥 껍질에 전자가 있어. 이 전자가 자유롭게 나가면 전기가 통하는 물체 즉, '도체'라고 하고 전자가 자유롭게 이동하지 못하면 '아니 부(不)'를 써서 '부도체'라고 하는 거야. 가장 쉬운 예로, 쇠는 도체, 고무는 부도체에 해당돼.

전자가 밖으로 빠져나가는 건 주로 외부의 자극(전압, 빛, 열, 충격 등)에 의해서야. 전자는 음전하(−)를 띠고 있으니까 외부에서 전압이 걸리면 양극(+) 쪽으로 끌려 이동하지. 이 전자의 이동이 바로 전류야.

〔2025 6월〕 분자를 이루는 원자들은 서로 **전자**를 내어놓아 한 쌍으로 공유하며 안정해진다. 한 쌍을 공유하면 단일 결합, 두 쌍을 공유하면 이중 결합이라고 하며, 바깥 전자가 8개가 될 때 가장 안정하다.

〔2024 6월〕 흡착된 반응물은 **전자**를 금속 표면의 원자와 공유하여 안정화된다.

　전자는 단순히 전기만 만드는 게 아니야. 화학적 결합을 주도하는 주인공이지. 원자는 가장 바깥에 있는 전자가 8개일 때 상대적으로 안정적인데, 만약 전자가 부족하면 다른 원자와 전자를 공유하려고 해. 수소(H) 두 개와 산소(O) 하나로 이루어진 물(H_2O)도 전자를 공유하며 만들어져. 수소와 산소가 전자를 공유하여 끈끈하게 결합하는 거지. 즉, 전자는 전류를 만들 뿐 아니라 화학 결합을 유도해 물질을 만들어 내는 핵심 역할을 해.

이온

'이온(ion)'은 중성이던 원자가 **음성 또는 양성의 성격을 띠게 된 것**을 말해. 원자는 양성자(+)와 전자(−)를 모두 가지고 있기 때문에 원래 전기적으로 중성이야. 그런데 바깥 전자가 빠져나가면 양성자의 수가 전자의 개수보다 많아져서 양전하를 띠게 되고, 그 결과 양이온이 돼. 반대로 전자가 더 들어오면 음전하가 늘어나서 음이온이 되지. 예를 들어, 수소 원자(H)는 중성이지만, 전자가 빠져나가면 수소 이온(H^+)이 돼. 이때 화학 기호 옆에 붙는 +, −는 그 이온이 양이온인지 음이온인지를 알려 주는 표시야.

● 응고
엉길 응(凝)+딱딱할
고(固). 딱딱하게 엉
겨붙어 변하는 것.

● 인자
인할 인(因)+아들 자
(子). 어떤 작용의 원
인이 되는 요소.

〔2023 6월〕비타민 K는 프로트롬빈을 비롯한 혈액 응고 인자들이 간세포에서 합성될 때 이들의 활성화에 관여한다. 활성화는 칼슘 이온과의 결합을 통해 이루어지는데, 이들 혈액 단백질이 칼슘 이온과 결합하려면 카르복실화되어 있어야 한다.

● 전하
전기 전(電)+멜 하
(荷). 가지고 있는 전
기적 성질의 양.

생명 과학 지문에 이온이 자주 나오는 이유는, 중성 상태로는 결합이 어렵기 때문이야. 양성 또는 음성으로 전하를 띠는 순간 전기적 인력과 반발력이 생기고, 다른 세포나 단백질과 상호 작용을 할 수 있어. 지문에서 혈액 응고를 위해 이온이 필요한 것처럼 이온은 핵심 사건이 일어나게 도와주는 연결 장치 역할로 나와.

● 진공
참 진(眞)+빌 공(空).
비어 있는 상태.

〔2019 9월〕초고진공을 얻기 위해서는 스퍼터 이온 펌프가 널리 쓰인다. 음극에서 방출된 전자는 주변의 기체 분자와 충돌하여 기체 분자를 그것의 구성 요소인 양이온과 전자로 분리시킨다. 이 과정에서 생성된 양이온은 전기력에 의해 음극으로 당겨져 음극에 박히게 되어 이동 불가능한 상태가 된다.

이 지문에서 초고진공 상태를 얻기 위해 기체를 전자와 양이온으로 분리하고 양성을 띠는 이온을 음극으로 끌어들여 움직이지 못 하게 만든다고 했어. 이 역시 이온이 중간 과정을 연결해 주는 장치로 이용된 거야. 이렇게 이온은 생명 과학과 화학 지문에서 전기적 인력을 통해 반응을 유도하는 '매개자' 역할을 해. 시험에서 이온이 등장하면 '양이온이 음(−)의 방향으로 이동한 뒤, 그다음에는 어떤 연쇄 반응이 일어날까?'라는 질문을 던지며 인과 관계를 찾아 따라가야 해.

🔎 하나 더 알아보기 반도체

도체처럼 전자가 자유롭게 움직이지도 않고, 부도체처럼 아예 못 움직이지도 않는 게 바로 '반도체'야. 온도나 빛 같은 외부 조건에 따라 전자의 이동 여부가 달라지는 물질이지. 그래서 반도체는 상황에 따라 전기가 흐르기도 하고 안 흐르기도 해. 이 특성을 이용해 휴대폰, 자동차 같은 기계를 사용할 수 있는 거야. 수능 지문에서 반도체가 나오면 보통 '전자가 완전히 자유롭지는 않지만, 특정 조건에서 움직일 수 있다'라는 특징을 잡아내는 게 포인트야.

🔎 한눈에 쏙! 개념 정리

항목	전자(電子)	이온(ion)
이미지	움직이며 전류·화학 결합을 이끄는 주인공	전자가 빠지거나 들어와 성질이 달라진 조연
개념 정의	음전하(−)를 띠며 전류와 화학 결합을 만들어 내는 원자 속 입자	중성이던 원자가 전하를 띠게 된 상태 (양이온·음이온)
수능 문맥	전류 생성, 화학 결합, 물질 형성의 핵심	생명·화학 지문에서 보조 매개자 역할 (혈액 응고, 진공 형성 등)
독해 전략	전자가 이동·공유되는 맥락을 중심으로 스토리 전개 파악하기	이온을 통해 일어나는 연쇄 반응 파악하기

넘어가야 하는 문턱값
VS
관계를 맺어 주는 계수

문턱값

냄새를 잘 맡는 사람과 못 맡는 사람은 후각의 문턱값이 달라. 문턱은 바닥보다 높은 문 밑의 경계를 이르는 말이야. 만약 어딘가로 물이 흘러야 하는데, 이 문턱을 넘지 못하면 흐르지 못하겠지? 그래서 문턱값은 **반응이 일어나게 하는 기준** 역할을 해. 감각이나 반응도 일정 기준인 문턱값을 넘어야 발생해. 예전에는 '문지방 역(閾)'을 써서 '역치'라고 했는데, 지금은 순우리말로 '문턱값'이라고 해. 문턱값이 낮은 사람은 쉽게 넘을 수 있기 때문에 냄새를 잘 맡고, 문턱값이 높은 사람은 냄새를 잘 못 맡는 거야.

〔2026 9월〕 차폐를 고려한, 실제 청각이 감지할 수 있는 소리 크기의 최솟값을 차폐 **문턱값**이라 한다.

● **차폐**
막을 차(遮)+가릴 폐(蔽). 지문에서는 차단되어 소리가 들리지 않는 경우를 말함.

우리는 주변의 수많은 소리 중 일부만 듣고 있어. 소리끼리의 간섭과 차폐로 인해 감지가 어렵기 때문이야. 이때 그 상황에서 들릴 수 있는 최소 소리 크기를 차폐 문턱값이라고 해. 마찬가지로 일상에서도 여러 소리가 공존하지만, 문턱값을 넘은 소리만 우리에게 인식돼.

> 〔2024 수능〕점의 개수가 미리 정해 둔 기준, 즉 **문턱값**보다 많으면 후보 직선을 최종 후보군에 넣는다. 반대로 점의 개수가 **문턱값**보다 적으면 후보 직선을 버린다.

문턱값은 사회 현상을 분석할 때도 사용해. 예를 들어, 운동 선수들의 연봉을 모두 조사하여 점으로 표시하고 이 점들을 대표하는 선을 찾을 때도 문턱값을 이용할 수 있어. 후보가 될 만한 여러 선을 긋고 점들과 거리가 가장 가까운 선을 찾는 거지. 이때 가까운 거리의 점이 10개 이상인 선들만 남기고 다른 선들은 모두 삭제하는 거야. 이때 점의 개수 10개가 최종 후보를 만드는 문턱값인 거지. 이렇게 문턱값은 자연과학, 사회과학의 기준 역할을 하는 숫자야.

계수

'계수'는 맬 계(係)에 셈 수(數)를 써서 **대상들 사이의 관계**를 나타내 주는 수를 의미해. 화학 반응식에서는 물질 앞에 붙는 숫자지. 예를 들어, $2H_2 + O_2 \rightarrow 2H_2O$에서 H_2 앞의 2와 O_2 앞의 1(생략됨), H_2O 앞의 2가 이 반응식의 계수야. 이건 수소 2분자와 산소 1분자가 반응해서 물 2분자가 만들어진다는 뜻이지. 화학에서 계수는 이렇게 **물질이 반응에 참여하는 비율**을 알려 주는 수라고 할 수 있어. 시험에서 계수가 나오면 '아, 이 반응이 정해진 비율로 진행되는구나' 생각하고, 그 비율로부터 무엇을 알 수 있는지 파악하는 게 중요해.

● 광각 카메라

넓을 광(廣) + 각(角). 넓은 각도까지 볼 수 있는 카메라.

● 곡률

굽을 곡(曲) + 비율(率). 휘어진 정도. 이 지문에서는 렌즈가 볼록 굽어진 정도를 말함.

〔2022 수능〕광각 카메라는 넓은 시야를 제공하지만 렌즈의 곡률 때문에 화면에 왜곡이 발생한다. 이 왜곡의 정도는 왜곡 **계수**로 표현되며, 이를 알면 보정이 가능하다.

휴대폰 카메라로 사진 찍을 때 화면 주변이 길게 늘어나는 경우가 있지? 이건 렌즈가 볼록하게 굽어서 생기는 왜곡 현상이야. 그런데 렌즈의 종류가 다 다르다 보니 왜곡되는 정도도 모두 달라. 이때 그 왜곡 정도를 나타내는 수가 바로 왜곡 계수야. 이 계수를 알면 사진을 찍을 때 왜곡되더라도, 출력할 때 보정할 수 있어.

〔2016 수능〕전자가 빠르게 늘어나는 현상을 애벌랜치 증배라고 하며, 이렇게 늘어난 전자의 비율을 나타내는 수를 증배 **계수**라고 한다.

전류를 세게 하려면 전자의 수가 늘어나야 해. 이때 전자가 얼마나 늘어났는지를 나타내는 수가 증배 계수야. 쉽게 말해 '몇 배가 증가했나'를 보여 주는 거지. 증배 계수가 크면 전자가 잘 늘어나고 효율이 높다는 뜻이야. 어떤 소재가 좋은지 비교할 때 증배 계수는 유용한 지표가 돼.

◎ 하나 더 알아보기 촉매

화학 반응에서 반응이 일어나려면 일정한 문턱값(활성화 에너지)을 넘어야 해. '촉매'는 이 문턱값을 낮춰 반응이 더 쉽게 일어나도록 돕는 물질이야. 예를 들어, 우리 침 속에 들어 있는 '아밀레이스'는 촉매 역할을 해서 우리가 먹은 음식물이 아주 빠르게 분해되도록 도와줘. 반대로 어떤 물질은 반응을 방해해서 문턱값을 높이기도 하는데, 이런 걸 부촉매라고 불러. 시험에서는 '촉매=반응의 문턱값을 조절하는 조력자'라고 기억하면 돼.

🔍 한눈에 쏙! 개념 정리

항목	문턱값	계수
이미지	냄새를 맡으려면 넘어서야 하는 문지방	'$2H_2+O_2 \rightarrow 2H_2O$'과 같은 반응식 앞에 오는 숫자
개념 정의	반응이나 현상이 일어나기 위해 넘어야 하는 최소 기준	대상들 사이의 비율 또는 관계를 나타내는 수
수능 문맥	감각 문턱값(냄새, 소리), 사회 데이터 분석에서의 기준값	왜곡 계수(카메라), 증배 계수(전자의 증가 비율), 화학 반응식의 계수
독해 전략	"문턱을 넘어서야 반응이 시작된다"로 이해하기	"앞에 붙은 수가 관계 비율을 보여 준다"로 파악하기

시작하는 **활성**
VS
교체하는 **대사**

활성

활발, 활동은 모두 원활하게 움직인다는 의미가 있어. 이처럼 살 활(活)자가 붙으면 '살아서 움직인다'라는 뜻이야. 활성도 마찬가지로 **멈춰 있거나 느린 것이 빨라지는 걸** 말해. 우리 몸속 세포도 언제나 같은 강도로 일하지 않아. 자극이 오면 비로소 활성화되어 본격적으로 일을 하지.

공부할 때 활성화되는 건 우리 몸 속 신경 세포야. 신경 세포가 활성화되어 전기 신호를 주고 받아야 이해와 암기가 잘되지. 활성이 크면 뇌가 열심히 일하는 상태, 활성이 낮으면 쉬는 상태라고 보면 돼.

〔2023 6월〕 우선 여러 혈액 응고 인자들이 **활성화**된 이후 프로트롬빈이 **활성화**되어 트롬빈으로 전환되고, 트롬빈은 혈액에 녹아 있는 피브리노겐을 불용성인 피브린으로 바꾼다.

● **불용성**
아니 불(不)+녹을 용(溶)+성품 성(性). 녹지 않는 성질.

이 지문에는 어려운 용어가 많이 나오지만, 사실 활성화를 기준으로 순서를 파악하면 간단해져. 혈액 응고 인자가 활발하게 활동한 뒤, 프로트롬빈도 활발해져야 해. 그럼 활성화된 프로트롬빈은 트롬빈으로 변하고, 변한 트롬빈이 피브리노겐을 피브린으로 만드는 거야. 즉, 응고 인자 활성→프로트롬빈 활성→트롬빈→피브린의 연쇄 과정이지. 여기서 중요한 건 앞의 단계가 활성화되지 않으면 뒤의 과정도 일어나지 않는다는 거야. 시험에서는 이런 연쇄 과정에서 어디를 막으면 전체 과정이 멈추는지를 묻는 경우가 많아.

〔2024 6월〕 분자들이 만나 화학 반응을 진행하는 데 필요한 최소한의 운동 에너지를 **활성화** 에너지라 한다.

생명 현상에서는 세포가 일을 시작하는 게 활성화라면, 화학에서는 분자들이 반응할 수 있도록 필요한 에너지를 얻은 상태가 활성화야. 돋보기로 햇빛을 모아 종이를 태우려면 시간이 한참 걸려. 종이를 태우는 활성이 일어나기 위한 열 에너지를 모으는 데 시간이 걸리기 때문이야. 열이 활성화 에너지에 도달하면 그때부터 종이가 타기 시작하는 거지. 이렇게 활성은 생명과 화학 분야에서 다음 단계로 넘어가는 중간 문턱 역할을 해.

대사

생명이 살아 있으려면 바깥에서 물질과 에너지를 들여오고, 다 쓴 것은 배출해야 해. 이렇게 생명체를 유지하기 위해 **몸속의 낡은 것은 내보내고 새 것으로 바꾸는 과정**을 '대사'라고 해. 어른들이 '잘 먹고, 잘 자고, 잘 싸야 한다'라고 말하는 것도 결국 대사가 원활해야 한다는 뜻이야.

〔2023 수능〕 기초 대사량은 생존에 필수적인 에너지로, 쾌적한 온도에서 편히 쉬는 동물이 공복 상태에서 생성하는 열량으로 정의 된다.

운동이나 다이어트에 대해 이야기할 때 나오는 기초 대사량도 같은 원리야. 대사량은 먹고, 흡수하고, 쓰고, 내보내는 데 쓰이는 총 에너지를 말하지. 그중 기초 대사량은 아무 활동을 안 해도 생존을 위해 꼭 필요한 최소한의 에너지야. 그래서 기초 대사량이 높으면 가만히 있어도 에너지를 더 쓰게 되니 체중 감량에도 유리한 거지.

● 기제
틀 기(機) + 지을 제(制). 틀을 갖추고 작동하는 원리.

● 병원체
병 병(病) + 근원 원(原) + 몸 체(體). 병의 원인이 되는 것. 세균, 바이러스 등.

〔2021 9월〕 항미생물 화학제의 작용기제는 크게 병원체의 표면을 손상시키는 방식과 병원체 내부에서 대사 기능을 저해하는 방식으로 나눌 수 있지만, 많은 경우 두 기제가 함께 작용한다.

대사는 사람만 하는 게 아니야. 동물, 식물은 물론 세균이나 바이러스도 다 대사 과정을 필요로 해. 항생제나 항바이러스제 중에는 이런 세균, 바이러스 등의 대사 과정을 막아서 더 이상 생존할 수 없게 만드는 방식을 사용하는 약도 있어. 즉, 대사는 모든 생물이 살아 있는 동안 끊임없이 하는 교체 작용이라는 점을 기억해야 해.

🔍 하나 더 알아보기 활성 산소

활성이라는 말이 항상 좋은 건 아니야. '활성 산소'는 보통 산소 분자가 불안정한 상태에서 반응성이 커진 걸 말하는데, 세포를 손상시키는 원인이되기도 해. 몸속에서 산소가 활발하게 움직이며 에너지를 만들다 보면 쓰고 남은 찌꺼기처럼 활성 산소가 생기는데, 이게 과도하면 노화나 질병을 유발하기 때문이야. 그래서 비타민 C 같은 항산화 물질을 섭취해 몸속 활성 산소를 제거해 주는 게 건강을 유지하는 데 중요해. 즉, 활성은 상황에 따라 유익할 수도, 해로울 수도 있는 양날의 칼이라 할 수 있어.

🔍 한눈에 쏙! 개념 정리

항목	활성(活性)	대사(代謝)
이미지	멈춘 게 움직이고, 느린 게 빨라지는 활발한 작용	낡은 건 내보내고 새것으로 교체하는 몸속 작용
개념 정의	세포나 분자가 자극받아 본격적으로 작용을 시작하는 상태	외부에서 에너지를 받아들이고 다 쓴 건 내보내며 생명을 유지하는 과정
수능 문맥	혈액 응고 인자 활성화, 활성화 에너지와 촉매	기초 대사량(에너지), 세균·바이러스의 대사 저해
독해 전략	활성이 조건인지 결과인지 구분해 연쇄 과정의 흐름 파악하기	대사가 에너지 교환·생명 유지와 연결된다는 점을 중심으로 이해하기

설계도를 담은 기차 DNA
VS
기차 배열법 유전자

DNA

DNA는 세포 속에 있는 거대한 분자야. 건물을 세울 때 설계도를 만들고 그 설계도에 따라 시멘트 같은 재료를 쌓아 올리듯, 생명체도 DNA라는 설계도를 바탕으로 단백질을 만들어 몸을 구성해. 다시 말해 DNA는 생명체의 설계도이자, 우리 몸의 출발점이야.

DNA는 길게 연결된 기차처럼 여러 칸으로 이루어져 있는데, 이 칸 하나하나를 염기라고 해. 영어로 base, 즉 기초라는 뜻이지. 염기는 A·T·G·C 네 가지가 있고, 이 네 가지가 어떤 순서로 배열되는지에 따라 DNA 정보가 달라져.

〔2020 6월〕 세포는 생명체의 고유한 유전 정보가 담긴 DNA를 가지며 이를 복제하여 증식하고 번식하는 과정을 통해 자신의 DNA를 후세에 전달한다.

〔2020 6월〕 가령 일란성 쌍둥이인 두 사람은 DNA 염기 서열과 외모도 같지만 동일한 개체는 아니다.

범죄 현장에서 머리카락이나 혈액을 통해 신분을 확인할 수 있는 까닭은, 사람마다 DNA 염기 배열 순서가 다르기 때문이야. 부모와 자식 간, 형제 간에는 DNA가 절반 정도 비슷하고, 일란성 쌍둥이는 거의 동일한 DNA를 지니기 때문에 외모가 매우 비슷해.

〔2022 6월〕 1993년 노벨 화학상은 중합 효소 연쇄 반응(PCR)을 개발한 멀리스에게 수여된다. 염기 서열을 아는 DNA가 한 분자라도 있으면 이를 다량으로 증폭할 수 있는 길을 열었기 때문이다.

세균, 바이러스 같은 미생물도 DNA를 가지고 있기 때문에 감염 여부를 확인하는 데 활용할 수 있어. 식중독균이 의심되는 음식을 검사하면, DNA 염기 서열을 기반으로 아주 소량의 유전 물질도 탐지할 수 있어. 그러니 식중독균도 찾아낼 수 있는 거야. 이렇게 DNA는 생명체의 시작점을 뜻하며, 다양한 정보를 품고 있는 중요한 소재로 과학 지문에 자주 등장해.

유전자

DNA와 유전자는 동일한 대상 같아 보이지만 사실은 달라. DNA가 기차라면, 유전자는 그 기차 안에서 단백질을 만드는 데 꼭 필요한 칸들의 배열이야. A·T·G·C 네 가지 염기가 쭉 이어져 있지만, 모든 구간이 단백질 합성에 직접 관여하는 건 아니거든. 이 염기 서열에서 단백질 합성에 직접 관여하는 특정 염기만 골라서 묶은 게 유전자야.

사람에게 중요한 기차 칸(유전자의 위치)은 같지만, 그 칸 안에 담긴 염기 배열이 조금씩 달라서 서로 구별되는 거야. 반면 종이 달라지면 아예 유전자의 위치 자체가 달라져. 그래서 혈액을 분석하면 그 DNA가 사람 것인지 동물 것인지 판별할 수 있는 거지.

〔2020 수능〕특히 사람이 가진 자연항체는 다른 종의 세포에서 발현되는 항원에 반응하는데, (중략) 이런 거부 반응을 일으키는 **유전자**를 제거한 형질 전환 미니돼지에서 얻은 이식편을 이식하는 실험이 성공한 바 있다.

시험에서는 유전자 변형 주제가 자주 나와. 다른 사람의 장기를 이식할 때도 유전자가 달라서 거부 반응이 생기는데, 하물며 다른 종인 돼지의 장기는 더 심하겠지. 그래서 이식용 돼지의 유전자를 변형해 사람 몸에 들어왔을 때 거부하지 못하게 만드는 실험이 진행되는 거야.

〔2016 9월〕암세포에서는 변형된 **유전자**가 만들어 낸 비정상적인 단백질이 세포 분열을 위한 신호 전달 과정을 왜곡하여 과다한 세포 증식을 일으킨다.

암도 유전자 배열과 관련되어 있어. 세포가 복제 증식할 때 간혹 염기 배열이 잘못되는 경우가 있어. 보통은 원래대로 수정하는 작업을 거치지만 수정되지 않은 염기 배열이 쌓이면 암세포가 생성되는 거야.

유전자는 시험에서 크게 세 가지 맥락으로 등장해. 첫째는 생명체의 특징(형질) 결정, 둘째는 종 사이의 차이, 셋째는 암세포와 같은 비정상적 증식이지. 어떤 맥락으로 나오든 유전자가 '어떤 단백질을 만드는가'에 주목하며 읽어야 해.

🔎 하나 더 알아보기 **RNA**

RNA는 DNA가 만든 설계도를 전달하는 역할을 해. 설계도를 복사해 공장에 전달하는 비서 역할을 하고, 일을 마치면 금세 사라지는 '잠깐 일하는 일꾼' 같은 존재야.

그런데 신기하게도, 일부 바이러스는 DNA 없이 유전 물질로 RNA만 가지고 있어. 인플루엔자나 코로나바이러스가 대표적인 예야. 이들은 자기 RNA를 우리 세포에 넣고, '이걸 설계도로 써라!' 하고 명령해 세포를 자기 복제 공장으로 써 버리지. 즉, RNA는 우리 몸에선 DNA의 비서지만, 바이러스 세계에선 설계도와 메신저, 감독을 혼자 맡는 주인공이야.

🔎 한눈에 쏙! 개념 정리

항목	DNA	유전자
이미지	설계도가 담긴 긴 기차 전체	단백질 설계도가 담긴 특정 기차 칸 배열
개념 정의	염기(A·T·G·C) 배열로 생명체의 정보를 담고, 복제·증폭되는 설계도	DNA 중 단백질 합성에 직접 관여하는 염기 배열 구간
수능 문맥	신원 확인, PCR, 세균·바이러스 검출	장기 이식 거부 반응, 유전자 변형, 암세포의 비정상 증식
독해 전략	DNA = 설계도 전체, 염기 배열 순서를 비교·식별하는 흐름 파악하기	DNA 안에서 실제 기능(단백질 합성)에 관여하는 구간만 선별해 이해하기

도둑과 보안관 항원과 항체
VS
보안 시스템 면역 반응

항원과 항체

'항원'은 막을 항(抗)에 근원 원(原)을 써. 면역계의 저항을 유발하는 원인이란 뜻이지. 바이러스나 세균 등이 항원이야. 병의 원인이 된다는 뜻으로 병원체(病原體)라 부르기도 해.

 '항체'는 항원과 같이 막을 항(抗)에 몸 체(體)를 써. 몸속에서 항원에 맞서 싸우는 주체라는 뜻이지. 항체는 우리 몸이 항원에 맞서서 만드는 단백질이야. 집에 도둑이 침입하면 집주인이 맞서 싸우지? 그때의 도둑이 항원, 집주인이 항체야. 하지만 집주인이 언제나 도둑 침입에 대비해서 무기를 들고 있는 건 아니잖아? 마찬가지로 우리 신체도 항원이 침입했다는 걸 인지하고 나서 대항 태세에 들어가. 도둑이 어떤 무기를 들고 있는지에 따라 대항을 달리해야겠지. 그래서 항원의 종류에 따라 각기 다른 항체가 형성돼. 이걸 특이적 면역 반응이라 불러.

〔2019 6월〕 **항원-항체 반응**을 응용하여 시료에 존재하는 성분을 분석하는 다양한 형태의 키트가 개발되고 있다. **항원-항체 반응**은 항원과 그 항원에만 특이적으로 반응하는 항체가 결합하는 면역 반응을 말한다.

● 시료
시험할 시(試) + 헤아릴 료(料). 시험, 검사, 분석 등에 쓰는 재료.

코로나19 키트, 독감 키트 등은 항원-항체 반응을 이용하여 감염 여부를 알아보는 간단한 도구야. 키트 안에는 미리 만들어 놓은 항체가 들어가 있어. 만약 사람의 침, 콧물 속에 바이러스(항원)가 있다면 키트의 항체와 결합하여 양성 또는 음성 여부를 쉽게 알 수 있지.

〔2019 6월〕 **항체** 제조 기술이 발전하면서 휴대성이 높고 분석 시간이 짧은 측면유동면역분석법(LFIA)을 이용한 다양한 종류의 키트가 개발되고 있다.

키트 제작을 위해서는 실험실에서 인공적으로 항체를 제조해야 해. 키트에 들어가는 항체는 반드시 해당 바이러스에만 특이적으로 결합하는 항체여야 감염 여부를 알 수 있어. 여기서 특이적 반응이란 자물쇠와 열쇠처럼 특정 대상과만 맞물리는 관계를 뜻해. 진단 키트는 이 원리를 이용해, 코로나 바이러스(항원)라는 열쇠를 잡아낼 수 있는 맞춤형 자물쇠(항체)를 정교하게 설계하여 만들어지는 거야. 코로나19가 유행하던 초기에는 항원과 항체에 대한 정보가 충분하지 않아 키트를 바로 만들 수 없었어. 그래서 더 복잡한 PCR 검사를 통해 확인했었지. 시간이 흘러 코로나19와 항체에 대한 정보가 충분해지자 항체를 제조하여 키트를 제작했던 거야.

면역 반응

이러한 항원과 항체의 결합 반응을 '면역 반응'이라 불러. 평상시에 '면역력이 약하다'라는 표현을 사용하지? 외부에서 세균이나 바이러스가 들어왔을 때 항체가 생성되는 시스템이 원활하게 작동하지 못하고 있다는 뜻이야.

〔2020 수능〕 우리의 몸은 자신의 것이 아닌 물질이 체내로 유입될 경우 면역 반응을 일으키므로, 유전적으로 동일하지 않은 이식편에 대해 항상 거부 반응을 일으킨다. (중략) 이를 막기 위해 면역 억제제를 사용하는데, 이는 면역 반응을 억제하여 질병 감염의 위험성을 높인다.

이 지문은 장기 이식과 면역 반응을 연결한 내용이야. 다른 사람의 간이나 신장을 이식하면, 내 몸은 그걸 외부에서 침입한 항원이라 인식하고 공격하기 시작해. 그래서 면역 억제제를 써서 이식한 간과 신장 등을 공격하지 못하게 막는 거야. 그런데 면역 반응을 억제하면 진짜 침입자가 들어왔을 때도 제대로 반응하지 못해서 병에 걸릴 수 있어. 이렇게 시험에서는 기본적인 항원-항체 반응에서부터 이식과 관련된 면역까지 심화된 내용을 다뤄.

🔍 하나 더 알아보기 백신

매년 겨울에 맞는 독감 주사는 감기에 걸리기 전에 미리 예방하는 거야. 이런 걸 백신이라고 하지. 백신은 병에 걸리지 않고도 면역 반응을 준비시키는 도구야. 독감 바이러스가 침입하기 전에 미리 바이러스(항원)를 약하게 만들어 몸에 주입하는데, 실제 전투를 잘 치를 수 있게 모의 전투를 한다고 보면 돼. 몸속에 주입된 약한 바이러스를 통해 독감 바이러스를 처리하는 방법을 알게 된 몸 속 세포들이 실제로 독감 바이러스가 들어오면, 예전에 사용했던 방법으로 빠르게 바이러스를 없애는 원리야.

🔍 한눈에 쏙! 개념 정리

항목	항원(抗原)	항체(抗體)
이미지	침입자: 외부에서 들어온 이물질	방어자: 침입자를 인식하고 무력화하는 단백질
개념 정의	면역 반응을 유발하는 물질(세균, 바이러스 등)	항원에 특이적으로 반응하여 결합하고 중화 시키는 단백질
수능 문맥	감염, 이식 거부 반응, 키트 작동 원리 등에서 등장	진단 키트 반응, 백신 반응, 면역 억제제 사용 등에서 등장
독해 전략	항원의 종류별 특성 파악하기	항체가 어떻게 형성되고 반응하는지 확인하기

5장

문학

문학의 정서와
표현을 읽는
어휘

어떻게 말하나 서술
VS
어떻게 배열하나 서사

서술

같은 이야기도 유독 재미있게 말하는 사람이 따로 있어. 소설에서는 이런 말하기 방식을 서술이라고 해. '서술'은 차례 서(序)에 펼 술(述)을 써서 **어떤 방식으로 이야기를 풀어내는가**를 뜻해. 그래서 소설 문제에서는 늘 '서술상의 특징'을 묻는 문항이 먼저 나와.

시험에서 소설 문제를 풀 때는 꼭 서술자의 위치부터 확인해야 해. '나'라는 인물이 서술하는 경우는 서술자가 작품 안에 위치한 1인칭 서술자라고 해. 그 외에는 작품 밖의 작가가 서술하는 거야. 신과 같은 위치에서 서술하는 전지적 작가 시점의 경우, 여러 인물이 아닌 한 인물의 시선만 서술할 때도 있어. 이때 해당 인물을 '초점 화자'라고 부르니 꼭 기억하자.

〔2023 6월〕 백 주사가 자신과 가족의 억울함을 하소연하는 부분이다. 그런데 서술자는 고통받던 동네 사람들의 시선을 활용하여 이야기를 서술함으로써 독자로 하여금 백 주사를 비판적으로 바라보게 한다.

이 지문은 전지적 작가 시점에서 의도적으로 특정 인물의 시선으로 서술한 경우야. 동네 사람들을 괴롭히다 망하는 '백 주사'의 이야기를 '동네 사람'의 시선으로 서술하여 통쾌함을 느끼게 하는 거지.

〔2026 9월〕 직접 **인용** 표현과 간접 **인용** 표현을 혼용하여 특정 인물의 생각을 드러내고 있다.

서술 의도에 따라 직접 인용과 간접 인용을 구분해 사용하기도 해. 큰따옴표를 쓰는 직접 인용은 인물의 발화를 현장감 있게 전해 몰입을 돕고, 간접 인용은 서술자가 내용을 정리하고 요약해 정보 파악에 집중하게 해.

작가는 서술 방식을 이용하여 독자를 설득하기도 해. 땅을 팔아 서울에 있는 큰 건물을 사자는 아들과 땅을 소중히 여기는 아버지가 갈등하는 이태준의 「돌다리」가 대표적인 예야. 작가는 독자들이 아버지에게 설득되길 바라며 아버지의 말을 직접 인용해. 아버지의 감정과 가치관이 고스란히 독자들에게 전달될 수 있게 하는 거야. 반면 아들의 말은 따옴표 없이 간단하게 요약하지. 이렇게 서술은 작가의 의도를 독자에게 효과적으로 드러내는 기술이라고 할 수 있어.

서사

서술이 '말하기 방식'이라면, 서사는 '사건 배열 방식'이라 할 수 있어. '서사'는 차례 서(序)에 일 사(事)를 써서 **사건을 어떤 순서와 인과 관계 속에서 제시할 것인가**를 뜻해. 서술보다 더 큰 범위에서 글의 뼈대를 만드는 역할을 하지. 대표적인 서사 구조는 시간 순서를 바꾸는 거야. 예를 들어, 결말을 먼저 보여 주고 다시 과거로 돌아가 사건이 어떻게 흘러왔는지를 보여 주면 독자가 긴장감을 유지하며 읽을 수 있어.

〔2025 9월〕주인공이 위기 해결에 나서고 조력자의 도움으로 위기를 극복해 나가는 서사는 여타의 영웅 소설과 다르지 않다.

〔2024 6월〕남녀가 결연의 어려움을 극복하고 애정을 추구하는 서사라는 점에서, 애정 전기 소설의 전통을 따르면서도…

고전 소설에는 몇 가지 대표적인 서사 구조가 있어. 보통 영웅 소설은 인물이 위기에 빠지고 조력자를 만나 힘을 얻어 어려움을 해결해 나가는 서사 구조를 공통적으로 가지고 있어. 애정 소설도 부모님의 반대, 전쟁으로 인한 이별 등의 어려움을 극복하는 서사 구조가 드러나지. 즉, 서사는 작품의 유형과 전통을 드러내는 큰 틀이야.

〔2022 6월〕소설에서 시간 표지는 배경을 지시할 뿐 아니라, 우연하게 일어날 수 있는 사건들에 개연성을 부여하거나 사건의 전개나 장면의 전환 등에 관여된 서사적 정보를 제시하기도 한다.

'며칠 전, 그때 마침, 하루는' 등의 시간 표지는 서사 구조를 파악하는 키워드야. '며칠 전'이 나오면 과거로 거슬러 올라가 독자가 모르던 정보를 제공해 주는 거고, '그때 마침'은 동시에 다른 장소에서 일어난 사건을 보여 주어 나중에 두 사건이 하나로 모이는 걸 이해하기 쉽게 해 주지. 또 '하루는'이라고 시작하면 평범한 날이 계속되다가 새로운 사건이 시작된다는 뜻이야. 소설 지문을 읽을 때 이런 시간 표지를 잘 보면 서사 구조를 파악하는 데 큰 도움이 돼.

🔍 하나 더 알아보기 **초점화**

전지적 서술자는 신처럼 모든 인물의 속마음을 다 알지만, 전략적으로 특정 인물의 눈을 통해서만 세계를 보여 줄 때가 있어. 이걸 '초점화'라고 해. 1인칭 시점은 이미 '나'의 눈으로 초점이 고정되어 있지만, 전지적 작가 시점은 이 '카메라 렌즈'를 누구에게 끼우느냐에 따라 서술의 깊이가 달라져. 예를 들어 철수, 영수, 영희가 등장하는 장면에서 철수의 눈에 비친 영수와 영희의 표정만 서술된다면, 철수는 이야기를 이끄는 초점 인물이 되는 거야. 이때 독자는 서술자의 목소리를 듣고 있지만, 실제로는 철수의 시선을 따라 세계를 보게 되지. 시험에서는 서술자가 단순히 객관적으로 관찰하고 있는지, 아니면 특정 인물의 시선으로 초점화하여 그 사람의 눈으로 다른 이들을 바라보고 있는지를 구분하는 것이 핵심이야.

🔍 한눈에 쏙! 개념 정리

항목	서술(序述)	서사(序事)
이미지	말하기 방식	이야기 배열
개념 정의	인물·사건·정서를 어떤 순서와 방식으로 표현하는 것	사건을 어떤 순서와 인과 관계로 배열하여 이야기로 만드는 것
수능 문맥	서술자의 시선, 태도, 방식(직접·간접 인용, 묘사, 압축 등)을 파악해야 함	사건 배열(발단-전개-절정-결말, 시간 순서 변화, 반복 구조 등)을 파악해야 함
독해 전략	누가, 누구의 시선으로, 어떤 태도와 방식으로 말하는가를 주목하기	사건이 어떤 패턴과 순서로 배열되는가를 파악하여 뼈대를 먼저 이해하기

불편함을 유발하는 갈등

VS

변화를 일으키는 사건

갈등

서로 다른 방향으로 엉켜서 조화를 이루지 못한 상태를 갈등이라고 해. '갈등'은 덩굴 식물인 칡 나무 갈(葛)에 등나무 등(藤)을 써. 덩굴 식물의 줄기가 서로 엉켜서 자라는 모습이 복잡하게 엉켜 있는 갈등 상태를 표현해. 친구와의 갈등처럼 일상적으로 겪는 인간관계 속 갈등은 물론이고 사회, 운명, 자연과도 갈등할 수 있어. 심지어 내 마음 안에서 두 가지 생각이 부딪치면 그것도 갈등이지. 이렇게 **조화를 이루지 못하고 부딪친** 것들은 모두 갈등에 속해.

〔2024 수능〕 인물의 회상을 통해 인물 간 **갈등의 원인**을 암시하고 있다.

시험에서는 갈등의 양상을 물어봐. '어디서부터 꼬였나(발단)', '무엇 때문인가(원인)', '풀 수 있는가(해결 가능성)'가 핵심이지. 특히 갈등의 원인을 묻는 문제가 자주 출제돼. 소설의 경우에는 소설 전체가 아닌 일부만 제시되므로 인물이 고민하거나 불편해하는 부분을 찾아서 그 원인을 추적하며 읽는 연습이 필요해.

〔2024 6월〕 중심인물의 반복적인 동작을 강조하여 **내적 갈등**을 표면화
한다.

갈등 중에서도 가장 파악하기 어려운 게 바로 내적 갈등이야. 한 사람
의 마음속에서 일어나니 알아채기 힘들지. 그래서 소설에서는 내적 갈등
이 행동이나 시선, 말버릇 같은 특징으로 나타나게끔 설정하는 경우가 많
아. 그러니 소설은 등장인물을 현실에서 만날 수 있는 사람이라고 생각하
고 "저렇게 행동하는 이유는 뭘까?"를 생각하며 읽어야 해.

사건

'사건'은 일 사(事)에 물건 건(件)을 써서 여러 일 중 특정한 하나의 일을 말
해. 여러 일 중에서도 특별히 다루어야 할 한 건의 일이란 뜻이지. 문학에
서는 작품 속 인물이나 상황에 **변화를 일으키는 뜻밖의 일**이라고 할 수 있
어. 갈등이 그저 불편한 상태라면 사건은 구체적인 시간과 공간에서 실제
로 벌어진 행위 또는 사실이야.

〔2021 수능〕 체념 상태를 흔드는 **사건**을 주시하면서 생기는 번민•을, 행동
을 통해 제시한다. 이는 '나'가 사막 같은 현실에 발을 내딛
는 계기로 작용한다.

● 번민
번거로울 번(煩) +답
답할 민(悶). 답답하
고 힘든 마음.

이 지문이 설명하고 있는 소설 「사막을 건너는 법」의 주인공은 전쟁을

겪은 이후로 삶에 무력감을 느껴. 그러다 열정적으로 잃어버린 물건을 찾는 노인을 만나게 돼. 그리고 이 사건을 계기로 삶의 의미를 다시 생각하게 되지. 이렇게 사건은 평범한 일상에 벌어진 낯선 일을 말하고 인물에게 변화를 가져와.

● 상투
항상 상(常)+씌울 투
(套). 항상 사용해서
익숙하고 뻔한 것.

〔2023 6월〕「정을선전」은 영웅소설과 가정소설의 상투적인 면모가 혼재되어 나타난다. 이를테면, 가정 안팎의 서사는 남주인공을 매개로 연결되고, **사건**이 선악 구도로 전개되며, 인물의 고난과 감정은 극대화된다.

고전 소설은 사건 유형이 정해져 있어. 악인과 선인으로 인물을 명확하게 나누고 악인이 저지른 부정한 행위를 선인이 되돌려 놓는 거지. 이렇게 뻔한 이야기를 상투적인 모습이라고 해. 그래서 고전 소설에서는 사건의 내용을 묻기보다, '이걸 누가 알고 있었는가', '언제 알게 되었는가'처럼 인물이 사건을 인식하게 된 전후 상황을 묻는 문제가 출제 돼.

◎ 하나 더 알아보기 사건의 진상과 전모

참 진(眞), 서로 상(相)을 쓰는 '진상'은 사건의 본질이나 참모습을 뜻하고, 전체를 뜻하는 전(全), 모양 모(貌)를 쓰는 전모는 사건의 전체 모습, 즉 과정과 경위를 모두 포함해. 예를 들어, 살인 사건이라면 '왜 범행이 벌어졌는지'를 밝혀내면 진상이 드러난 것이고, '처음부터 끝까지 어떤 일이 있었는지'를 모두 알게 되는 건 전모가 드러난 거야. 그래서 원인을 알 수 없던 사건이 갈등부터 결과까지 모두 해명되면 '사건의 전모가 밝혀졌다'라고 표현하고,

오해했던 일의 진실이 밝혀지는 건 '진상이 밝혀졌다'라고 주로 표현해.

🔍 한눈에 쏙! 개념 정리

항목	갈등(葛藤)	사건(事件)
이미지	칡·등나무 줄기가 서로 엉킨 모습	없던 일이 벌어져 상황이 달라지는 순간
개념 정의	두 대상·생각·감정이 조화를 이루지 못해 불편함이나 긴장이 생긴 상태	인물·상황에 변화를 일으키는 뜻밖의 일
수능 문맥	• 내적·외적 갈등의 원인 파악 • 갈등 표면화 장치(반복 동작, 대화, 시선 회피 등)	• 사건의 원인·결과·경위·추이 • 사건을 전하는 서술자의 시각·초점화 방식
독해 전략	인물이 불편해하는 원인을 찾고, 그 갈등이 해결 가능한지 파악하기	사건의 시작과 끝, 원인과 결과, 서술 시각을 함께 분석하기

방향을 가리키는 **시간 표지**
VS
강약을 조절하는 **서사 지연**

시간 표지

도로 위에 표지판이 있듯 소설 속에도 '시간 표지'가 있어. 시험에는 소설 전문이 아닌 일부만 나오기 때문에 이 시간 표지를 활용하여 앞뒤 상황을 유추해야 해. 시간 표지에는 '하루 전', '한 달 전'과 같은 과거 사건을 말해 주는 것과 '혼례가 한 달 남았다'처럼 미래 사건과의 간격을 말해 주는 표지가 있어.

● 추이
밀 추(推) + 옮길 이 (移). 사건이나 일이 시간에 따라 변하여 나가는 것.

〔2024 6월〕 **시간 표지**를 활용하여 사건의 추이를 드러낸다.

이 지문에서 설명하고 있는 애정 소설 「상사동기」는 시험에서 "십여 일이 지날 무렵 노비 막동이 눈물을 흘리며 물었다"라는 문장이 예문으로 나왔어. '십여 일' 전에 무슨 일이 있었는지 관심을 가지고 보라는 출제자의 의도지. 막동이의 주인은 우연히 길에서 본 여인에게 첫눈에 반해 괴로워하고 있던 차였어. 그후 여인과의 만남을 주선해 줄 조력자가 "딱 한 가지 방법이 있습죠. 단오가 꼭 한 달 남았습니다"라고 말해. 그럼 '한 달 후 단옷날'에 여인과의 만남이 성사된다는 걸 독자들은 예상할 수 있지. 이렇게 제한된 소설 지문에서 '시간 표지'는 과거, 현재, 미래를 모두 연결지어 이해할 수 있게 해 주는 표지판이야.

〔2022 6월〕 소설에서 시간 표지는 배경을 지시할 뿐 아니라, 우연하게 일어날 수 있는 사건들에 개연성을 부여하거나 사건의 전개나 장면의 전환 등에 관여된 서사적 정보를 제시하기도 한다.

위 지문은 「채봉감별곡」에 나오는 시간 표지에 관한 내용이야. 주인공 채봉은 사랑하던 필성과 헤어져 우여곡절 끝에 감사의 추천으로 관아에서 일하게 돼. 이를 알게 된 필성이 채봉과 만나기 위해 관아에 취직하려 하지. 관아 취직이 쉽지 않아 보이던 그때 '이때 마침'이라는 시간 표지 후, 감사가 글을 잘 쓰는 이방을 구한다는 이야기가 나와. 우연한 일이 알맞은 때에 일어났다는 뜻으로 필성과 채봉이 재회하는 데 개연성을 부여해 주는 시간 표지야.

서사 지연

시상식에서 수상자를 바로 발표하지 않고 말을 돌리면서 뜸 들이는 걸 본 적이 있지? 이렇게 잠시 시간을 끌면 시청자들이 더 집중하게 돼. 이게 바로 '서사 지연'의 효과야. 작가는 일부러 사건의 전개를 늦춰 독자의 기대와 긴장감을 조절하기도 하지. 그래서 서사 지연이 나오는 문제는 '작가의 의도'와 '그 효과'를 함께 묻는 경우가 많아.

〔2021 9월〕 심청의 자기희생의 목적이었던 부친의 개안(開眼)이 뒤늦게 실현되는 것은 결말의 **지연**을 위해 설정된 모순적 상황이라 할 수 있다. 이러한 모순적 상황들로 인해 결말은 보다 극적인 양상을 띠게 되고 심청의 효녀로서의 면모가 더욱 강조된다.

심청이는 아버지 눈을 뜨게 하려고 인당수에 몸을 던지지만, 아버지는 바로 눈을 뜨지 못해. 결말이 지연된 거야. 독자는 왜 눈을 뜨지 못할까 궁금해하며 이후 전개에 더 몰입하게 되지. 결국 마지막에 아버지와 심청의 재회 장면에서 눈까지 뜨며, 감정이 폭발하고 결말의 극적 효과가 배가돼. 만약 바로 눈을 떴다면 감동이 훨씬 약했겠지. 서사 지연은 이렇게 결말을 더 극적으로 만드는 장치야.

● **배가**
곱 배(倍) + 더할 가 (加). 몇 배로 늘어남.

〔2023 6월〕 음모가 실행되면서 서사적 긴장이 고조되는데, 음모자의 욕망 실현이 **지연**되면 서사적 긴장은 일시적으로 이완된다.

소설에서 긴장만 계속 밀어붙이면 독자는 피곤해져. 그래서 작가는 사건을 늦추거나 중간에 방해 요소를 넣어 잠시 긴장을 풀어 주지. 이렇게 서사 지연은 긴장과 이완의 강약을 조절하여 독자가 계속 몰입할 수 있게 해. 지문에서는 악인의 음모가 뜻대로 이루어지지 않으면서, "휴, 일단은 안심이야"라고 독자들이 일시적으로 긴장을 늦추는 부분이 제시되었다는 뜻이야.

🔍 하나 더 알아보기 계절감

소설에서 '시간 표지'가 사건의 방향을 알려 준다면, 시에서는 '계절감'이 정서를 만들어. 봄·여름·가을·겨울을 직접 언급하기도 하지만, 계절을 상징하는 자연물로 간접 표현하는 경우가 더 많아.

　따뜻한 동풍은 봄, 무성한 녹음은 여름, 붉은 대추는 가을, 흰 눈은 겨울을 드러내지. 이런 계절감은 단순한 배경이 아니라 시의 정서를 표현하고 분위기를 형성하는 핵심 장치야. 봄의 바람은 희망과 시작을, 겨울의 눈은 고요·그리움·죽음을 상징하지. 그래서 계절의 변화는 단순한 시간의 흐름이 아니라, 화자의 감정이 바뀌는 방향을 보여 주는 장치로 읽어야 해.

한눈에 쏙! 개념 정리

항목	시간 표지	서사 지연
이미지	이야기의 방향을 알려 주는 표지판	이야기 속 쉼표
개념 정의	사건의 순서나 시점을 알려 주어 앞뒤 상황을 유추하게 하는 장치	의도적으로 사건을 늦추어 긴장감·몰입도를 조절하는 서사 장치
수능 문맥	특정 시점, 반복·특정의 시간 구분 (예 어느 날 밤, 며칠 후 등)	결말의 지연, 긴장과 이완의 반복 구조
독해 전략	시간의 흐름·변화에 따라 사건의 앞뒤를 추론하며 읽기	지연의 이유(작가 의도)와 효과(극적·리듬 조절)를 함께 파악하기

그럴 수 있는 개연
VS
뜬금없는 우연

개연

'개연'은 덮을 개(蓋)에 그럴 연(然)을 써서 일반적으로 그렇다라고 말할 수 있는 성질을 뜻해. 소설 「소나기」에서 어린 소녀가 죽는 결말은 충분한 개연성이 있지 않으면 억지스러울 수 있어. 하지만 소녀가 병약하여 할아버지 댁에 요양하러 왔다는 설정과 비 오는 날 깊은 개울물을 건너며 몸이 흠뻑 젖었던 사건이 미리 제시되었기 때문에, 독자는 소녀의 죽음을 설득력 있게 받아들이게 되지. 이처럼 앞의 사건과 인물 설정이 뒤의 사건을 설득력 있게 만드는 장치가 개연성이야.

〔2025 9월〕두 인물이 만나게 되는 계기를 서술하여, 서사 전개의 개연성을 보여 주고 있군.

춘향전을 바탕으로 한 「광한루기」에서는 신분이 다른 두 남녀의 만남을 개연성 있게 설명해야 했어. 이때 '단옷날'과 '광한루'가 만남의 계기가 되지. 단옷날은 여성들이 집 밖으로 나와 그네를 타며 세상 구경을 하는 날이야. 광한루는 풍경을 감상하는 누각이지. 단옷날 그네 타는 춘향을 광한

루에서 풍경을 즐기던 이도령이 보게 되면서 두 사람의 만남이 시작되는 거야. 이렇게 소설은 특정 문화적 배경이나 소재를 개연성을 높이는 장치로 활용해.

> [2017 9월] 시나리오 「독 짓는 늙은이」는 원작과 달리, 인물의 관점에서 사건을 재구성하고 인물들의 행동과 대사를 통해 인물의 성격을 드러냄으로써 **개연성**을 높였다.

인물의 성격도 개연성을 높이는 장치가 될 수 있어. 위 지문은 「독 짓는 늙은이」의 이야기 구조에 관한 설명이야. 지문은 주인공의 죽음으로 끝나는 결말이 인물의 성격으로 충분히 설득력을 가질 수 있음을 뜻해. 독을 만드는 늙은이가 평소에도 조금의 흠이라도 있으면 독을 깨뜨릴 만큼의 완벽주의자로 그려진다면, 손이 떨려 더 이상 온전한 독을 만들 수 없게 되었을 때, 죽음을 선택하는 비극적 모습이 납득이 되거든. 즉, 개연성은 인물의 성격과 환경, 사건이 자연스럽게 맞물리도록 설계하는 힘이야.

우연

'우연한 만남'은 약속한 것도 아니고, 자주 마주치던 곳도 아닌데 만나는 걸 말해. 이렇게 원인도 없고 **확률도 거의 없는 일**이 갑자기 일어나는 것을 우연이라고 하지. 개연성이 '그럴 수 있겠다'라는 높은 가능성(약 70퍼센트)이라면, 우연은 일어날 확률이 0퍼센트에 가까운 거야. 소설에서 이런 우연한 사건을 자주 사용하면 억지스러워지고, 적당히 사용하면 이야기의 전개를 속도감 있게 진행할 수 있어.

〔2024 6월〕 생이 길을 가다 **우연히** 영영을 마주치고 노파의 집까지 뒤따르는 것에서, 사건 전개가 일상적 공간 속에서 이루어짐을 확인할 수 있군.

〔2023 6월〕 그러자 오늘은 **우연히** 이 미스터 방을 만났다.

소설에는 우연히 두 사람이 만나는 경우가 자주 나와. 두 사람이 만나는 사건 자체가 중요한 거지 왜 만났는지는 중요하지 않은 경우, 우연으로 처리해 버리는 거야. 그래서 우연한 사건이 나오면 굳이 이유를 따지지 않고 '아, 그냥 이렇게 만나도록 설정했구나' 하고 넘어가면 돼.

〔2017 6월〕 타국에서 만난 동포의 도움을 통해 **우연히** 이루어진다.

이 지문은 전쟁으로 헤어졌던 부부가 외국에서 다시 만나는 「최척전」의 한 장면에 대한 설명이야. 조선에서 헤어진 부부가 외국에서 다시 만나는 건 가능성이 희박한, 우연한 일이지. 고전 소설에는 이런 우연한 전개가 자주 나와. 우연성은 소설 창작이 덜 발달한 고전 소설의 특징이라는 것도 기억해 두자.

🔍 하나 더 알아보기 **필연**

확률로 보면 개연은 70퍼센트, 우연은 0퍼센트, 그리고 필연은 100퍼센트를 말해. '반드시 필(必)'을 쓰는 만큼 그 사건이 일어날 수밖에 없다는 뜻이지. 그런데 개연이나 우연과 달리 필연은 소설 속에서 자주 등장하지 않아. 왜냐하면 100퍼센트의 확률로 일어날 사건은 독자들이 너무 쉽게 예측해 버려서 긴장감도 떨어지고 재미도 없기 때문이야. 그래서 소설은 보통 필연성보다는 개연성을 중심으로 이야기를 전개하고, 우연을 살짝 끼워 넣어 변화를 주는 방식을 택해.

🔍 한눈에 쏙! 개념 정리

항목	개연	우연
이미지	그럴 법하다(70퍼센트 확률)	뜬금없다(0퍼센트 확률)
개념 정의	현실에서도 있을 법한 사건을 설득력 있게 연결하는 장치	원인과 근거 없이 갑자기 일어나는 사건
수능 문맥	사건이 납득 가능한 흐름으로 이어지는지, 인물·배경·성격이 연결되는지 확인	사건의 계기를 설명하지 않고 '그냥 그렇게 되었다'고 처리하는 부분 주목
독해 전략	인물 성격·환경·이전 사건과 어떻게 이어지는지 살피며 납득 가능한 흐름을 파악하기	우연 사건은 이유를 묻지 않고 빠르게 넘어가며 전체 서사 속 역할에 집중하기

예상 못한 반전
vs
눈에 띄는 대비

반전

'반전'은 돌이킬 반(反)에 구를 전(轉)을 써서 '반대로 구른다'라는 뜻으로 뜻밖의 방향으로 상황이 바뀌는 것을 말해. 항상 조용하던 친구가 수학여행에서 춤추는 모습처럼 예상할 수 없던 순간에 드러나는 색다른 모습을 '반전 매력'이라고도 하지.

반전이 되려면 두 가지 조건을 모두 충족해야 해. 첫째, 기존과 확연히 달라야 하고, 둘째, 예상하지 못해야 한다는 거야. 둘 중 하나라도 빠지면 반전이 아니지. 예를 들어, 조금만 달라진 건 그저 전환일 뿐이고, 예측 가능한 변화라면 충격을 주지 못하니 반전이라고 할 수 없어.

〔2025 수능〕 동일한 구절의 반복과 변주를 통해 상황의 **반전**을 표현한다.
〔2024 6월〕 회상 장면을 병치하여 사건의 흐름을 **반전**시킨다.
〔2021 수능〕 인물의 희화화를 통해 사건의 **반전** 효과를 나타내고 있다.
〔2019 9월〕 인물의 과장된 말과 행동을 통해서 비극적인 분위기에 **반전**을 꾀하고 있다.

수능에 작품의 특징으로 반전을 묻는 선지가 종종 나와. 하지만 이 선지들은 모두 오답이야. 왜 '반전이 있다'가 오답으로 자꾸 나올까? 단순히 바뀌기만 하는 전환과 반전의 개념 차이를 아는지 확인하기 위해서야. 시간의 순서가 조금 바뀐 전환일 뿐인데 이걸 반전이라고 잘못 알고 있는지 확인해 보려는 거지. 또 반전은 전후가 확연히 달라져서 충격을 주는데, 제대로 읽었다면 이걸 잊을 수 없어. 그래서 글을 제대로 읽었는지 확인하기 위해 문제를 내기도 해.

시험에서 반전을 문제로 다루기 힘든 이유도 있어. 반전은 독자에게 충격을 줘야 하는데, 소설의 일부만 나오는 수능 지문에서는 그 효과가 약해지거든. 게다가 서사 기법이 충분히 발달하지 않았던 고전 소설에서는 반전 기법이 잘 드러나지 않아. 현대소설에서도 작품 전체 맥락 속에서 후반부에서만 제한적으로 주제를 각인하기 위해 쓰이는 경우가 많아.

대비

'대비'는 대할 대(對)에 견줄 비(比)로 비교를 뜻하지만, 문학에서는 가치 판단, 즉 긍정과 부정의 시선이 전제된다는 특징이 있어. 그래서 비문학에서 색채 대비, 음향 대비 같은 표현은 그저 다른 점을 보여 줄 뿐이지만, 문학 작품 속 대비는 한쪽을 긍정적으로, 다른 한쪽을 부정적으로 보면서 의미를 부여하는 장치야. 문학에서 색채 대비, 상승 – 하강 대비 같은 표현은 모두 결국 어느 한쪽에 긍정의 의미를 부여하고 있어. 그래서 '무엇을 긍정하고 무엇을 부각하는가'까지 찾아야 대비를 제대로 알고 읽은 거야.

특히 시험에서 대비가 나오면 먼저 긍정과 부정을 구분한 뒤, 강조되는 대상이 누구인지, 어떤 속성이 핵심인지 확인해야 해. 긍정적 속성을 드러내는 경우도 있지만, 반대로 부정적 속성을 부각해서 대조 효과를 내는 경우도 있기 때문이야.

> 〔2024 6월〕 과거의 한때를 가리킨다는 점에서 현재 자연에서 여유를 느끼는 상황과 대비되는 시절을 나타낸다.
> 〔2023 6월〕 자연과 인간의 대비를 통해 세태를 비판하고 있다.

고전 문학에서는 '자연과 속세의 대비'가 단골로 출제돼. 전통적으로 돈·권력·명예를 좇는 속세보다 자연 속 삶을 더 가치 있게 보는 경향 때문에, 자연은 대개 긍정적 대상으로 제시돼. 다만 '자연과 속세의 대비'가 항상 똑같은 의미로 쓰이는 건 아니니까 주의해야 해. 어떤 작품에서는 자연을 예찬하는 것이 주제고, 어떤 작품에서는 세속적 삶을 비판하는 것이 주된 내용인 것처럼 강조하는 바가 다를 수 있거든. 그래서 '자연과 속세의 대비'라는 말이 나오면, 강조점이 자연 예찬인지 세속 비판인지를 구분해야 해.

> 〔2025 수능〕 과거와 현재를 대비하여 악화된 처지를 보여 준다.
> 〔2025 9월〕 과거와 현재를 대비하여 미래에 대한 전망을 드러내고 있다.

'과거와 현재의 대비'에서는 보통 과거를 상대적으로 긍정, 현재를 부정으로 읽는 흐름이 흔해. 현재의 어려움 때문에 좋았던 과거를 떠올리는 구조지. 이때는 현재가 어떤 점에서 부정적인지 확인한 뒤, 화자가 원하는 것이 단순히 과거로 돌아가는 건지, 아니면 새로운 미래를 희망하는 건지까지 살펴야 해. 대비는 이렇게 해석을 빠르게 도와주는 고마운 장치야.

🔍 하나 더 알아보기 대조

'대비'는 단순히 차이가 있는 두 대상을 나란히 두고, 그 차이에 작가가 의미를 덧입히는 표현 기법이야. 예를 들어, 흰색과 푸른색을 대비시켜 하나에는 긍정의 이미지를, 다른 하나에는 부정의 이미지를 부여할 수 있지.

반면 '대조'는 애초부터 의미가 반대되는 대상을 함께 제시해 차이를 선명하게 드러내는 표현이야. 예를 들어, '선과 악'은 도덕적으로 뚜렷한 반대 개념이지. 대조는 이런 식으로 명확한 반대 개념을 이용해 작품의 주제나 인물의 성격을 강조해 줘.

시험에서 '대비'와 '대조'를 구분해서 묻는 경우는 거의 없지만, 이 차이를 알고 있으면 글의 분위기와 작가의 의도를 더 빠르게 파악하는 데 큰 도움이 돼.

🔍 한눈에 쏙! 개념 정리

항목	반전(反轉)	대비(對比)
이미지	예상 못한 큰 변화	긍정·부정의 시선이 드러나는 차이
개념 정의	기존과 확연히 달라지고 동시에 예상할 수 없었던 변화	두 요소의 차이를 통해 한쪽의 속성·가치를 더 부각하는 표현
수능 문맥	전환과 구별, 반전 선지는 오답으로 자주 제시됨	'자연 vs 속세', '과거 vs 현재' 등 고전 문학의 단골 장치
독해 전략	예상치 못한 큰 변화인지, 단순한 전환인지 구별하기	대비가 드러날 때 긍정적 대상이 무엇이고, 강조점이 어디에 있는지 확인하기

변할 수 있는 심리
VS
변하기 어려운 성격

심리

문학에서는 감정, 정서, 태도 등 심리와 관련된 표현이 항상 출제돼. 이 용어를 지속성과 적용 범위로 정리하면 이해하기 쉬운데, 감정 < 정서 < 심리처럼 왼쪽에서 오른쪽으로 갈수록 지속 시간이 길고 범위가 넓어지지. 감정은 순간적으로 느낀 기분이라면, 정서는 감정이 누적되고 반복되어 오랜 시간 지속되는 심리 상태를 말해. 순간 화가 나는 건 감정이지만, 분노를 계속 품는 건 정서야. 그런 정서를 바탕으로 세상을 판단하는 게 태도고, 이 모든 걸 포괄하는 게 심리인 거지.

〔2026 9월〕 가정적인 상황을 상정하여 심리적인 압박 상태를 해소하고자 애쓰고 있음이 나타난다.
〔2025 6월〕 '아버지'에 관한 기억이 마음의 상처로 남음으로써 '나'의 심리적 불안정이 비롯되고 있음을 추정할 수 있겠군.

시험에서 심리를 묻는다면, 먼저 순간의 감정인지 오랫동안 쌓인 정서인지를 구분해야 해. 순간의 감정이라면 쉽게 변할 수 있고, 오래된 정서라면 변하기 어렵다는 게 핵심이야. 첫 번째 지문에서 인물은 갑자기 화장실에 갇히고 두려움을 느껴, 두려운 감정에서 벗어나려 여러가지 상황을 가정해 보고 있다는 뜻이야. 반면 두 번째 지문에서는 과거의 기억이 상처로 남아 불안감을 일으키는 경우야. 내면의 상처가 오랫동안 누적되어 불안의 정서를 형성한 거지. 이렇게 심리는 순간적인 감정으로도 지속되는 정서로도 해석될 수 있어.

〔2026 9월〕 Ⓐ는 화자가 **심리적**으로 가깝게 여기고 있는 대상이다.

문학에서는 '**심리적 거리**'를 통해 화자가 지향하는 바를 표현하기도 해. 심리적 거리는 물리적 거리와 달리 내가 좋아하고 추구하는 방향이면 가깝다라고 표현해. 멀리 외국에 사는 친구지만 가장 친한 친구라면 물리적 거리는 멀지만 심리적 거리는 가까운 거지. 고전시가에서 한양에 살며 관직 생활을 하는 사람이 자연을 동경한다면 물리적 거리는 속세와 가깝지만, 심리적 거리는 자연과 가까움을 의미하는 거야.

성격

심리가 후천적이라면, 성격은 **선천적으로 타고난 고유한 품성**을 말해. 타고난 부분이 크기 때문에 쉽게 변하기 어렵지. 소설에서 인물의 성격은 허구적 인물을 마치 실제 인물처럼 생생하게 느끼게 해 주고, 인물의 말과 행동에 설득력을 부여해. 고전 소설의 선인과 악인 설정도 이야기 전개를 위한 성격 장치라고 볼 수 있어. 예를 들어, 가정 소설에서 본처의 지위를 수

호하는 가부장적 가치를 옹호하기 위해 의도적으로 처를 선인으로, 첩을 악인으로 설정하는 거야. 인물의 선악 대비를 통한 처의 지위 회복이라는 결말의 정당성과 설득력을 높이기 위한 서사적 장치이지.

〔2024 수능〕"그렇죠, 그렇구 말구요. 쌈을 허드래두 같은 양반끼리 해야지."

현대 사회는 예전보다 가치관이 다양해졌기 때문에 사람들의 성격과 그에 따른 갈등도 다양해졌어. 소설도 이런 사회 변화를 반영하기 시작했지. 현대 소설에서는 인물을 선악으로 나누는 것이 아니라, 무엇을 중요시 여기는 인물인지를 파악해야 해. 이 지문 속 인물은 신분제가 없어졌어도 '양반'이라는 근거를 사용해서 상대와 자신의 차이를 부각하고 있어. 그러니 이 인물은 '양반, 족보 등'의 전통적 신분 가치, 우월감을 중요시 여기는 인물인 거야.

〔2023 수능〕 모두 과거의 행위를 통해 인물의 **성격이 변화**됨을 드러내는 시간의 표지이다.
〔2024 6월〕 인물의 내력을 요약적으로 제시하여 **성격의 변화**를 보여 준다.
〔2023 6월〕 배경 묘사를 통해 인물의 **성격 변화**를 암시하고 있다.

성격 변화는 시험에서 오답으로 제시되는 경우가 더 많아. 성격이 변하려면 기존의 성격과 가치관을 흔드는 충격적 사건 그리고 그 후의 변화를 모두 보여 주어야 하는데 그걸 다 제시하기가 쉽지 않거든. 선지에 성격 변화가 나오면 이 조건이 다 드러났는지 확인해야 해.

🔍 하나 더 알아보기 전형 vs 개성, 평면 vs 입체

성격은 크게 두 축을 기준으로 나눌 수 있어. 하나는 전형 vs 개성이야. 전형적 인물은 흔히 볼 수 있는 성격을 대표하는 경우고, 개성적 인물은 다른 데서 보기 어려운 독특한 성격을 보여 주지. 「춘향전」의 변사또는 탐관오리의 전형이라고 할 수 있어. 또 다른 축은 평면 vs 입체야. 평면적 인물은 성격이 단순하고 변하지 않지만, 입체적 인물은 성격이 복합적이고 때로는 성장과 변화까지 보여 줘. 고전 소설에는 전형적·평면적 인물이 대부분이라는 것도 시험에서 도움이 될 거야.

🔍 한눈에 쏙! 개념 정리

항목	심리(心理)	성격(性格)
이미지	변할 수 있는 마음 상태	변하기 어려운 타고난 품성
개념 정의	감정·정서·태도를 포함한 내적 상태, 상황에 따라 변화 가능	선천적으로 타고난 고유한 성품, 쉽게 변하지 않음
수능 문맥	순간적 감정 vs 오래된 정서를 구분, 심리적 거리 파악	'성격 변화' 선지 주의, 인물의 가치관·행동을 통해 성격 확인
독해 전략	감정이 어떻게 발생·변화하는지, 정서가 어떻게 지속되는지 살피기	인물의 말·행동·가치관을 세밀하게 분석해 성격 특징 파악하기

다루고자 하는 대상
VS
마주 보는 상대

대상

'대상'은 대할 대(對)에 모양 상(象)을 써서, '화자가 대하고 있는 모든 것', 즉 다루고자 하는 존재를 말해. 산, 나무, 사람처럼 눈에 보이는 구체적 존재도 대상이 되고 사랑, 자유와 같은 추상적 개념도 대상이 될 수 있어. 심지어 자기 자신을 대상화하기도 해. 시를 읽을 때는 먼저 화자를 찾고, 그다음 화자가 무엇을 대상으로 삼고 있는지 찾아야 해. 그리고 화자가 대상을 어떤 태도로 바라보는지, 즉 긍정적인지 부정적인지 구분해야 하지. 보통 시의 제목에 등장하는 대상은 화자가 긍정적으로 바라보는 경우가 많아.

〔2023 수능〕'집을 삼고'와 '벗을 삼아'는 화자와 대상의 가까운 관계를, '끌어 들여'와 '머물게 하니'는 화자가 대상을 가까이 하려는 행동을 제시하고 있다.

화자가 대상을 대하는 태도를 찾을 때는 거리 표현에 주목해야 해. 지문에서 '가깝다'는 실제(물리적) 위치가 가깝다는 뜻도 있지만 심리적 거리가 가깝다는 의미도 있어. 사람이 아닌 자연과 친구가 되려 한다는 건 대상을 나와 동등한 존재로 대우하고 싶다는 긍정적인 태도를 표현하는 거야. 심리적 거리가 매우 가까울 때 쓰는 표현이지.

〔2026 수능〕 (가)는 장면 속에서 묘사된 행위를 통해 정서나 의미를 드러내기도 하고, **화자를 대상화**하며 해학의 **대상**으로 삼기도 한다. (중략) (다)는 **대상으로부터 화자의 정서가 촉발**되는 모습을 보여 준다.

대상은 크게 외적 대상과 내적 대상으로 나눌 수 있어. 세상에 존재하는 사물·풍경처럼 화자 밖에 있는 것은 외적 대상이고, 화자 자신은 내적 대상이야. 예를 들어, 감나무(외적 대상)를 보고 고향에 대한 그리움이 일었다면, 이는 지문 (다)의 설명처럼 특정 대상에 의해 화자의 정서가 촉발된 사례에 해당해. 또 '화자를 대상화했다'라는 표현은 화자가 자기 자신을 바라보며 내면을 표현했다는 뜻이야. 이처럼 대상은 화자가 말하고자 하는 '바로 그것'을 가리키며, 그에 대한 인식은 긍정적일 수도, 부정적일 수도 있어.

상대

'상대'는 언뜻 보면 '대상'과 비슷하지만 한자가 달라. 서로 상(相)을 쓰는 상대는 두 존재가 마주 보고 있는 관계에서 쓰는 말이야. '대상'이 화자가 일방적으로 바라보는 존재를 가리킨다면, 상대는 동등한 위치에서 서로를 인식하고 소통하는 존재를 의미하지. 문법에서 말하는 '상대 높임법'이 바로 대화를 나누는 바로 앞의 사람을 높이는 방식인 것도 이 때문이야.

● 제문
제사 제(祭)+글월 문
(文). 제사를 지낼 때
쓰는 글로 상대는 돌
아가신 분.

● 표문
겉 표(表)+글월 문
(文). 보통 신하가 멀
리 떨어져 있을 때 임
금에게 보내는 글.

〔2025 6월〕 고전 소설에서는 제문, 표문 등과 같은 다양한 글이 활용되
기도 해요. 윗글에서 글을 바치는 사람과 받는 상대가 누구
인지 고려하여, 글의 특징이나 기능에 대해 말해 보세요.

편지를 받는 사람도 상대라고 해. 특히 고전 소설에는 여러 종류의 편
지가 등장하는데, 누가 누구에게 보냈는지를 파악하면 쉽게 문제를 풀
수 있어. 지문에 나오는 제문과 표문은 편지의 상대가 정해져 있는 글이
야. 제문은 제사를 지낼 때 쓰는 글로 편지의 상대는 돌아가신 분이야.
돌아가신 분이 누구인지 파악하고 편지를 쓴 인물과의 관계를 파악하
면 쉽게 내용을 이해할 수 있지. 또 표문은 신하가 임금에게 보내는 편
지인데, 먼 전쟁터의 소식을 전할 때 자주 등장해. 임금, 황제를 상대로
한 글이기 때문에 문제에서 '상대를 탓하다', '원망한다'는 식의 해석이
나오면 오답일 확률이 높아.

〔2024 6월〕 상대의 고통을 바라보며 의지력을 우러러보는 듯한 마음이
있는 자신을 발견하는 데에서, 상대와의 차이를 인식하는 스
스로의 내면마저 대상화하는 모습을 찾을 수 있군.

위 지문은 소설 「무성격자」에 관한 내용인데, 주인공인 정일이는 투병
중에도 살기 위해 노력하는 아버지를 보며 여러 가지 생각을 해. 지문에서
'상대'는 정일이가 바라보고 있는 눈앞의 아버지야. 그리고 아버지와 같은
의지력이 없는 자기 자신도 돌아보기 때문에 내면을 '대상화'했다고 하는
거지. 중요한 건 상대와 대상이 언제나 같은 의미는 아닐 수 있다는 거야.

🔍 하나 더 알아보기 시선 이동 vs 공간 이동

시를 읽다 보면, 화자가 바라보는 대상이 달라지는 순간이 있어. 이는 단순히 풍경이 달라진 게 아니라, 화자의 시선이 이동한 것을 의미해. 처음에는 꽃이나 나무 같은 외적 대상을 보다가 어느 순간 자신의 마음이나 지난 기억 같은 내적 대상으로 향한다면, 시선이 밖에서 안으로 이동한 셈이지.

공간 이동은 실제로 화자의 위치가 바뀌는 경우야. 산 아래에서 산 위로, 집 안에서 밖으로 옮겨 가면 보는 대상도 달라지고 정서도 변할 수 있어. 그래서 공간이 바뀌는 순간에는 꼭 화자가 어디에서 어디로 이동했는지, 그에 따라 바라보는 대상은 무엇으로 바뀌었는지를 확인해야 해.

🔍 한눈에 쏙! 개념 정리

항목	대상(對象)	상대(相對)
이미지	화자가 바라보는 방향의 대상	화자와 마주 서 있는 존재
개념 정의	화자가 다루고자 하는 사람·사물·생각 (일방적 시선)	서로 인식하고 영향을 주고받는 관계 (쌍방적 시선)
수능 문맥	외적 대상(자연물)·내적 대상(화자 자신), 정서 촉발, 대상화	제문·표문의 상대, 인물 간 대화·인식 차이, 소통의 문제
독해 전략	화자가 대상을 긍정적으로 보는지 부정적으로 보는지 판단하기	인물과 상대의 관계(존경·대립·소통 여부)를 구체적으로 파악하기

모여서 주제가 되는 시상
VS
주제 밑에 깔린 주제 의식

시상

'시상'은 시 시(詩)에 생각 상(想)으로 시 속에 드러나는 개별 생각이나 정서 조각을 말해. 이 조각들이 모여 최종적으로 주제가 되지. '사랑'을 주제로 다양한 시가 만들어지듯, 동일한 주제를 향하는 시상 전개 방식도 다양해. 그래서 시험에서는 주제에 이르는 과정, 곧 시상이 어떻게 전개되는가를 자주 묻지.

시작부터 끝까지 시간이 흘러가며 전개되면 시간의 흐름에 따른 시상 전개, 처음부터 끝까지 공간을 옮겨 다니면 공간 이동에 따른 시상 전개라고 해. 작가는 주제를 표현하기에 가장 적합한 시상 전개 방식을 선택해.

〔2022 수능〕 계절의 흐름에 따라 낭만적인 봄에서 비극적인 겨울로 시상 을 전개하여 악화되어 가는 일제 강점기의 현실을 묘사했다.
〔2021 9월〕 〈제1수〉에서는 경험적 성격과 연결된 공간으로부터, 〈제6수〉 에서는 관념적 성격과 연결된 공간으로부터 시상이 전개된다.

계절의 흐름에 따른 시상 전개도 자주 출제돼. 이때 계절은 상징성이 있는 경우가 많아. 따뜻한 봄에서 추운 겨울로 바뀌면 사회 현실이 악화되는 걸 온도로 표현한 경우야. 또 일상적 이야기에서 점차 추상적·관념적 이야기로 확장되는 시상 전개도 대표적인 방식이야. 예를 들어, 까치밥으로 남겨 둔 감을 통해 양보의 가치를 강조한다면, 이는 경험에서 관념으로 시상이 확장된 경우라 할 수 있어.

〔2025 9월〕 각 수의 첫 음보를 동일한 시어로 제시하여 **시상** 전개에 안정감을 부여하고 있다.

시 속의 여러 시상을 자연스럽게 이어 주기 위해 같은 시어를 반복하기도 해. 특히 연시조처럼 짧은 시조 여러 개가 엮인 작품은 연과 연 사이의 연결이 어색할 수 있는데, 이럴 때는 '아이야' 같은 호칭을 반복해서 각 연의 시상을 묶어 주는 장치로 쓰기도 해.

● **연시조**
두 개 이상의 평시조가 하나의 제목으로 엮인 시조.

주제 의식

'시상'이 시 속의 개별 생각이라면, 그 시상들이 모여 드러내는 최종 결과가 주제야. 이때 주제 의식은 그 **밑에 깔린 작가의 가치관이나 관점**을 말하지. 김소월의 시 「진달래꽃」에서는 어쩔 수 없이 임을 보내 주는 모습에서 '희생적 사랑'이라는 주제가 드러나. 여기서 주제 밑에 깔린 '사랑한다면 기꺼이 희생한다'라는 가치관이 곧 주제 의식이야. 따라서 주제는 결과, 주제 의식은 그 결과를 지탱하는 작가의 관점이라고 보면 돼.

중심 소재를 반복적으로 제시하여 **주제 의식**을 드러내고 있다.

시험에서는 어떤 표현 기법을 통해 주제 의식을 드러냈는지를 주로 물어. 가장 중요한 장치는 '반복'이야. 박목월의 「이별가」에서는 죽은 동생을 소재로 '사별의 아픔'이라는 주제를 드러내. 여기서 '뭐라카노'라는 시어가 일곱 번 반복되며 '죽은 동생와 소통하고 싶다'라는 마음이 드러나는 거야. 주제는 '사별의 아픔'으로 단순하지만 표현 기법을 통해 더 구체적인 작가의 마음(주제 의식)을 읽어 낼 수 있어.

[2025 6월] 대상을 한정하는 어휘들을 사용하여 **주제 의식**을 강조하고 있다.

이 지문은 김현승의 「사실과 관습: 고독 이후」에 대한 설명이야. '사실일 뿐, 즐거울 뿐, 나일 뿐, 물일 뿐'이라며 대상을 한정하는 '뿐'을 사용하여 '다른 의미나 신의 뜻은 없다. 현실 자체만 존재할 뿐'이라는 주제 의식을 드러내. 시험에서 주제와 주제 의식을 구분하라고 요구하진 않아. 하지만 헷갈렸던 용어를 정확하게 알아 두면 걸림돌이 사라져 속도가 빨라지지.

◎ 하나 더 알아보기 **시상 전환**

시 속에서 하나가 아닌 여러 가지 이야기를 할 수도 있어. 이런 경우 중간에 시상을 바꾸는 '시상 전환'을 사용해. 가장 쉬운 시상 전환은 '그나', '그런데' 등의 접속 표현을 활용하는 거야. 부정적인 상황에서의 절망을 이야기하다가 '그런데 저 푸르른 소나무를 봐!'라고 말한다면, 다시 희망을 갖는 긍정적 이야기로 시상이 전환되는 거지. 바깥 풍경을 노래하다가 내 마음을 이야기하는 건 외부에서 내면으로의 시상 전환이라고 해. 이처럼 시상 전환은 주제를 드러내는 핵심 장치이니 꼭 확인해야 해.

🔍 한눈에 쏙! 개념 정리

항목	시상	주제 의식
이미지	기차가 거치는 역(개별 생각)	기차를 달리게 하는 기관사의 신념(작가의 가치관)
개념 정의	시 속에 드러나는 개별 생각, 전개 방식에 따라 주제로 수렴	주제 밑에 깔린 작가의 관점·가치관
수능 문맥	시간·공간·계절·경험→관념 등으로 시상이 어떻게 전개되는지 파악	반복, 말 건네기, 문답 등을 통해 드러나는 가치관에 주목
독해 전략	'전개 방식'을 중심으로 시상의 흐름을 따라가며 주제로 수렴시키기	어떤 기법이 주제 의식을 드러내는지, 반복·단정적 표현 등 확인하기

머릿속에 떠올리는 **이미지**
VS
장르를 정하는 **분위기**

이미지(심상)

작가가 시를 통해 전달하려는 생각은 사랑, 꿈, 희망처럼 추상적인 경우가 많아. 이걸 **구체적이고 감각적인 모습으로 보여 주는 장치**가 바로 이미지(심상)야. 한자로는 마음 심(心)에 모양 상(像)을 써서 '마음속 모양'을 뜻해. 예를 들어, '자유'라는 추상적 단어 대신 '푸른 하늘을 날아오르는 새'라고 표현하면 머릿속에 그림이 그려지고 훨씬 강하게 각인되지. 그래서 시를 읽을 때는 '새'가 나오면 그게 단순한 동물이 아니라 어떤 관념적 의미를 담은 소재일 수 있다는 점을 염두에 둬야 해.

〔2026 9월〕 '태양 체질'을 '뜨겁'다는 것과, '달빛 체질'을 '뒤안'처럼 '아늑하고 '조용한' 것과 연관 지어 표현한 것은, 추상적 개념을 감각적 **이미지**로 형상화한 것이다.

이미지는 시각, 청각, 촉각 같은 감각적 이미지가 가장 많이 쓰여. 일상에서 늘 경험하는 것이라 추상적인 내용도 쉽게 전달할 수 있거든. 중요한 건 하나의 대상도 여러 감각적 이미지를 가질 수 있다는 거야. 예를 들어, 눈 (snow)의 시각 이미지는 '하얗다', 촉각 이미지는 '차갑다'야. 그래서 눈이 시각적 이미지로 쓰이면 보통 긍정적으로 읽히지만, 촉각으로 쓰이면 부정적으로 해석될 수도 있어. 감각은 항상 맥락 속에서 파악해야 하고, 절대적인 긍정 또는 부정은 없어. 위 지문에서도 태양이 '밝음(시각)'으로 쓰였다면 긍정적 의미지만, '뜨겁다(촉각)'로 쓰였기에 부정적 뉘앙스를 주는 거지.

> 〔2024 9월〕 자연은 속세와 구별되는 청정한 이상 세계로 그려지며, 신선의 이미지를 통해 탈속적이고 고고한 가치를 추구하는 곳이다.

● 탈속
벗을 탈(脫)+풍속 속(俗). 부나 명예 등의 세속적인 것에서 벗어남.

● 고고
외로울 고(孤)+높을 고(高). 홀로 높음.

이미지는 실제 존재하지 않는 대상을 통해서도 전달할 수 있어. 하늘 위의 '신선'을 통해 세속적인 가치에서 멀어졌음을 보여 주거나 상상의 동물 '용'을 통해 역동적인 움직임을 전달할 수 있지. '신선'과 '용'의 존재 여부는 중요하지 않아. 독자들이 읽고 머릿속으로 떠올릴 수 있는 구체적 이미지가 중요한 거지. 결국 문학의 핵심은 '구체적인 것을 통해 관념적인 것을 드러낸다'는 거야.

분위기(정조)

이미지가 소재 하나를 구체적으로 드러내는 것이라면 분위기는 시 전반을 감싸는 정서적 울림에 해당해. 한자로는 정서를 조율해서 보여 준다는 의미로 정조(情調)라고 하지. 영화에 로맨스·코미디·공포 같은 장르가 있는 것처럼, 시에도 분위기를 통해 장르적 성격이 드러나. 예를 들어, 슬픈 사랑

● 애상
슬플 애(哀)+상처 상
(傷). 상처를 입어 슬
퍼함.

● 한정
한가할 한(閑)+뜻 정
(情). 한가롭게 지냄.

을 이야기하면 '낭만적·애상적 분위기', 자연을 벗 삼아 한가롭게 노니는 내용이면 '자연 친화적·한정적 분위기'라고 할 수 있지. 즉, 분위기는 시의 전체 톤을 정해 주는 장르적 역할을 하는 거야.

〔2024 9월〕'강기슭에서도 보이진 않'는 '후미진 외딴집'이라는 배경 설정에서, 적막한 공간의 **분위기**를 추측할 수 있겠군.

〔2022 수능〕(가)에서는 '묵화'와 '박쥐 나래'의 이미지를 연결하여 고향의 어두운 **분위기**를 드러낸다.

시험에서는 분위기와 근거의 타당성을 따지면 돼. 첫 번째 지문에 '잘 보이지 않고', '구석에 외따로 있는 집'이라는 설정은 주변에 다른 집들이 없는 산속 깊은 곳에 있는 조용한 집이라는 말이니 적막한 분위기라 할 수 있어. 두 번째 지문도 '먹으로 그린 검은 색 그림(묵화)'과 '검은 박쥐'를 통해 어두운 분위기를 드러내고 있으니 타당하지.

〔2026 수능〕계절을 나타내는 소재로 시적 **분위기**를 조성하고 있다.

분위기를 형성하는 가장 쉬운 방법은 계절을 사용하는 거야. '복숭아꽃(도화), 배꽃(이화)' 등으로 봄의 생명력을, '낙엽'을 통해 가을의 허전한 분위기를 만드는 거지. 이때 조심해야 하는 건 각 계절의 어떤 점을 부각했느냐야. '가을'을 이야기하며 낙엽이 떨어지고 식물이 말라 가는 걸 표현하면 적막하고 쓸쓸한 분위기지만, 추수나 추석을 말하면 풍요롭고 한가로운 분위기가 형성돼.

🔍 하나 더 알아보기 **형상화**

'형상화'는 모양 형(形)과 코끼리 상(象), 될 화(化)를 써서 추상적, 관념적 대상을 구체적 형태가 있는 것으로 바꾸어 표현하는 거야. 문학의 주된 주제인 사랑, 꿈, 희망 등은 눈에 보이지 않는 관념적 대상이니 형상화가 반드시 필요해.

형상화의 대표적인 방법은 구체적인 이미지를 사용하는 거야. 특히 시각, 청각 등의 감각적 이미지는 독자를 설득하는 가장 효과적이지. 고려 말, 국가의 운명이 다해 가는 상황을 '해가 지는 석양 무렵'으로 표현한 게 대표적인 시각 형상화 방법이라 할 수 있어. 이렇게 시인은 관념을 구체로 형상화하고, 우리는 거꾸로 구체를 관념으로 해석하는 거지.

🔍 한눈에 쏙! 개념 정리

항목	이미지(심상)	분위기(정조)
이미지	머릿속에 그려지는 구체적 장면·감각	작품 전체를 감싸는 정서적 울림
개념 정의	추상을 구체적 감각이나 상징으로 드러낸 표현	작품의 전반적 정서를 통해 장르적 성격을 드러내는 방식
수능 문맥	시각·청각·촉각 이미지, 상징적 이미지, 형상화	평온·적막·암울·자연 친화 등 장르적 분위기
독해 전략	이미지가 어떤 감각을 강조했는지, 긍·부정 맥락은 무엇인지 확인하기	분위기를 뒷받침하는 소재·표현을 찾아 근거와 함께 해석하기

강조점을 찾는 반복
VS
상위어를 찾는 열거

반복

반복이 여러 번 되풀이된다라는 단순한 개념인데도 자주 출제되는 이유는, 같은 반복이라도 강조점이나 효과가 미묘하게 다르기 때문이야. 중학교 때, 반복이 운율 형성과 주제 강조의 효과가 있다는 기본을 배웠다면, 수능에서는 더 구체적인 반복의 종류와 효과를 물어.

〔2025 수능〕 '킥킥'은 **반복**적으로 출현하는 웃음의 의성어로서, 사랑과 슬픔이 내재된 화자의 복합적인 정서를 생생하게 드러내는 표현이겠군.

〔2024 수능〕 유사한 문장 구조를 **반복**적으로 제시하며 시상을 전개한다.

첫 번째 지문은 허수경의 「혼자 가는 먼 집」에 대한 설명이야. 이 시에는 이별의 상황에 어울리지 않는 '킥킥'이라는 표현이 반복적으로 표현되어 있어. 이별을 했는데 웃는 이유는 뭘까? 그건 이별을 했음에도 여전히 임이 그립고 사랑스러워서 괴롭기 때문이야. 이런 복잡한 마음을 '킥킥'으로 반복하여 표현한 거지. 두 번째 지문은 정끝별의 「가지가 담을 넘을 때」에 대한 설명인데, 이 시에서는 '무엇이 아니었다면 이러하지 못했을 것이다'라는 표현이 세 번 반복돼. 나를 힘들게 하는 대상들이 아니었더라면 내가 이렇게 의지를 가지지 못했을 것이라며 화자의 긍정적 가치관을 드러내지. 시험에서는 반복을 찾고 선지에서는 설명한 반복의 효과가 근거가 있는 타당한 설명인지 확인해야 해.

〔2026 6월〕 중심 소재를 **반복**적으로 제시하여 주제 의식을 드러내고 있다.

〔2021 9월〕 동일한 구절을 **반복**하여, 시적 상황에 대한 화자의 부정적 정서가 심화되는 과정을 드러낸다.

반복이 항상 완전히 똑같아야 하는 건 아니야. '살구꽃-꽃-꽃구름', '차디 찰 때'처럼 변형이 있는 반복도 가능해. 이런 걸 약간의 변화를 주었다고 해서 반복과 변주라고도 하지. 김수영의 「사령」에서는 첫 번째 연과 마지막 연에 '나의 영혼은 죽어 있는 것이 아니냐'를 반복해. 그리고 마지막 연에는 '우스워라'라고 자조적 표현을 추가하며 부정적 정서가 해소되지 못하고 더 심화된 걸 반복과 변주를 통해 보여 주지.

열거

문학에서는 나열된 단어 중 하나를 모른다고 해서 문제를 풀 수 없는 건 아니야. 열거의 핵심은 개별 단어가 아니라 그 **단어들이 묶이는 큰 덩어리, 즉 상위어**를 찾는 데 있거든. 여러 대상을 늘어놓고 독자의 시선을 끈 다음, 그 대상을 통해 강조하고 싶은 바가 있는 거지. 그래서 열거의 표현법이 나오면 그 전체를 포괄할 수 있는 상위어를 찾는 게 중요해.

〔2025 9월〕 '없다'와 그 앞에 **열거**된 시어들을 통해, 화자가 가깝게 느끼고 가치를 부여했던 것들이 부재함을 표현하고 있다.

이 지문은 백석의 「북방에서-정현웅에게」라는 시에 대한 설명이야. '아, 나의 조상은 형제는 일가친척은 정다운 이웃은 그리운 것은 사랑하는 것은 우러르는 나의 자랑은 나의 힘은 없다'에서 '없다' 앞에 나열된 단어는 각각 사람(조상, 형제, 이웃)과 감정(그리움, 사랑, 자랑)이야. 사람들은 '가까운 인간관계'라는 상위어로, 감정들은 '긍정적 정서'라는 상위어로 묶을 수 있지. 즉, 화자는 가까운 인간관계를 잃어 살아갈 때 필요한 정서적 기반이 사라졌다는 상실감을 열거로 강조한 거야. 이처럼 시험 지문에서 열거된 표현이 나오면 개별 단어보다 그 전체가 가리키는 범주를 먼저 찾아야 한다는 점이 핵심이니 꼭 기억해 두자.

〔2025 6월〕 **열거**의 방식을 활용하여 주제를 부각하고 있다.

이 지문은 「우부가」에 관한 설명이야. 「우부가」는 꽁생원이라는 어리석은 남자의 이야기인데, 그의 도덕적 타락상을 열거하고 있어. 단순히 '어리석다'라는 상위어로 전달하는 대신, 남자의 행위를 열거해 더 구체적으로 전달하는 거야. '공적 재물 마음대로 사용하기', '남을 속여 재물 빼앗기', '노름판 전전하기'와 같은 행위를 열거해 '어리석다'의 의미를 구체화하고, 독자들에게 주제를 더 강렬하게 전달하는 거지. 열거가 나오면 많은 단어에 놀라지

말고 상위어로 해석한 다음, 일부러 열거한 작가의 의도를 생각해야 해.

🔍 하나 더 알아보기 행위의 나열

'열거'가 비슷한 성격의 대상을 한눈에 보여 주며 공통점을 강조한다면, '행위의 나열'은 시간의 흐름 속에서 인물의 움직임을 보여 주면서 생동감을 줘. 예를 들어, '문을 열고, 들어가 앉아, 책을 펼쳤다'처럼 순차적 행동을 이어 제시하면 인물의 리듬과 감정이 자연스럽게 드러나. 그래서 수능에서는 '행위의 나열을 통해 인물의 심리 변화나 사건 전개를 드러낸다'라는 식으로 출제돼.

🔍 한눈에 쏙! 개념 정리

항목	반복	열거
이미지	같은 소리를 반복해 두드리는 북소리처럼 주제를 강조함	비슷한 성격의 대상을 줄줄이 늘어놓은 목걸이 구슬
개념 정의	같은 단어 또는 문장을 되풀이하여 주제·정서를 강화하거나 운율을 형성하는 표현	비슷한 성질의 단어를 나열하여 상위 개념을 구체화하고 강조하는 표현
수능 문맥	반복되는 시어·구절·의성어를 통해 화자 정서나 주제 의식 강조	여러 시어의 나열을 통해 공통된 속성·정서·가치를 드러냄
독해 전략	반복의 중심이 화자인지, 대상인지 구분하고 형태 변화 확인하기	나열된 단어를 한 단어로 묶어 상위 개념(핵심 의미) 찾아내기

2부
필수 한자로
확장하는 어휘력

6장

소리는 같지만
뜻이 다른
동음이의 한자

두 이(二)
VS
다를 이(異)

두 이(二)

'두 이(二)'는 말 그대로 '둘'의 의미로 수량이나 순서를 나타내. '이륜차'는 바퀴가 총 두 개인 오토바이와 같은 차를 의미하고, 우리가 평소에 보는 자동차는 바퀴가 네 개이니 사륜차라고 하지. 일구이언(一口二言)은 한 입으로 두 말 한다는 뜻으로 태도를 바꾸는 사람을 비판하는 사자성어야. 과학에서 '이분법'이라는 건 아메바와 같은 생물이 번식할 때 새끼를 낳는 것이 아니라, 자신의 몸을 두 개로 나누어 번식하는 것을 말해.

〔2019 6월〕 현상을 단순히 선과 악으로 나누는 이분법적 사고는 사태의 복잡한 양상을 놓치게 할 수 있다.

이분법적 사고라고 들어 봤지? 대상을 두 가지로만 구분해서 파악한다는 의미야. 여러 가지 가능성이 있는데도 딱 둘로만 나눠서 생각하니 사고의 범위가 좁아. 다른 말로는 세상을 흰색 아니면 검은색으로만 본다는 '흑백 논리'라고 쓸 수 있어.

● 표방
꼭대기 표(標)+노 저
을 방(榜). 주의나 주
장 또는 처지를 앞에
내세움.

〔2023 9월〕당시 사회는 겉으로는 능력주의를 표방˙했지만 실제로는 신분제가 유지되는 **이중 구조**를 갖고 있었다.

상황에 따라 태도가 달라지는 사람을 '이중 인격'에 빗대고, 두 나라의 국적을 가지고 있는 경우도 '이중 국적'이라고 하지. 이렇게 '이중'은 두 가지가 겹쳐 있다는 뜻이야. 지문에서는 능력에 따라 얼마든지 관직에 나갈 기회를 준다고 말하지만 실제로는 신분적 한계가 있는 사회를 다른 방식으로 작동하는 두 가지 모습의 이중 구조 사회라고 말하고 있어.

〔2026 9월〕소리를 디지털 신호, 즉 **이진수**로 이루어진 오디오 신호로 바꾸어 파일로 저장한다,

이진수는 숫자 두 개만을 사용하는 이진법을 따른 수야. 0과 1, 이 두 가지 수로만 모든 수를 표현하지. 예를 들어, 7은 이진수로 111로 표기해. 우리가 일상에서 사용하는 수는 0부터 9까지 열 가지 숫자를 사용하는 십진법이야.

다를 이(異)

'다를 이(異)'는 긍정이나 부정의 의미 없이 순수하게 '다르다'는 뜻이야. 상황에 따라 다름을 넘어 특이함, 신기함, 일반적이지 않음의 의미로도 쓰여. '**이상하다**'도 일반적인 것과 다르다는 의미이지. '**이성 교제**'는 나와 다른 성별의 사람과 사귀는 것을, **동명이인**은 이름은 같지만 다른 사람을 뜻해. 고전 문학에 나오는 '**이역**'은 우리나라나 고향이 아닌 다른 나라의 땅, 외

국, 타지를 뜻하니 알아 둬.

〔2020 수능〕 다음으로 사람의 조직 및 장기와 유사한 다른 동물의 이식
편을 인간에게 이식하는 '**이종 이식**'이 있다. 그런데 **이종 이
식**은 동종 이식보다 거부 반응이 훨씬 심하게 일어난다.

사람의 장기를 사람에게 이식하는 건 종이 같으니 동종 이식, 다른 종(돼
지, 원숭이 등)에서 가져오는 건 이종 이식이라고 해. '종이 달라서 거부 반응
도 크다'라고 생각하면 쉽게 이해할 수 있어.

〔2024 수능〕 **이상치**는 데이터의 다른 값에 비해 유달리 크거나 작은 값
으로 데이터를 수집할 때 측정 오류 등에 의해 주로 생긴다.

이상치는 말 그대로 정상적인 값들과 다르게 혼자서 튀는 값이야. 이런
값은 전체 흐름을 왜곡하거나 통계치를 엉뚱하게 만들 수 있으므로 수집·
분석 단계에서 미리 확인하고 처리해야 한다는 내용이야.

〔2026 9월〕 기발한 상상력이 촉발하는 **경이로움**은 SF의 중요한 장르적
특징이다.

'경이롭다'는 놀랄 경(驚)을 써서 일반적인 것과 달라서 놀라움을 느낀다
는 긍정의 표현이야. 지문에서는 SF영화는 현실과 다른 점을 부각하여 놀
라움을 선사해야 한다는 걸 말하는 거야.

🔍 하나 더 알아보기 동음이의어, 동형이의어

'동음이의어'란 동음(同音), 소리는 같고 이의(異意), 다른 뜻을 가진 단어 쌍을 말해. '가치(價值, value)'와 '같이(함께)'는 소리는 같지만 뜻이 다르니 동음이의어야. '동형이의어'는 아예 형태(표기)까지 똑같아. 과일 '배'- 신체 '배', 하늘에서 내리는 '눈'- 신체 '눈', 언어로 하는 '말'- 동물 '말' 등이 그 예야. 동음이의어는 소리만 같으면 되지만, 동형이의어는 형태까지 모두 같아야 해.

🔍 한눈에 쏙! 개념 정리

항목	두 이(二)	다를 이(異)
이미지	둘로 나뉨, 겉과 속이 다름	다름, 특이함, 예외적 존재
개념 정의	두 개의 요소로 구분되거나 이중적 속성을 지님	일반적인 것과 다르거나 이질적인 상태를 의미함
수능 문맥	이분법(선과 악), 이분 분열, 이중 구조 등	이종 이식, 이상치, 이질성 등
독해 전략	"둘로 나뉜 구조인가?", "겉과 속이 다른가?"에 주목하기	"다른 존재인가?", "일반적인 것과 다르게 튀는 특성이 있는가?" 파악하기

믿을 신(信)
VS
몸 신(身)

믿을 신(信)

사람 인(亻) 옆에 말씀 언(言)을 쓰는 '믿을 신'은 사람의 말에는 믿음이 있어야 한다는 철학적 태도가 담겨 있어. 그래서 믿을 신자가 들어간 단어는 사람의 말, 생각과 관련된 것들이 많아.

〔2025 수능〕 정보의 **신뢰성**을 높이기 위해 출처를 제시했다.

신뢰는 믿을 신에 힘입을 뢰(賴)를 써서 단순히 믿는 것에서 더 나아가 굳은 믿음을 바탕으로 의지까지 한다는 뜻이야. '난 당신을 믿는다'보다 '난 당신을 신뢰한다'라는 말 속에 더 큰 힘이 담기는 거지. 정보가 넘쳐나는 사회에서는 정보의 신뢰성이 중요한데, 신뢰성은 '누구의 말인가?', '어느 기관의 자료인가?'처럼 출처에서 시작해.

〔2024 6월〕 작가가 유학자로서의 **신념**을 바탕으로 자신이 선택한 가치를 추구하는 삶이 나타난다.

신념은 생각 념(念)을 써. 굳게 믿는 생각이란 뜻이야. 잠깐 스치는 생각이 아니라, 삶의 선택을 지탱하는 버팀목 같은 생각을 말해. 사람마다 중요하게 생각하는 바가 다른 것처럼 신념도 달라. 예를 들어, '정직하게 살아야 한다', '시간은 금이다'와 같이 신념의 밑바탕에는 가치관, 세계관, 인간관이 깔려 있어.

> 〔2021 수능〕상인 조직의 발전과 **신용** 기관의 확대는 교역의 질과 양이
> 급변하고 있었음을 보여 준다.

● 교역
사귈 교(交)+바꿀 역
(易). 서로 다른 국가
가 물건 등을 사고 팔
며 바꿈, 무역.

신용 카드와 체크 카드가 다르다는 건 알고 있지? 이때 신용 카드의 신도 믿을 '신'을 써. 거기에 쓸 용(用)을 붙이지. 은행에 예금되어 있는 돈을 사용하는 체크 카드와 달리 신용 카드는 먼저 은행이 돈을 지불하고 나중에 나에게서 돈을 받아 가는 거야. 나를 믿고 은행이 돈을 빌려주는 것이기 때문에 신용 카드라고 하지. 위 지문에서 '신용 기관의 확대'는 이렇게 믿고 돈을 빌려주는 기관이 늘어났다는 뜻이야.

몸 신(身)

'몸 신'은 단순히 신체, 육체를 의미하기보다 자신(自身), 사람 그 자체를 의미하는 경우가 더 많아.

> 〔2021 수능〕'양반'은 **신분**의 구분이 있었던 사회의 모습을 엿볼 수 있다
> 는 점에서 시대의 흔적을 담고 있겠군.

〔2024 6월〕 **신분**적 한계를 지닌 여성과의 결연 과정에서 애정 성취를 가로막는 사회적 관습으로 인한 갈등이 드러난다는 점에서 소설사적 의의가 드러난다.

수능에 자주 등장하는 단어는 신분이야. 몸 신(身)에 나눌 분(分)을 쓰지. 글자 그대로면 '몸을 나누다'이지만, 실제로는 사람을 위계로 갈라놓은 사회적 지위를 뜻해. 조선 시대에는 신분이 높은 '양반'과 신분이 낮은 '평민'으로 구분했어. 그래서 사랑하는 사람이 있어도 같은 신분이 아니면 결혼이 막히는 갈등이 자주 그려졌지.

〔2021 6월〕 전우치가 **입신양명**의 길을 선택하지 않은 것은 나라에 공을 세워 이름을 널리 떨치는 일반적인 영웅 소설과는 달라요.

입신양명(立身揚名)은 '몸을 세우고 이름을 널리 알린다'라는 뜻으로 사회적 성공을 뜻해. '입신'은 단순히 신체를 꼿꼿하게 한다는 뜻이 아니라 '세상에 뿌리를 단단히 내렸다'로 해석해. 과거에 급제해 관리가 되는 것이 대표적인 예지.

🔍 하나 더 알아보기 수신(受信) vs 수신(修身)

'수신'에는 믿을 신을 쓰는 수신과, 몸 신을 쓰는 수신이 있어. 받을 수(受)에 믿을 신(信)을 쓰는 수신은 신호나 연락을 '받는다'라는 뜻이야. 그래서 '**수신자 부담 전화**'는 전화받는 사람이 통화료를 내는 방식을 말하지.

반면 닦을 수(修)에 몸 신(身)을 쓰는 수신은 몸과 마음을 갈고닦는 자기 수양을 뜻해. '**수신제가치국평천하**(修身齊家治國平天下)'라는 말, 들어 봤지?

이 말은 스스로를 먼저 제대로 단련한 뒤, 가정을 다스리고, 그 후에 나라를 다스려 천하를 평안하게 한다는 순서를 강조한 거야. 정리하면, 수신(受信)은 타인과의 소통에서 '신호를 받는 일', 수신(修身)은 자신을 다듬는 '내적 수양'이라 할 수 있어.

🔍 한눈에 쏙! 개념 정리

항목	믿을 신(信)	몸 신(身)
이미지	사람 + 말 → 신뢰 있는 말	사람의 형상 → 구체적 존재, 사회적 위치
개념 정의	사람의 말과 태도에 담긴 믿음	나 자신, 또는 사회 속에서 드러나는 존재로서의 나
수능 문맥	정보의 신뢰, 신념 형성, 신호의 의미, 신용의 관계	신분 차이, 출신 배경, 인물의 입지적 성장
독해 전략	'출처', '의도', '정보의 진실성' 등 신뢰와 말의 관계에 주목하기	'계층', '출신 배경', '역할 변화' 등 사회적 맥락에서 인물의 위치 파악하기

한가지 동(同)
VS
움직일 동(動)

한가지 동(同)

'한가지 동'은 큰 테두리(冂) 안에 한 일자(一)가 들어가. 서로 다른 것들이 하나의 테두리로 묶여 같은 성질을 지니게 되었다는 뜻이지. 예를 들어, '동의(同意)'는 서로 다른 사람들이 같은 의견을 가졌다는 뜻이고, '동화(同化)'는 서로 다르던 것이 같게 변한다는 의미야. 국어 문법에서 동화 현상이라는 말, 들어 봤지? '신라'를 [실라]로 발음하고, '국물'을 [궁물]로 발음하잖아. 이렇게 ㄴ+ㄹ, ㄱ+ㅁ처럼 성질이 다른 자음이 만나 ㄹㄹ, ㅇㅁ으로 비슷하게 변하는 것이 동화 현상이야.

> 〔2025 9월〕 세속의 일상을 떠나 자연에 들어온 화자가 점차 **자연에 동화** 되어 가는 과정과 심리 상태를 그리고 있다.

문학 작품에서 자주 등장하는 '자연과의 동화'도 같은 맥락이야. 도시의 번잡한 생활을 떠난 화자가 자연 속에서 점차 자연과 닮아 가며, 세속적 가치에서 멀어지는 모습을 그릴 때 쓰여.

여기서 한 단계 더 나아가면 '동일시(同一視)'의 개념으로 발전해. '동화'가 닮아 가는 과정이라면, '동일시'는 나와 동일한 존재로 바라본다는 뜻이야. 드라마 속 인물과 자신을 동일시한다는 건 단순한 공감을 넘어서, 마치 나 자신처럼 느끼는 거지. 철학적으로는 '물아일체(物我一體)'라는 표현과도 맞 닿아 있어.

> 〔2025 수능〕A 마을은 가난했지만 전통문화와 공동체적 삶을 중시하며 이웃 마을들과 조화롭게 살아왔다.

공동체(共同體)도 한가지 동을 써. 단순히 사람들이 모여 있는 집단이 아 니라, 공통의 목적을 가지고 함께 움직이는 무리를 뜻해. 농경 사회에서는 농사를 짓는다는 분명한 목적 아래 힘을 모아야 했기 때문에 공동체적 삶 이 강조됐어. 하지만 현대 사회는 직업과 생활 방식이 다양해지면서 공동 체 의식이 약해졌지. 결국 '동(同)'은 단순히 '같다'를 넘어, '함께하다', '하나 된다'라는 의미까지 품은 글자야.

움직일 동(動)

'움직일 동'은 무거울 중(重)과 힘 력(力)으로 이루어져 있어. 즉, 무거운 것을 힘을 줘 옮긴다는 뜻이야. 그래서 움직일 동은 단순한 이동뿐만 아니라 '변 화'와도 연결돼. 동(動)은 문법 용어에서 자주 보이는데, 능동·피동·주동· 사동 모두 움직일 동을 써.

'능동'은 능할 능(能)을 써서 '스스로 능력이 있어서 움직인다'라는 뜻인 반면, '피동'은 당할 피(被)를 써서 '다른 힘에 의해 움직임을 당한다', 즉 주체가 영향받음을 뜻해. 움직임의 '원인'에 따른 구분이지. 주동의 주는 주인 주(主)로 '주체가 스스로 움직인다'라는 뜻이고, 하여금 사(使)를 쓰는 사동은 '남으로 하여금 움직이게 한다'라는 뜻이야. 주동과 사동은 '시킴'의 유무에 따른 동사 구분이야.

〔2024 6월〕 독서 동기는 '독서를 이끌어 내고, 지속하는 힘'으로 정의되는데, 이 정의에는 독서의 시작과 지속이라는 두 측면이 포함되어 있다.

〔2021 6월〕 과거제는 여러 가지 사회적 효과를 가져왔는데, 특히 학습에 강력한 동기를 제공함으로써 교육의 확대와 지식의 보급에 크게 기여했다.

'동기'는 움직임의 계기, 움직이게 만든 원인을 뜻해. 과제가 있어서 책을 읽기 시작할 수도 있고, 표지가 마음에 들어 시작할 수도 있지. 중요한 건 동기는 시작만이 아닌 행위 지속에도 영향을 준다는 거야. 보상·처벌 같은 외부 동기보다, 흥미·가치 인식처럼 스스로 납득한 내부 동기가 지속에 더 유리해. 학습도 마찬가지야. 조선시대 '과거제'는 강력한 학습 동기였어. 선비들은 관리로 등용되기 위해 과거 시험의 핵심 과목인 유학 공부에 매진했지. 이렇게 사회 제도도 하나의 동기가 될 수 있어.

〔2025 수능〕 일상적이지 않은 경험을 인물이 의식한다는 표지로, 인물의 심리적 동요를 부른다.

움직일 동은 실제 물체가 움직이는 것뿐만 아니라, 보이지 않는 심리적

움직임에도 자주 쓰여. '동요(動搖)'는 흔들린다는 뜻인데, 대개 마음의 불안, 생각의 갈등 같은 내적 상태를 표현할 때 쓰여. 이처럼 움직일 동은 외적 움직임과 내적 움직임을 모두 포괄하는 폭넓은 의미를 가지고 있어.

🔍 하나 더 알아보기 동기화

같을 동(同)과 기약할 기(期)를 써서 '같은 시점에 맞추다'라는 뜻이야. 요즘 동기화는 IT 분야에서 흔하게 볼 수 있어. 휴대폰에서 찍은 사진이 노트북 사진 앱에 바로 나타나는 클라우드 동기화나 스마트 워치와 연동된 헬스 데이터 동기화가 대표적이지. 영상·회의에서 소리와 화면을 맞춰 입 모양과 음성이 어긋나지 않게 하는 것도 동기화의 예야. 한마디로 동기화는 시간적 일치를 강조하는 개념이라 할 수 있어.

🔍 한눈에 쏙! 개념 정리

항목	한가지 동(同)	움직일 동(動)
이미지	큰 테두리 안(冂)에 한 일(一) → 다른 것들을 하나로 묶음	무거운 짐(重)을 힘(力)으로 옮김
개념 정의	서로 다른 것들이 '같아짐', 더 나아가 '함께함'	힘에 의해 움직임 또는 변화가 생김
수능 문맥	동의, 공동체, 동화, 동일시, 물아일체	능동·피동·주동·사동, 동기, 동요
독해 전략	'같다 → 함께하다 → 하나 되다'라는 의미 확장에 주목하기	단순한 외적 움직임뿐 아니라 심리·추상적 변화까지 포괄하는 의미에 주목하기

참 진(眞)
VS
나아갈 진(進)

참 진(眞)

'참 진(眞)'은 위에는 눈 목(目)이, 아래에는 여덟 팔(八)이 있어. 여덟 팔의 모양을 보면 마치 양쪽으로 나뉘는 커튼처럼 생겼지. 대상을 겉모습만 보고 지나치는 것이 아니라 가려져 있던 것을 걷어 내고 본모습을 본다는 뜻이 담겨 있는 글자야. 그래서 참 진(眞)이 들어간 단어들은 감추어져 있던 걸 밝혀낸다는 뜻이 많아.

〔2025 수능〕 승상은 '사연'의 **진상**을 밝히는 데에 왕비가 '그놈'의 행위를 알게 된 경위가 중요하다고 생각했겠군.

〔2023 6월〕 상서는 남의 말의 **진위**를 직접 확인하여 판단한다.

● **상서**
장관급에 해당하는 고위 관직.

'참 진'은 '진상(眞相)'이라는 단어로 문제에 자주 출제돼. 진상은 사물이나 현상의 거짓 없는 모습이나 내용을 뜻하는 말로, '진상을 밝히다'처럼 쓰여. 소설에서 주인공에게 억울한 일이 생겼을 때, 결말 직전에 사건의 진상을 알게 되며 오해가 풀리는 장면이 그 전형이지.

'진위'는 참 진에 거짓 위(僞)를 써서 반의어끼리 결합한 단어야. 진짜인지 가짜인지 판별한다고 할 때 진위를 가린다고 하지. 두 번째 지문에서 남의 말의 진위를 직접 확인한다는 건, 상서가 남의 말만 듣고 믿는 것이 아닌 직접 확인하는 신중함을 지닌 인물이라는 것을 보여 줘. 또 「옹고집전」처럼 '진짜와 가짜'가 서로 자신이 진짜라고 다투는 소설을 진가쟁주형 소설이라고 불러. 참(眞)과 거짓(假)이 주인 자리를 두고 다투는 이야기라는 뜻이야.

● **진가쟁주**
참 진(眞)＋거짓 가(假)＋다툴 쟁(爭)＋주인 주(主). 진짜와 가짜가 자신이 주인이라고 다투는 이야기.

〔2021 6월〕황만근의 팔이 토끼의 털에 묻히는가 싶더니 진공청소기에 빨려 드는 파리처럼 쑤욱 안으로 빨려 들어가는 것이었다.

진공청소기의 '진공'도 참 진에 빌 공(空)을 써. '참으로 빈 것, 완전히 텅 빈 상태'라는 뜻이야. '진가가 드러나다', '진면목을 보다'에서도 대상의 참된 모습이 드러났다는 뜻으로 참진을 써. 이렇게 참 진은 감추어져 있던 걸 밝혀낼 때, 참된 상태를 드러낼 때 사용해.

나아갈 진(進)

'나아갈 진(進)'은 쉬엄쉬엄 갈 착(辶) 위에 새 추(隹)를 써서 길 위를 새처럼 힘차게 앞으로 나아간다는 뜻으로 '앞으로 가다', '발전하다'는 의미로 쓰여. 정치계를 보수와 진보로 나누는 것도 마찬가지야. 보수(保守)가 지킬 보(保)에 지킬 수(守)를 써서 기존 제도·가치·전통을 유지하고 안정성을 중시하는 태도라면, 진보(進步)는 나아갈 진(進)에 걸음 보(步)를 써서 더 나아지기 위해 변화하자, 앞으로 나아가자라는 입장이야. 맞다 틀리다로 판단할 수 없는 입장 차이기 때문에 사회 안에서는 늘 토론과 논쟁이 이어지곤 해.

〔2022 9월〕 독점적 경쟁 시장에 **진입**하는 신규 판매자도 상품의 차별성
을 강조함으로써 독점적 지위를 확보하고자 광고를 빈번하게
이용한다.

'진입'은 나아갈 진에 들 입(入)을 써서 '안쪽으로 나아간다', '들어간다'
는 뜻으로, '시장 진입', '순위권 진입'처럼 쓰여. '시장 진입'은 새로운 기업
이나 제품이 기존 시장에 들어와 경쟁을 시작하는 것을 말해. 그런데 소수
의 판매자만이 물건을 판매하는 독점적 경쟁 시장에는 새로운 기업이 진
입하기가 어렵지. 지문에서는 광고를 이용하여 신규 판매자가 시장에서 지
위를 확보하려 한다는 내용이야.

〔2025 수능〕 그는 생존과 편리 **증진**을 위해 과학 연구가 시급하지만, 가치
관 정립과 인격 수양을 위해 철학 또한 필수적이라고 보았다.

더할 증(增)을 쓰는 '증진'은 앞으로 나아갈 때 기운이나 세력 따위가 점
점 더 늘어 간다는 뜻이야. 체력 증진은 '체력이 강해진다', 편리 증진은
'더욱 편하고 쉬워진다'는 뜻이지. 재촉할 촉(促)을 쓰는 '**촉진**'은 빠르게 진
행되게 한다는 뜻이야. 과학 지문에서 '효소가 화학 반응을 촉진한다'라
는 표현을 본 적이 있을 거야. 이렇게 나아갈 진은 '앞으로 나아감', '다음
단계로 나아감'의 뜻으로 개인의 성장이나 사회·과학의 발전을 설명하는
맥락으로 시험에 자주 나와.

🔍 하나 더 알아보기 사실 vs 진실

사실과 진실은 전달하고자 하는 바가 달라. 일 사(事)에 열매 실(實)을 쓰는 '사실'은 있는 그대로 일어난 사건을 전달하고자 하는 객관적 태도를 중시하지. 반면 참 진(眞)을 쓰는 진실은 있는 그대로의 사건이 아닌 그 너머에 있는 본질적인 이야기를 하고자 하는 거야. 만약 A가 B를 때리는 사건이 일어났다고 할 때, 사실은 'A가 B에게 신체적 폭력을 가했다'라고 서술하는 거야. 반면 진실은 'B가 오랫동안 A의 약점을 이용하여 괴롭혀 왔다. A는 괴롭힘을 참지 못해 반격을 가했다'처럼 사건 그 너머에 있는 근본적인 이야기를 하는 거지.

🔍 한눈에 쏙! 개념 정리

항목	참 진(眞)	나아갈 진(進)
이미지	가려진 커튼이 열리며 드러나는 본모습	새가 길 위를 힘차게 앞으로 날아가는 모습
개념 정의	거짓 없이 드러난 참된 상태	앞으로 나아가고 발전하는 상태
수능 문맥	사건의 진상, 말의 진위, 진공(참으로 빈 상태)	진로 선택, 체력 증진, 과학 기술 촉진 등 성장·발전의 맥락
독해 전략	'진상, 진위, 진가'처럼 감추어진 걸 밝혀내는 맥락에 주목하기	'진로, 증진, 촉진'처럼 앞으로 나아가며 변화하는 맥락에 주목하기

굳을 고(固)
vs
쓸 고(苦)

굳을 고(固)

'굳을 고(固)'는 사방이 막혀 있는 큰 틀을 뜻하는 에워쌀 위(口) 안에 옛 고 (古)가 들어가 있는 모양이야. 예전부터 해 오던 그대로 변함이 없다는 뜻 이지. 그래서 고체처럼 형태가 단단히 유지되는 물질 상태나 응고(액체→고 체)처럼 물리적 변화를 말할 때 쓰여. 사람의 태도에 쓰여서 완고(完固)처럼 쉽게 바뀌지 않는 성향을 가리키기도 해. 이렇게 굳을 고는 구체적인 물질 의 상태에도, 눈에 보이지 않는 추상적인 대상에도 모두 쓸 수 있어.

굳을 고에 정할 정(定)까지 쓰는 '고정'은 변하지 않는 속성을 강조하는 역할로 '고정 관념', '고정 비용' 등의 개념을 만들어. '고정 관념'은 틀에 박 힌 사고를 뜻하고, '고정 비용'은 매출액과 관련 없이 항상 똑같이 나가는 임대료, 직원 월급 등을 말해. 반대 개념으로는 매출액에 따라 변하는 재 료비 등의 '변동 비용'이 있어.

〔2024 수능〕 우리 고유의 방식으로 제작된 전통 한지는 세계적으로 주목 받는 문화유산이다.

있을 유(有)를 쓰는 '고유(固有)'는 그 대상이 본래부터 지닌 특성을 말해. 지문에서 '고유의 방식'이라 함은 다른 나라에서는 찾아보기 힘든 우리나라만의 방식이라는 뜻이야. 고유의 문화, 방식 등은 유일한 것이기 때문에 보존의 가치가 높은 중요한 대상이지.

고유어는 우리 조상들이 스스로 만들어 쓴 말로, 흔히 '순우리말'이라고 하는데, '하늘, 바람, 사랑' 등이 이에 해당해. 또한 고유 명사는 특정한 하나의 존재만을 가리키는 이름으로, '김주혜', '서울' 같은 경우가 대표적이야. 이에 비해 '사람, 도시'는 여러 대상을 가리키는 보통 명사에 속해.

〔2022 6월〕 그는 군주를 경계하는 적절한 방법을 찾고자 재이론을 고수하였다.

● 군주
임금 군(君)+임금 주(主). 나라의 왕, 임금.

● 재이론
재앙 재(災)+다를 이(異)+논할 론(論). 사람이 잘못을 저지르면 하늘에서 재앙과 같은 평소와 다른 일로 벌을 준다는 것.

고수는 지킬 수(守)를 써서 '굳게 지켜서 바꾸지 않는다'는 뜻이야. 논쟁에서 끝까지 자기 뜻을 고수하는 사람이 있는가 하면, '절충(折衷)'처럼 자기 생각을 꺾고 상대와 타협하는 사람도 있지. 두 개념은 시험에서 자주 대비되니 꼭 알아 둬야 해.

쓸 고(苦)

옛 고(古)에 풀 초(艹)를 더해 만든 것이 바로 쓸 고(苦)인데, 오래된 풀의 쓴맛에서 괴로움으로까지 의미가 확장된 거야. 약초나 한약재 대부분이 쓴맛을 지닌다는 사실도 이 뜻을 굳혀 줬어. 그래서 고(苦)는 처음에는 단순히 맛을 뜻했지만, 지금은 고통, 고생, 고난처럼 추상적인 힘듦까지 나타내. 쓴 풀을 먹는 것처럼 괴로운 상황을 표현하는 거야.

〔2025 수능〕 금연이 흉계를 꾸민 일과 월매가 당하던 **고초**를 낱낱이 아
뢰었다.

〔2024 수능〕 신하들의 **고충**을 헤아리는 임금의 배려에 감격한 마음이 드
러난다.

〔2023 9월〕 '구월'은 화자의 **고뇌**가 심화되는 시간으로 볼 수 있다.

고전 문학 지문에서는 고생 대신 고초(苦楚)가 자주 쓰여. 여기서 '초(楚)'
는 회초리를 뜻하는데, 풀의 쓴맛과 매질의 아픔이 동시에 겹쳐져 있지. 또
고충(苦衷)은 속마음 충(衷)을 써서 남이 알아주지 못하는 어려움, 고뇌(苦
惱)는 깊은 마음의 괴로움을 뜻해. 이처럼 쓸 고는 쓴맛에서 삶의 시련으
로 확장된 보편 개념이라 할 수 있어.

🔍 하나 더 알아보기 고소 vs 조소

웃음 소(笑)가 들어간 어휘 중, 고소(苦笑)와 조소(嘲笑)의 의미가 조금 헷갈
려. 이때 쓸 고의 의미를 기억하면 이해가 쉬워지지. 고소는 괴롭거나 난처
한 상황에서 어쩔 수 없이 짓는 쓸쓸한 웃음이야. 시험에서 '모두 고르시
오'라는 문제의 답을 하나만 골라서 틀린 경우, 허탈함이 느껴지며 웃음이
나오는 게 바로 고소야. 반면 비웃을 조를 쓰는 조소는 빈정거리며 웃는 거
야. 누군가의 실수를 보면서 깔보듯 웃는 거지. '내가 괴로워서 짓는 웃음'
과 '남을 비웃는 웃음'처럼 정서의 방향이 달라서, 화자의 태도·관계를 파
악할 때 결정적인 단서가 되기도 해.

🔍 한눈에 쏙! 개념 정리

항목	굳을 고(固)	쓸 고(苦)
이미지	사방이 막힌 틀 안에 갇힌 것 → 변하지 않음	풀이 오래되어 난 쓴맛 → 괴로움으로 확장
개념 정의	형태나 태도가 굳어 변하지 않는 상태	쓴맛에서 출발해 고통·고생·괴로움을 뜻함
수능 문맥	고체, 응고, 완고, 고정 비용, 고유, 고수 등	고초, 고충, 고뇌, 고락 등 시험에서 자주 출제됨
독해 전략	변하지 않는 성질, 보존·지속의 의미에 주목하기	쓴맛 → 괴로움으로 확장된 비유적 의미에 주목하기

근원 원(源, 原)
VS
원할 원(願)

같은 뜻이지만 氵이 있는 源은 물줄기·자원·에너지처럼 구체적·자연적 근원을 뜻하고, 氵이 없는 原은 원인·원리·병원체처럼 추상적·논리적 근원을 뜻함.

근원 원(源, 原)

'근원 원(源)'은 물을 뜻하는 삼수변(氵)에 언덕 원(厂)과 샘 원(泉)의 조합으로 이루어진 단어야. 물이 언덕을 타고 흘러내릴 때의 물의 시작점을 뜻하지. 그래서 근원 원(源)자가 들어간 단어는 모두 **출발점**이라는 의미를 가져. **수원(水源)**은 물이 흘러나오기 시작하는 지점, **광원(光源)**은 빛이 나오는 지점, **전원(電源)**은 전류의 시작점이지. 특히 비문학의 기술 지문에서 그림이 주어질 때, 이 수원, 광원, 전원 같은 출발점을 먼저 찾으면 기계의 작동 방식을 쉽게 파악할 수 있어. 또한 모든 경제적 가치의 출발점은 재물 자(資)를 써서 **자원(資源)**이라고 해.

〔2023 수능〕 유서의 **기원**에 대한 다양한 학설을 검토하였다.
〔2021 수능〕 이용악과 이시영의 시 세계에서 고향은 창작의 **원천**이 되는 공간이다.

모든 대상에 통용될 수 있는 시작점을 뜻하는 단어는 '기원'이야. 인간의 시작은 '인류의 기원', 정치의 시작은 '정치의 기원'이라 하지. 구체적인 시기를 말하는 '기원'과 달리 '원천'은 더 추상적인 의미로 쓰여. 시 쓰기에서 고향이 '창작의 원천'이라는 말은 '고향에서의 경험이 시를 쓸 때 큰 힘이 되었다'라는 뜻이지. 원천은 샘 천(泉)의 의미와 결합하여 샘물이 끝없이 솟아나는 이미지라서, '끝없이 흘러나오는 힘'이라는 뉘앙스가 강해.

〔2021 9월〕 질병을 유발하는 **병원체**에는 세균, 진균, 바이러스 등이 있다.

병원체(病原體)는 병원(病院)과 헷갈리기 쉬워. 여기서 원은 근원 원(原)으로, '병의 원인'이라는 뜻이야. 비슷하게 **감염원**은 감염의 원인, **오염원**은 오염의 원인을 말해. 즉, '源'은 눈에 보이는 출발점, '原'은 눈에 보이지 않는 원인에 자주 쓰인다고 정리할 수 있어.

원할 원(願)

'원할 원(願)'은 언덕 원(厂)에 샘 원(泉)까지는 근원 원과 같지만 頁(머리 혈)이 더해져 있어. **내 머릿속의 시작점**이라는 뜻으로, 사람 마음속의 시작점, 곧 바람(소망)을 뜻해. 그래서 이루어지길 바라는 '**소원**', 기도하듯 간절히 바라는 '**기원**', 오랫동안 바라 온 '**숙원**', 다른 사람의 복을 비는 '**축원**'처럼 원할 원이 들어간 단어는 모두 사람의 마음과 연결돼.

〔2022 수능〕 만세 후에도 부자지정을 바라는 태보의 **염원**을 편지로 제시하여, 태보가 죽음에 이른 상황에서조차 부모에 대한 윤리적 책임을 다하려 한 인물임을 보여 준다.

강렬하고 간절한 바람은 생각 념(念)을 써서 염원이라고 해. 생각을 되뇌일 정도로 간절하다는 뜻이지. 지문의 태보는 죽음을 앞두고도 부모님과 다시 만나 정을 나누고 싶다는 간절한 바람을 편지에 담았어. 이렇게 인물의 염원을 보면 그 인물이 가진 가치관과 인간다움을 읽을 수 있어.

〔2026 9월〕 네 구태여 **자원**하여 죽으려 함은 어찜이뇨. 달리 말고 가지 말라.

'자원봉사'의 자원(自願)도 여기서 나온 말이야. '스스로(自) 원해서(願)' 하는 봉사라는 뜻이지. 지문에서는 아들이 사람이 죽어가는 곳으로 스스로 가겠다고 하자 어머니가 말리는 장면이야. 이처럼 원할 원은 사람의 '의지'와 '마음의 방향'을 보여 주는 글자야.

🔍 하나 더 알아보기 **원형적 상징**

근원 원(原)에 모양 형(型)을 쓰는 원형적 상징은 사람이라면 누구나 비슷하게 느끼는 근원적 상징을 말해. 예를 들어, '밝음'은 희망과 생명, '어둠'은 두려움과 슬픔을 떠올리게 하지? 나라나 시대, 나이와 상관없이 대부분의 사람이 같은 의미로 받아들이는 상징을 '원형적 상징', 즉 인간이 본능적으로 공감하는 상징이라고 해. 하지만 모든 작품이 이런 보편적인 상징만 사용하는 건 아니야. 어떤 시인은 '어둠'을 오히려 평화롭고 편안한 느낌으로 표현하기도 해. 이렇게 일반적인 의미에서 벗어나 작가가 자신만의 해석으로 사용하는 상징을 '창조적 상징'이라고 불러.

🔍 한눈에 쏙! 개념 정리

항목	근원 원(源, 原)	원할 원(願)
이미지	샘에서 흘러나오는 물·시작점, 원인	머릿속에서 솟아난 마음·바람, 소망
개념 정의	구체적 근원(源), 추상적 원인·근본(原)	마음속의 소망, 간절한 바람
수능 문맥	인류의 기원, 창작의 원천, 병원체, 오염원	소원, 기원, 숙원, 염원, 자원봉사
독해 전략	'어디서 비롯되었는가'의 근거·출발점을 확인하기	무엇을 간절하게 바라는지 확인하기

빛 광(光)
VS
넓을 광(廣)

빛 광(光)

'빛 광(光)'은 어진 사람 인(儿)과 불 화(火)가 결합한 글자로, 사람이 불을 들고 있는 모습을 나타내. 불빛의 밝음을 드러내는 글자지. 섬광(閃光)은 순간적으로 강렬하게 번쩍하는 빛을 말해. 번개나 카메라 플래시처럼 짧지만 눈부신 빛이 여기에 해당하지. 서광(瑞光)은 고전 문학에서 상서로운 빛이라는 의미로, 신비롭고 복된 일이 있을 징조로 해석해. 빛 광이 들어가는 의외의 단어는 관광(觀光)이야. 단순히 여행이 아니라, '빛나는 것들을 보다', 즉 눈으로 감상할 만한 아름다운 풍경이나 문화적 장관을 구경하는 행위를 가리키지. 이렇게 광(光)은 실제 빛뿐 아니라 시각적으로 인지되는 모든 대상에도 확장되어 쓰여.

〔2023 6월〕 역사 속에서 각광을 받았던 학문 분야들의 개별적 특징을 이해한 것이다.

'각광'은 다리 각(脚)을 써서 무대에서 주인공을 돋보이게 하려고 다리 밑에 조명을 설치해 위로 비추는 데서 비롯한 단어야. 그래서 '각광받다'라는 표현은 곧 '주목받다', '스포트라이트를 받다'라는 뜻이 된 거야. 흥미로운 점은 이 표현이 항상 피동형으로만 쓰인다는 건데, 배우가 스스로 조명을 비출 수 없다는 걸 생각해 보면 이해하기 쉬워.

〔2022 수능〕 온갖 꽃들이 요란스럽게 일제히 터트려져 **광채**가 찬란하다.
〔2023 수능〕 그중에 한 방은 아예 전혀 **채광** 통풍조차도 되지 않았다.

비슷해 보이는 '광채(光彩)'와 '채광(採光)'도 사실은 전혀 달라. '광채'의 채 (彩)는 색채(色彩)의 채라서, 여러 가지 빛깔로 찬란하게 빛남을 말해. 반면 '채광'의 채(採)는 캘 채라서, 빛을 받아들이고 모은다는 뜻이야. 그래서 광 채는 외부로 드러나는 빛의 색깔, 채광은 내부로 받아들이는 빛으로 구분 할 수 있어.

넓을 광(廣)

'넓을 광(廣)'은 广(집 엄)에서 알 수 있듯이 집이나 건물 같은 공간을 나타내 는데, 오른쪽과 아래가 열려 있어서 사방이 막혀 있지 않은 **열린 공간**을 가리켜. 그래서 '**광장**'은 단순히 넓은 땅이 아니라, 트여 있는 공공의 공간 을 의미해. 반대말로는 닫힌 공간을 뜻하는 '밀실'을 떠올리면 돼.

넓을 광(廣)은 단순히 물리적 넓이만이 아니라 추상적·영향적 범위를 나 타내는 데도 쓰여. 대표적인 예가 **광역시(廣域市)**야. 면적만 보고 정한 게 아 니라, 도 단위를 아우르는 행정적 영향 범위가 크기 때문에 붙은 이름이지. '**광고(廣告)**'도 단순히 알린다는 의미를 넘어 사회 전반에 파급되는 영향력을 담고 있다는 걸 보여 줘. 또 흥미로운 예가 **광대**(廣大)야. 넓을 광과 큰 대를 써서 큰 가면이란 뜻으로 시작되었어. 넓은 공연장에서 멀리 있는 사람들도 가면의 모양을 볼 수 있게 큰 가면을 착용했거든. 그러다 점차 큰 가면을 쓰고 연기하는 사람을 뜻하는 말로 의미가 확장되었지.

〔2022 수능〕이 장치에서 사용하는 **광각** 카메라는 큰 시야각을 갖고 있어.

사람의 눈이 볼 수 있는 각도를 '시야각'이라고 하는 것처럼 카메라 렌즈가 담을 수 있는 범위도 각도로 설명해. 그중 '광각'은 같은 위치에서 더 넓은 각도까지 담아낼 수 있는 렌즈라는 뜻이야.

〔2023 수능〕**광범위**하게 정리한 지식을 식자층[•]이 쉽게 접할 수 있어야 한다고 생각했고, 객관적 사실 탐구를 중시하여 박물학과 자연 과학에 관심을 기울였다.

● **식자층**

알 식(識)+놈 자(者)+층 층(層). 지식이 있는 사람들의 집단.

'광범위'도 전문 분야만이 아닌 여러 분야를 아우르는 넓은 범위를 말해. 지문에서는 유학이라는 제한된 범위에서 벗어나, 새로운 지식을 포함하여 더 넓은 지식을 정리하여 보급해야 한다는 조선 후기 실학자들의 생각이 담겨 있는 부분이야.

🔍 하나 더 알아보기 광의 vs 협의

넓을 광은 추상적인 범위를 강조할 때도 쓰여. 대표적인 예가 광의(廣義)와 협의(狹義)야. 광의는 개념을 폭넓게 해석하는 것이고, 협의는 그 반대야. 예술을 광의로 보면 문학·음악·회화뿐 아니라 영화와 패션 같은 영역까지

다 포함할 수 있어. 하지만 협의로 보면 문학·음악·미술 같은 순수 예술에 국한되지. 실제 수능 지문에서도 '광의의 개념'과 '협의의 개념'이 자주 나오니까, 글을 읽을 때는 지금 문맥이 넓게 해석한 것인지 좁게 한정한 것인지 꼭 구분해야 해.

🔍 한눈에 쏙! 개념 정리

항목	빛 광(光)	넓을 광(廣)
이미지	불에서 갈라져 나온 시각적 밝음, 빛나는 현상	사방이 트인 공간, 넓은 범위와 영향력
개념 정의	불의 시각적 속성 → 빛, 광채, 조명	물리적 넓이+추상적 확장, 영향력의 범위
수능 문맥	섬광, 서광, 관광, 각광, 광채, 채광	광장, 광각 카메라, 광역시, 광고, 광대
독해 전략	'빛, 시각, 주목'과 관련된 맥락을 찾아 연결하기	'넓다, 범위, 영향력'이라는 함의를 문맥에서 확인하기

이름 명(名)
vs
목숨 명(命)

이름 명(名)

'이름 명(名)'은 저녁 석(夕)에 입 구(口)를 써. 저녁 무렵에 엄마가 '○○야 밥 먹어라' 하고 부르는 모습을 떠올리면 쉽게 기억할 수 있지. 이름은 나를 구분하기 위한 표지지만, 시간이 지날수록 나를 대신하는 분신이 돼. 그래서 유명(有名)은 단순히 '이름이 있다'가 아닌 사람들의 인식 속에 자리 잡은 이름을 말해. 이외에도 오명(汚名)은 더러운 오물을 뒤집어 쓴 것처럼 추락한 사회적 평판을 뜻해. 억울한 일로 받은 오해를 해결하는 걸 '오명을 씻다'라고 표현하기도 하지. 이렇게 이름은 나의 사회적 위치를 보여 줘. 추석, 설날 등의 명절(名節)도 이름 명을 쓰는데, '특별히 이름을 붙여 기념하는 시기'라는 뜻이야.

〔2025 6월〕 공명에는 분수가 있어서 학문으로 이룰 수 있는 것이 아니며

사회적으로 인정받고 출세할 때도 이름이 높아졌다고 표현해. 입신양명(立身揚名)은 '몸을 세우고 이름을 떨침'을 뜻하고, 공명(功名)은 '공을 세워 이름을 드높임'으로 세속적 영예를 가리켜. 그러니 '나는 공명에는 뜻이 없소'

라는 건 세속적 가치에서 멀어진 화자의 태도를 보여 주는 거야.

〔2022 수능〕 태보가 윤리적 **명분** 면에서 인정받은 도덕적 영웅임을 보여
주는군.

　정책이나 사회적 행위에서 사람들을 설득하는 이유도 이름 명(名)을 써서 명분(名分)이라고 해. 명분(名分)은 본래 신분·처지에 맞는 도리라는 뜻이지만, 현대에는 어떤 행위를 설득·정당화하는 이유나 구실로 널리 쓰여. 단순히 '게임 하고 싶어서'라고 하면 태블릿을 살 이유(명분)가 부족해. 하지만 '수능 국어 인강을 듣고 문해력을 기르기 위해서'라는 이유를 붙이면, 부모님을 설득할 아주 강력한 명분이 생기지. 같은 행동이라도 어떤 이름을 앞세우느냐에 따라 정당성이 달라지는 거야. 이렇게 명(名)은 개인 정체성 → 사회적 위상 → 앞세울 명분으로까지 의미가 확장되었어.

목숨 명(命)

'목숨 명(命)'은 하여금 령(令)에 입 구(口)를 써서 '입을 통해 남을 움직이게 한다'는 뜻에서 출발한 단어야. 그래서 처음에는 **명령**의 의미였지. 하지만 더 큰 차원에서는 **하늘의 명령**으로 확장되어, 곧 사람이 부여받은 **목숨**(생명)을 가리키게 되었어. 결국 명(命)은 '명령'과 '생명' 두 축으로 읽히는 글자야.

　고전 소설에 흔히 나오는 '**어명**'은 임금의 명령, '**황명**'은 황제의 명령을 뜻해. 그런데 '**천명**'이나 '**운명**'은 단순 명령이 아니라 하늘이 내린 삶의 길이라는 의미까지 함께 담아. 영웅소설에서 "천명은 거스를 수 없다"라는

표현이 나오는 것도 이 때문이야.

'**수명**'은 철저히 목숨으로 해석해. 병원에서 쓰는 '**연명** 치료'는 병을 치료해 살린다기보다 단순히 목숨을 연장한다는 의미지. 고전 소설에서 **잔명**(殘命)은 '가엾은 남은 목숨'을 의미하고, **치명**(致命)의 명(命)도 목숨 명을 써서 죽을 만큼 강력하다는 의미로 해석해.

〔2024 수능〕 전통 한지의 **명맥**이 끊어질까 염려하는 사람도 많다.

명(命)은 더 확장되어 문화와 전통에도 쓰여. 명맥(命脈)은 어떤 대상의 생명이 이어지는 맥락을 뜻하지. 위 지문은 문화의 생명력과 지속성을 가리키는 표현이야. 즉, 명(命)은 개체의 생명을 넘어 문화·기술의 생명선까지 아우르는 개념으로 확장될 수 있어.

〔2020 수능〕 우리는 종종 임의의 **명제**가 참인지 거짓인지 새롭게 알게 된다.

참, 거짓을 판별할 수 있는 대상인 명제도 목숨 명을 사용해. 마치 명령을 내리듯 대상의 참, 거짓을 규정한다는 의미를 갖지. 이렇게 목숨 명은 일상 생활부터 학문 분야까지 두루 쓰이며 심화 확장된 한자야.

◎ 하나 더 알아보기 **익명 vs 가명**

누가 보냈는지 알 수 없는 편지가 왔을 때 '익명의 편지가 도착했다'라고 하지? 숨길 닉(匿)에 이름 명(名)을 쓰는 '익명'은 신분을 감추기 위해 사용하는 명칭이야. 자신의 이름 대신 전혀 다른 이름을 쓰는 것은 물론이고 A씨,

B씨처럼 온전한 이름이 아니어도 감추는 역할을 할 수 있다면 익명이라고 할 수 있어.

'가명'은 거짓 가(假)에 이름 명(名)을 써서 본명이 아닌 가짜 이름을 말해. 가명은 단순히 이름을 감추는 것에서 더 나아가 다른 정체성을 드러낼 수도 있어. 인터넷 ID와 닉네임이 대표적인 예야. 현실의 이름은 '김주혜'지만, 인터넷에서 '문해력짱짱맨'이란 닉네임으로 활동하면 또 하나의 정체성이 생기는 거지. 가명은 익명과 달리 반복해서 사용할 수도 있어.

🔍 한눈에 쏙! 개념 정리

항목	이름 명(名)	목숨 명(命)
이미지	저녁에 불려지는 이름: 사회적 호칭	입을 통해 내리는 명령 → 하늘이 부여한 목숨
개념 정의	개인을 구분하고 사회적 위상과 명분을 드러내는 호칭	윗사람의 명령에서 확장되어, 하늘이 정한 생명·삶의 길을 의미
수능 문맥	유명, 오명, 명분, 공명: 이름을 통한 사회적 인정과 지위	천명, 운명, 수명, 명맥: 하늘이 부여한 목숨과 그 지속성, 피할 수 없는 삶의 길
독해 전략	'이름=사회적 위치, 명분'으로 읽으며 인물이나 정책의 정당성 해석하기	'명=명령+목숨'의 이중 의미를 고려해 개인과 사회·문화의 필연성 읽어 내기

받을 수(受)
VS
닦을 수(修)

받을 수(受)

'받을 수(受)'는 위에도 손톱이나 손 모양을 뜻하는 爫이 있고 아래에도 손 모양을 뜻하는 又이 있어. 누가 위에서 준 걸 아래에서 받는 모양이지. '수상'처럼 상을 손으로 직접 받는 구체적인 의미로도 쓰이고, 방법이나 생각을 받아들이는 '수용'처럼 추상적인 의미로도 쓰여. 또 힘든 상황을 겪는 '수난, 수모'처럼 상황이나 경험의 의미로도 해석할 수 있어.

〔2025 수능〕 시간 손실을 감수하고 비행기 대신 기차를 타자는 운동이 일어나게 된 배경
〔2022 수능〕 감수성 소유 여부를 새로운 기준으로 제시하는 것

위의 두 지문에서 감수는 똑같이 수(受)를 쓰는데 뜻이 완전히 달라. 손실을 '감수'하다의 감은 달달한 맛을 뜻하는 달 감(甘)이야. 힘든 상황도 달갑게 받아들인다는 거지. 반면 감수성은 느낄 감(感)을 써서 외부 사물을 감각으로 느껴 받아들인다는 뜻이야. 그래서 감수성이 풍부하다는 건 민감하게 반응하는 성향이라는 뜻이 되지.

〔2025 6월〕 일정 수량의 주식을 계약 시에 정한 가격으로 미래에 **매수**할 수 있도록 하는 스톡옵션의 권리를 경영자에게 부여하는 방식이 있다.

거래에서 '수'는 매수(買受)처럼 돈을 내고 물건을 받는 행위로 쓰여. 비슷한 매입(買入)은 물건 거래에만 쓰이지만, 매수는 사람의 마음까지 산다는 의미로 확장될 수 있어. 예를 들어, '적국의 관리를 매수하다'라는 표현이 그렇지. 비슷한 단어인 **인수**(引受)는 끌어당긴다는 뜻의 끌 인(引)을 써. 글자 그대로는 끌어서 받아들인다라는 의미야. 단순히 돈을 주고 '사는 행위'라기보다 책임이나 의무, 부담까지 끌어안아 떠맡는다는 뉘앙스를 담고 있어.

〔2020 수능〕 이식편과 **수혜자** 사이의 유전적 거리를 극복해야 한다.

'수혜'는 혜택을 받는다는 뜻으로 지문에서는 이식을 받는 사람을 '수혜자'로 칭하고 있어. 반대로 혜택을 주는 걸 '시혜'라고 하고, 서로가 혜택을 주고 받는 걸 상호 간에 혜택을 준다는 뜻으로 '호혜'라고 해.

닦을 수(修)

'닦을 수(修)'는 사람(亻)이 털(彡, 터럭 삼)을 다듬는 모양이야. 털을 가지런하게 다듬듯 몸과 마음을 곱게 다듬는다는 뜻이지. **'수리', '수정', '수선', '보수'** 모두 닦을 수를 써서 갈고닦아 더 나은 상태로 만든다는 의미가 있어. 또한 수양은 **'심신 수양', '인격 수양'**처럼 자기를 갈고닦음을 가리켜. 몸과 마음, 성품을 잘 다듬어 키운다는 뜻이지.

'수학여행'과 '수련회'에도 닦을 수가 들어가. 단순히 놀러 가는 것이 아니라 자신을 갈고닦기 위해 떠나는 여행인 거지. 우리가 흔히 부르는 수능(修能)에도 마찬가지로 닦을 수가 쓰여. 대학에 가서 학문을 스스로 닦아 낼 능력이 있는지를 평가한다는 의미야. 단순한 지식보다 문해력과 자기 학습 능력이 중요한 이유도 여기서 설명돼.

고교 학점제에는 '이수 학점'과 '이수 기간'이 있어. '이수'는 밟을 리(履)를 써서 단계를 밟아 순서대로 공부하는 걸 뜻해. 또 회사에 처음 입사하면 아직 업무를 시작하기 전에 필요한 내용을 배우는 수습 기간, 추가적인 연구와 학습을 하는 연수가 있지. 이때도 닦을 수를 써.

〔2024 수능〕 부사어로써 수식하는 문장 성분은 부사어, 관형어, 서술어 등이다.

'수식어'에도 수(修)가 들어가. 꾸밀 식(飾)을 써서 다른 말을 꾸며 주는 성분을 뜻하지. '빨리 가다'에서 '빨리'가 '가다'를 꾸며 주어 더 구체적인 의미를 드러낼 수 있게 해 주었으니 '수식하다'라고 하는 거야. 이때 꾸밈을 받는 '가다'는 당할 피(被)를 써서 '피수식어'라고 해. 다른 말로 '수사적'이다라고 할 수도 있어.

🔍 하나 더 알아보기 수업 vs 수학

"오늘 1교시 수업 뭐야?"라고 할 때 수업은 두 가지 한자를 사용해. 받을 수(受)의 수업도 가능하고 줄 수(授)의 수업도 가능하지. 선생님의 입장에서는 지식을 전달해 주는 거니 줄 수가 자연스럽고, 학생 입장에서는 가르침을 받으니 받을 수가 어울려. 어떤 수를 사용하든 수업은 지식을 주고 받는다의 의미를 지니고 있어. 대학수학능력시험의 수학은 닦을 수(修)를 사용한다고 했지? 그러니 공부할 때는 지식을 전달 받는 수업 이후에 스스로 능동적으로 갈고 닦는 수학의 단계로 나아가야 한다는 걸 기억해야 해.

🔍 한눈에 쏙! 개념 정리

항목	받을 수(受)	닦을 수(修)
이미지	위에서 내려 준 걸 손으로 받는 모습	사람이 털을 가지런히 다듬는 모습
개념 정의	외부로부터 주어진 것을 받거나 받아들이는 행위	스스로 갈고 닦으며 몸·마음을 다듬고 학문을 완성하는 행위
수능 문맥	감수(甘受, 感受), 수난, 매수, 인수: 상황·사상·대상·책임을 받아들이는 맥락	수양, 수능, 수식: 자기 성품을 다듬거나, 언어·학문을 갈고닦는 맥락
독해 전략	'받는다'라는 수동적 의미에서 출발해 무엇을 받아들였는지에 주목하기	'닦는다'라는 능동적 의미를 기억하고, 자기 성장·꾸밈의 맥락 읽어 내기

서로 상(相)
VS
생각 상(想)

서로 상(相)

'서로 상(相)'은 눈 목(目)과 나무 목(木)의 결합으로 사람이 나무를 바라보는 모양에서 온 글자야. 그저 눈으로 바라보고 끝나는 것이 아닌 자세히 살펴보며 관계를 맺는다는 뜻으로 확장됐지. 그래서 서로 상(相)은 대상 간의 다양한 관계를 표현하는 단어를 만들어. 예를 들어, '상보'는 서로 보완해 주는, '상반'은 서로 반대되는, '상충'은 서로 충돌하는 관계를 말하지.

요즘 비문학에서 떠오르는 단어는 '상생'이야. 산업혁명 이후 인간과 자연의 관계가 착취 중심이었다면, 이제는 인간과 자연, 기업과 지역 사회가 함께 이익을 주고받는 공존 구조를 지향한다는 의미가 있어.

〔2021 6월〕 이 힘이 렌즈를 이동시켜 흔들림에 의한 영향이 상쇄되고 피사체의 상이 유지된다.

왼쪽에서 바람이 불어 몸이 기울 때 오른쪽에서 같은 힘의 바람이 불면 바람의 힘이 사라져. 이렇게 상반된 힘이 서로 영향을 주어 효과가 없어지는 것을 상쇄(相殺)라고 해. 단순히 세기가 줄어든다는 의미인 '감쇄'보다 더 구체적으로, 반대 힘의 작용으로 인해 영향이 없어지는 것을 의미하는 거야.

〔2025 수능〕 정을선전은 모략*을 중심으로 사건이 전개되므로 인물 간 소통 **양상**을 파악하는 것이 중요하다.

〔2025 수능〕 사람들과의 관계 속에서 드러나는 고유한 존재로서의 **위상**을 뜻하는 자기 정체성이 가상 공간에서 다양하게 나타난다.

● 모략

꾀할 모(謀)+다스릴 략(略). 꾀를 내어 만들어 낸 방법. 고전 소설에서는 부정적 의미로 더 자주 출제됨.

'소통 양상'은 인물들이 어떤 방식으로 정보를 주고받는지를 말해. 첫 번째 지문에서는 악인이 꾸민 계략이 밝혀지는 과정에서 주인공이 어떻게 알게 되었는지가 중요하다는 이야기를 하는 거야.

자리 위(位)를 쓰는 '위상'은 대상이 지니는 관계 속 위치를 말해. "한류 열풍으로 한국의 문화적 위상이 높아졌다"라는 말은 한국 문화의 힘으로 세계에서의 한국의 평가가 높아졌다는 뜻이야.

생각 상(想)

'생각 상(想)'은 서로 상(相) 밑에 마음 심(心)이 있어. 즉, 관계를 맺은 대상이 마음속에서 다시 떠오르는 것, 그것이 '생각'이야. 그래서 생각 상이 들어간 단어들은 모두 '대상을 마음속에서 그려 보는 행위'를 담고 있어. 미래를 예측하는 **예상**(豫想), 비현실적인 **환상**(幻想), 근거 없는 **망상**(妄想) 모두 마찬가지야.

〔2025 수능〕 **사상**이나 철학이 과학의 방법을 이용하지 않으면 **공상**(空想)에 그칠 뿐이라고 주장한다.

〔2025 수능〕 그는 눈만 뜨면 사라져 없어진 배꼽 때문에 기분이 허전했고, 그러면 그 허망감을 쫓기 위해 배꼽에 관한 끝없는 **상념**들을 쌓기 시작했다.

'사상'과 '상념'은 생각이라는 점은 같지만 구체적으로 가리키는 바는 달라. 사상은 이성적·체계적인 생각의 틀을 말해. 그래서 '사상가'는 인간, 사회에 대한 깊은 뜻을 가지고 큰 틀을 만든 철학자들을 말하는 거야.

첫 번째 지문에서는 과학적 방법이 빠진 사상이나 철학은 비어 있는 생각, 즉 '공상'이 된다고 경고하고 있어. 반면 상념은 주관적 감정이 섞인 생각이야. 일반적인 생각과는 달리 깊이 있는 생각을 말해서 사람이 골똘히 한 가지를 깊게 생각하면 '상념에 빠졌다'라고 표현하지. 두 번째 지문에서는 배꼽이 사라진 인물이 속상한 마음에 배꼽에 대한 깊은 생각에 빠졌다는 뜻이야.

〔2024 수능〕 인물의 **회상**을 통해 인물 간 갈등의 원인을 암시하고 있다.

〔2023 수능〕 동아리 활동 계획을 **상기**할 수 있도록 비평 활동 결과의 제출 기한을 제시하였군.

회상(回想)과 상기(想起)는 모두 옛일을 떠올린다는 공통점이 있지만, 감정의 유무와 맥락이 달라. '회상'은 감정이 섞인 돌이켜보는 것으로 문학 작품에서 자주 등장해. 반면 '상기'는 단순히 기억을 다시 떠올리는 것으로, 주로 설명문이나 안내문 등 비문학에서 자주 보여.

🔍 하나 더 알아보기 공생 vs 상생

공생(共生)과 상생(相生)은 비슷해 보여도 관점이 달라. 함께 공(共)을 쓰는 '공생'은 서로 함께 살아가는 상태야. 사람과 동물처럼 서로 다른 존재들이 같은 공간에서 공존할 때 쓸 수 있지. 반면 서로 상(相)을 쓰는 상생은 한 단계 더 발전한 개념으로, 서로 이익을 주고받으며 함께 성장하는 것을 뜻해. 예를 들어, 기업과 지역 사회가 함께 발전하면 상생 구조, 그저 공존만 하면 공생 구조야. 즉, 공생이 '같이 있음'이라면 상생은 '함께 이로움'이지.

🔍 한눈에 쏙! 개념 정리

항목	서로 상(相)	생각 상(想)
이미지	서로를 바라보며 관계를 맺는 눈	관계를 마음속에 담아 되새기는 마음
개념 정의	대상을 마주 보며 관계를 형성하거나 드러내는 것	대상을 마음속에 떠올려 생각으로 확장하는 것
수능 문맥	상쇄(힘의 균형), 소통 양상, 위상, 상생 등 관계 중심의 개념	사상(이성적 사유), 상념(감정적 사유), 회상·상기 등 내면 중심의 개념
독해 전략	관계·위치·양상 등 외적 관계 구조 파악하기	내적 사고·감정·사유의 방향성 파악하기

7장

한 글자로
정반대의 뜻이 되는
반의어

안 내(內)
vs
바깥 외(外)

안 내(內)

'안 내(內)'는 울타리 모양의 경계선(冂)에 들 입(入)을 써. 구분된 경계(冂) 안으로 무엇인가 들어가는 모양이야. 경계의 안쪽이라는 의미를 갖지. '안'은 단순히 구체적인 공간을 뜻할 뿐 아니라, 보이지 않는 마음의 상태나 정신적인 영역도 의미해. 예전에는 여성은 집 안 살림, 남성은 집 밖의 일을 주로 했기 때문에 여성과 관련된 단어에 붙는 경우가 많아. 여성이 거처하는 방을 '내당' 또는 '내방'이라고 하는 것도 같은 원리야. '내외'는 각각 여성과 남성을 뜻하여 부부라는 의미로 사용해. '내외하다'는 남녀의 차이를 인식하고 거리를 둔다는 뜻으로 해석하지.

〔2025 수능〕 '마음의 무덤'은 화자의 심적 상태를 형상화한 서술로서, 상실의 고통을 안고 생을 살아 내야 하는 화자의 내면을 비유한 표현이겠군.

사람의 내면은 순간적인 감정부터 생각, 가치관까지 모두 포괄하는 표현이야. 지문의 '마음의 무덤'은 죽음을 뜻하는 '무덤'이 마음 속에 있다는 뜻으로 내면의 어두움, 상실감 등을 나타내지. 또 내면의 아름다움은 맥락에 따라 순수함, 정의로움, 지조와 절개 등 사람의 머리와 마음에서 일어나는 모든 것을 뜻할 수 있어.

〔2025 수능〕 노이즈 예측기 **내부**의 이러한 수치들을 잠재 표현이라고 한다. 노이즈 예측기는 잠재 표현을 구하고 노이즈를 예측하는 방식을 학습한다.

● 잠재
잠수할 잠(潛)+있을 재(在). 잠수해 있는 것처럼 보이지 않게 존재하는 것.

지문에서 예측기 '내부'는 단순히 기계의 안쪽 부분이 아니야. 외부에서 유입된 데이터가 아니라 기계 스스로 만들어 낸 정보라는 점을 강조하는 표현이지. 기술 지문에서 외부에서 들어온 정보인지 기계 스스로 만들어 낸 정보인지 구분할 때 유용한 관점이야.

바깥 외(外)

'바깥 외(外)'는 저녁 석(夕)과 점 복(卜)로 이루어져 있어. 점을 친다는 건 보이지 않는 미래나 속사정을 겉으로 드러내 보이게 하는 행위지. 거북이 등껍질을 태워 모양을 읽거나, 깃발을 뽑거나, 쌀알을 흩뿌려서 '안 보이던 것(내부·미래)을 밖으로 드러내는 것'이 바로 卜(점 복)의 의미야. 그래서 '외(外)'라는 글자는 단순히 바깥쪽을 뜻하는 공간 개념을 넘어서, 겉으로 드러나는 모습·가시적인 부분까지 포함한다고 볼 수 있어.

병원의 **내과·외과** 구분도 같은 원리야. 눈으로 보이지 않는 장기(심장, 간, 위)를 다루는 곳은 내과, 눈으로 보이는 바깥쪽(피부, 근육, 뼈)을 다루는 곳은

● 가시
가능할 가(可)+볼 시(視). 눈으로 볼 수 있는 것.

외과야. 즉 외(外)는 '바깥'과 '겉'으로 드러나는 부분이라는 의미를 함께 갖고 있어.

〔2024 수능〕 **외면**의 변화를 통해 **내면**의 불안을 감추려 한다.

머리를 자르거나, 살이 빠지는 것은 겉으로 보이는 외양, 즉 외면의 변화야. 우리는 종종 친구의 외면 변화를 보고 친구의 마음을 추론하기도 해. 이렇게 외면과 내면은 늘 짝꿍처럼 붙어 다녀. 슬퍼서 머리를 자르는 것처럼 내면의 변화가 외면으로 나타날 수도 있고, 살이 빠져서 기분이 좋다처럼 외면의 변화가 내면의 변화를 불러오기도 해.

〔2023 수능〕 풍경을 관조적으로 응시하는 시선으로 중심 제재의 **외적** 아름다움을 표현하고 있다.

〔2021 수능〕 고요함은 소리나 움직임이 없이 잠잠한 상태인 **외적** 고요와 마음이 평온한 상태인 **내적** 고요로 구분할 수도 있다.

동양 문화권에서는 외적 대상과 내적 대상을 구분하려 해. 그리고 외적인 것보다 내적인 것의 가치를 더 높게 치지. 예를 들어, 사대부들은 국화의 외적 아름다움보다 서리가 내린 추위에도 피어 있는 내적 아름다움을 더 예찬했어. 마찬가지로 물리적 소리가 없는 외적 고요보다 마음에 시끄러운 소리가 없는 내적 고요를 중시했지. 이런 관습은 고전 문학을 해석하는 데 일관되게 적용할 수 있어.

무서운 인상을 가진 사람이 동물이나 사람에게 한없이 친절한 모습을 보고 흔히 '반전 매력'이 있다고 하지? 이처럼 사람은 외면과 내면이 다를 때 강한 매력을 느껴. 전통 사회에서는 겉은 유약해 보이지만 속은 단단한 사람을 멋진 사람이라고 생각해. 그걸 외유내강(外柔內剛)이라고 하지.

비슷한 말로 표리부동(表裏不同)이 있어. 이것도 겉과 속이 다르다는 뜻이지만 의도하는 바는 정반대야. 고전 문학에서는 보통 겉은 선하지만 속은 악한 경우에 쓰는 말이지. 외유내강이 자연스럽게 묻어나는 인품의 반전 매력이라면, 표리부동은 악한 목적으로 인위적인 가면을 쓴 위선적인 경우를 말해.

🔍 **한눈에 쏙! 개념 정리**

항목	안 내 (內)	바깥 외 (外)
이미지	• 울타리 안으로 들어감 • 보이지 않는 마음속	• 경계 밖으로 드러남 • 눈에 보이는 외형
개념 정의	안쪽, 내부 공간 또는 정신적 영역	바깥, 외부 공간 또는 겉으로 드러난 모습
수능 문맥	기계 내부, 화자의 내면, 정신적 갈등 등	외면의 변화, 외적 아름다움, 겉모습을 통한 유추
독해 전략	'보이지 않는 것', '정신', '내부' 등 추상적 맥락에 주목하기	'드러나는 것', '겉모습', '외부의 변화' 등 가시적 표현에 주목하기

나갈 출(出)
VS
들 입(入)

나갈 출(出)

'나갈 출(出)'은 산(山)이 위로 쌓여 있는 모양으로, 산봉우리가 땅에서 솟아난 모습에서 만들어진 글자야. 그래서 '툭 튀어나오다', '안에서 밖으로 나가다'를 뜻하지. '**출구**'는 밖으로 나가는 문, '**출발**'은 활시위를 떠난 화살처럼 목적지를 향해 나아가는 걸 말해.

비문학에서는 '배출, 누출' 등이 중요한 소재로 출제돼. 석유와 석탄을 연소시킬 때 나오는 탄소가 환경 오염을 일으키기 때문에 '**탄소 배출**'이 문제라고 언급되지. 또 수소 연료 전지에서는 수소 기체가 새어 나갈 위험이 있기 때문에 '**누출 위험**'이라는 표현으로 자주 나와.

〔2026 9월〕 거만한 태도로 응대하는 것을 지적하며 불만을 **표출**한다.
〔2025 수능〕 정보의 신뢰성을 높이기 위해 **출처**를 제시했다.

나갈 출은 보이지 않던 것이 드러난다는 의미도 있어. '불만을 표출한다'라는 건 말과 표정을 통해 속마음을 드러내는 거고, '출처'는 어떤 정보가 어디에서 나왔는지를 밝히는 거야. 출처가 없으면 말에 힘이 실리지 않고, 다른 사람의 지식을 그냥 가져다 쓰는 건 도둑질이 되지. 그래서 지식 윤리와 연결돼 시험에서 자주 언급돼.

〔2026 6월〕일반적인 원리를 전제로 인증 숏 현상의 문제에 대한 해결 방안을 **도출**한다.

〔2021 6월〕과거제 출신의 관리들이 공동체에 대한 소속감이 낮고 **출세** 지향적이기 때문에 세습*엘리트나 지역에서 천거*된 관리에 비해 공동체에 대한 충성심이 약했던 것이다.

● 세습
인간 세(世)+엄습할 습(襲). 다음 세대에게 재산, 신분 등을 물려줌.

● 천거
추천할 천(薦)+들 거(擧). 소개하거나 추천함.

나갈 출은 더 나아가 결과로 나타나는 의미까지 포괄해. 여러 방안을 따져 본 뒤 마지막으로 답을 '도출한다'라고 하지. 또 사회적으로 인정받고 권위를 얻게 되는 걸 세상 세(世)를 써서 출세라 하고, 어디에서 왔는가를 말할 때는 몸 신(身)을 써서 '**출신**'이라고 해. 고전 문학에서 출은 **인간 세상**(세속)을 뜻하고, 반대로 숨을 은(隱)은 자연을 뜻하는 의미로 쓰여. 이렇게 출은 몸이 나가는 것 → 보이지 않던 것이 드러남 → 결과로 드러남까지 점차 의미가 확장돼.

들 입(入)

'들 입(入)'은 위로 갈수록 좁아지는 출입문 모양에서 유래하여 안으로 들어간다는 뜻을 가졌어. 그래서 '**입구**'는 들어오는 문이고, '**출입문**'은 나가고 들어올 수 있는 문이야. 경제 지문에서 흔히 보는 '수입'과 '수출'도 같은 원리야. **수입**은 바깥 물건을 안으로 들여와 돈을 주고 사는 행위를 말하고, **수출**은 안의 물건을 밖으로 내보내 돈을 받고 파는 행위를 뜻해. 또한 '**투입**'은 돈·노동력 같은 자원을 집어넣는 경제적 맥락에서, '**주입**'은 약이나 액체를 넣는 의학적 맥락에서 사용되는 것처럼 맥락별로 들 입의 용법이 달라져.

〔2024 9월〕 신규 기업의 시장 **진입**이 어려워져 독점화가 강화될 수 있다.
〔2025 수능〕 서양 기술과 제도의 **도입**을 통한 인지의 발달과 풍속의 진보를 뜻했다.

● **풍속**
바람 풍(風)+풍속 속(俗). 널리 퍼진 문화.

들 입은 기존의 틀·체제 안으로 들어간다는 뜻으로도 확장돼. '시장 진입'은 이미 질서가 잡힌 시장 안으로 새 기업이 들어가는 걸 말해. '서양 기술의 도입'도 같은 맥락이야. 조선의 기본 제도는 유지하되, 서양의 기술을 조선 사회 안으로 받아들이는 것을 가리켜.

〔2023 6월〕 '낚대'의 깊은 맛에 **몰입**하며
〔2024 수능〕 서술자가 **개입**하여 인물에 대한 평가를 제시하고 있다.

들 입은 보이지 않던 영역이나 상황으로 깊이 집중하는 것을 뜻하기도 해. 빠질 몰(沒)을 쓰는 '몰입'은 대상을 향한 마음이 깊어져 다른 게 보이지 않을 정도로 푹 빠져드는 상태고, 낄 개(介)를 쓰는 '개입'은 원래 바깥에 있던 주체가 어떤 상황 속으로 들어가 관여하는 걸 뜻하지. 이렇게 입은 구체적인 물질을 넣는 것 → 기존 체제 안으로 들어가는 것 → 보이지 않던 영역이나 상황 속으로 깊숙이 들어가는 것으로까지 의미가 확장돼.

🔍 하나 더 알아보기 **출장입상**

'출장입상(出將入相)'은 나갈 출(出)과 들 입(入)이 둘 다 포함된 단어야. 이 말은 '나가면 장군이 되고, 들어오면 재상이 된다'라는 뜻으로, 무(武)와 문(文)의 능력을 모두 갖춘 인재를 가리켜. 출(出)은 밖으로 나가 전쟁터에서 나라를 지키는 장수의 모습이고, 입(入)은 궁 안으로 들어가 나라를 다스리는 재상의 모습이지. 즉, 어디에 있든 제 역할을 완벽하게 해내는 사람이란 뜻이야. 요즘 식으로 말하면, 현장에서도 강하고 회의실에서도 통하는 만능형 인재라 할 수 있어.

🔍 한눈에 쏙! 개념 정리

항목	나갈 출(出)	들 입(入)
이미지	산봉우리가 땅에서 솟아남 → 안에서 밖으로 나감	위가 좁아지는 문 모양 → 밖에서 안으로 들어감
개념 정의	• 물질이 밖으로 나감 • 보이지 않던 것이 드러남 • 결과로 나타남	• 구체적 자원·물질을 넣음 • 기존 체제·틀 속으로 들어감 • 보이지 않던 영역이나 상황 속으로 깊숙이 들어감
수능 문맥	탄소 배출, 가스 누출, 불만 표출, 출처, 도출, 출신, 출세	수입·수출, 투입·주입, 시장 진입, 기술 도입, 몰입, 개입
독해 전략	"무엇이 밖으로 드러나는가?"에 주목하기 → 이동, 드러남, 성과 구분	"무엇이 안으로 들어가는가?"에 주목하기 → 자원, 체제, 상황 단계 구분

돌아갈 귀(歸)
VS
벗을 탈(脫)

돌아갈 귀(歸)

'돌아가다'라는 건 원래 있던 자리가 있다는 뜻이야. 그래서 '돌아갈 귀(歸)'는 원래 있던 자리로 움직여 돌아감을 뜻해. '귀향'은 고향으로 돌아가다, '귀환'은 원래 있던 자리로 돌아오다라는 뜻이지. 여기서 더 깊이 들어가면 '내 몸이 있던 자리'보다 더 깊은, 나의 근원·본질·시작점으로 돌아감을 말해. '귀천'은 하늘로 돌아간다는 말로 사람은 하늘로부터 왔으니 죽어서 하늘로 돌아간다는 뜻이 돼. 또한 '귀의'는 돌아가 의지한다는 뜻인데, '종교에의 귀의'는 내가 속해야 할 근원이 종교라는 믿음을 바탕으로, 그 가르침에 의지해 삶을 살아가는 것을 말해.

● 재화(財貨)
재물 재(財)+재물 화(貨). 돈으로 살 수 있는 가치 있는 모든 물건.

〔2024 9월〕 데이터를 재화로 보아 소유권이 누구에게 귀속되어야 하는지에 대한 논의가 있다.

사람뿐만 아니라 물건, 권리 등에도 돌아갈 귀를 써. 무리 속(屬)을 쓰는 '귀속'은 소속을 밝히는 의미로, '독도는 대한민국에 귀속되어 있다'라는 문장은 독도가 한국의 소속이라는 걸 분명히 해 주지. 지문에 있는 '소유권 귀속'은 데이터가 누구의 소유인가에 대한 논쟁을 보여 줘. 나의 정보니까 내 것이라고도 할 수 있고, 데이터를 수집한 회사의 것이라고도 할 수 있어서 갈등이 생기지. 이렇게 귀속은 소속을 밝힌다는 뜻으로 시작하여 법·경제 지문에서 권리, 재산 등의 소재를 구체화할 때 사용해.

〔2025 6월〕이야기의 전모가 드러나게 되는 **귀결**점이다.

맺을 결(結)의 '귀결되다'를 풀이하면 '결론, 결과로 돌아가다'라는 뜻인데, 결과는 원래 있던 자리가 아니잖아? 그래서 돌아갈 귀에는 꼭 돌아감만 뜻하는 게 아니라 최종적으로 다다르다, 도달하다의 의미도 있어. 그래서 '귀결'은 최종적으로 어떤 결론에 도달했다는 의미가 돼. 추론 방법 중 하나인 '귀납'도 마찬가지야. 들일 납(納)을 써서, 여러 사례를 수납하듯 모아서 일반 법칙에 도달한다는 뜻을 지녀.

벗을 탈(脫)

옷을 벗는다는 건 그 전에 옷을 입고 있었다는 뜻이지. 그래서 '벗을 탈(脫)'은 기존의 것에서 벗어나 변화했다는 의미로 해석해. '**탈의**'는 옷을 벗는 변화, '**탈색**'은 색을 없애는 변화, '**탈취**'는 냄새를 없애는 변화를 말하지. 옷·머리카락·냄새처럼 기준이 따로 없는 경우엔 단순히 '변화' 자체만 의미하지만, 기준이 있는 경우는 달라. 뼈는 제자리에 있어야 하는데 거기서 벗어나면 '**탈골**'이 되지. 이런 경우에는 단순한 변화가 아니라 정상 상태에서 벗어난 걸 뜻해.

〔2024 9월〕 생성물이 표면에서 **탈착**되는 과정을 거쳐 반응이 완결된다.

〔2023 수능〕 곡선 도로에서 차가 **이탈**하는 것을 막기 위해 도로 바깥쪽
이 높아지게 경사를 주고, 밤에도 차선이 잘 보이게 미세한
유리 알갱이를 차선에 바르기도 합니다.

붙을 착(着)과 결합한 '탈착'은 떼었다, 붙였다를 모두 가리키는 단어야. 일상에서는 '탈부착 가능'으로 더 많이 쓰이지. 과학에서는 '원래 자리에서 벗어났다가 다시 돌아올 수 있음'이라는 의미로 쓰여. 반면 '이탈'은 자리에서 벗어나 질서를 무너뜨리는 부정적 의미가 강해. 그래서 벗을 탈(脫)은 단순한 변화부터 질서가 무너진 상황까지 폭넓게 쓰여.

● **응보주의**
형벌의 목적은 범죄에 대하여 응당(마땅)한 보복을 가하는 것이라는 사상.

● **토대**
흙 토(土)+대 대(臺).
밑바탕.

〔2022 6월〕 형벌로 되갚아 준다는 응보주의를 **탈피**하여 장래의 범죄 발
생을 방지한다는 일반 예방주의로 나아가는 **토대**를 세웠다
는 평가를 받는다.

〔2022 6월〕 자유를 **박탈**당한 인간이 속죄하는 고통의 모습을 오랫동안
대하는 것이 더욱 강력한 억제 효과를 갖는다는 주장이다.

첫 번째 지문의 '탈피(脫皮)'는 원래 곤충이 허물, 피부를 벗는 구체적 과정을 가리켰지만, 점차 생각·가치관이 바뀌는 것을 뜻하는 데에도 쓰이게 되었어. '응보주의를 탈피한다'라는 건 보복에서 예방으로 형벌에 대한 생각이 바뀌었다는 뜻이지. 두 번째 지문의 '박탈'은 눈에 보이지 않는 권리·자유 같은 추상적 대상을 잃을 때 쓰여. 인간이 본래 가지고 있던 자유를 빼앗기는 걸 '자유 박탈'이라고 하는 거야.

⊘ 하나 더 알아보기 **자연에의 귀의(탈속)**

고전 문학에서 나오는 '자연에의 귀의'는 단순히 몸만 자연으로 돌아간다는 뜻을 넘어, 돈과 명예를 좇는 삶에서 벗어나 자연과 함께 살아가는 삶을 선택했다는 의미야. 몸과 마음이 모두 속세에서 멀어져 자연 속에서 평온을 찾는 거지. 그래서 자연에의 귀의는 곧 탈속(脫俗), 즉 속세를 벗어남과 같은 뜻으로 쓰여. 더 나아가 인간의 고뇌로부터 벗어남까지 뜻할 수 있는데, 이는 모든 속박과 억압을 벗고 궁극의 자유를 얻는 경지인 불교의 해탈(解脫)로 설명할 수 있어.

⊘ 한눈에 쏙! 개념 정리

항목	돌아갈 귀(歸)	벗을 탈(脫)
이미지	원래 자리로 돌아감 → 근원·본질로 도달	기존 상태에서 벗어남 → 변화·이탈
개념 정의	단순한 회귀에서 확장해, 근원·본질·결론에 도달하는 것까지 포함	단순한 변화를 넘어, 정상·질서에서 벗어난 상태까지 포함
수능 문맥	귀향·귀환(회귀), 귀속(권리 귀속), 귀결·귀납(최종 도달), 귀의	탈착(과학), 이탈(질서 붕괴), 탈피(사상 변화), 박탈(권리·자유 상실)
독해 전략	'도달 지점'을 파악: 귀가 지시하는 최종 귀착점이 무엇인지 주목하기	'벗어남의 성격'을 파악: 단순 변화인지, 정상에서 벗어난 이탈인지 구분하기

있을 유(有)
VS
없을 무(無)

있을 유(有)

'있을 유(有)'는 결합하는 한자에 따라 의미가 다양해져. 구체적인 사물에서부터 감정, 권리 등 존재하는 모든 것을 있다 또는 없다로 표현할 수 있지. 유익(有益)은 이로울 익과 결합하여 '이롭고 좋은 점이 있다'는 긍정적인 뜻이지만 해로울 해와 결합하면 유해(有害), 즉 '해로움이 있다'는 부정적인 뜻의 단어를 만들 수 있어. 있을 유는 단순히 있다를 넘어 어떤 형태로 존재하는지도 보여 줘. '소유'는 내가 주인으로서 가지고 있는 것, '점유'는 주인인지 여부와 관련 없이 내 손에 쥐고 있는 것, '공유'는 혼자가 아닌 여러 사람과 공동으로 나누어 가지는 것을 뜻해.

〔2026 수능〕 칸트 이전까지 인격의 동일성을 설명하는 유력한 견해는, '생각하는 나'인 영혼이 단일한 주관으로서 시간의 흐름 속에 지속한다는 것이었다.

힘 력(力)과 결합한 '유력'은 힘이 있다는 뜻이지만 물리적인 힘을 말하는 게 아니라 다른 사람에게 영향을 끼칠 수 있는 힘 또는 영향력을 의미할 때 사용해. 그럼 지문에서 말하는 '유력한 견해'라는 건, 과거의 나와 현재의 나가 같은 사람이라는 걸 설명할 때 '영혼이 동일하기 때문이야'라는 설명이 사람들에게 가장 많은 지지를 받았다는 뜻이야.

〔2026 수능〕 **유상** 계약이란 그 당사자가 서로 대가를 주고받을 것을 약속하는 계약을 뜻한다.

갚을 상(償)과 결합한 '유상'은 행위에 대해 갚아야 할 것(대가)이 존재한다는 뜻이야. 편의점에서 볼 수 있는 "봉투는 유상입니다"라는 안내는 '봉투에 대한 값을 지불해야 한다'는 거지. 반면 없을 무(無)를 쓰는 '무상'은 대가를 받지 않는다는 뜻으로 무상 급식, 무상 원조처럼 쉽게 말하면 바로 '갚을 필요 없다, 돈 안 내도 됩니다'라는 말이야.

없을 무(無)

'없을 무(無)'는 단순히 부정을 뜻하는 게 아니야. 오히려 '경계 없음', '끝 없음', '방해 없음'처럼 긍정적인 의미로 확장되는 경우가 많아. '**무탈**'은 탈이 없다란 의미로 '무탈을 기원한다'라고 많이 쓰이지. '**무한**'은 한계가 없다, '**무사히**'는 사고 없이 안전히라는 뜻이야. '**무궁무진**'은 끝이 없다는 뜻인데 우리나라의 국화인 '**무궁화**'도 끝없이 계속 피고 진다는 뜻으로 영원의 의미로 없을 무를 써. 어려울 난(難)과 결합한 '**무난**'은 어렵지 않다, 방해할 방(妨)과 결합한 '**무방**'은 방해되는 것 없이 괜찮다는 의미로 쓰지.

〔2026 6월〕 끝없는 사막, 끝없는 해양, 그리고 **무인고도(無人孤島)**들, 높은 산봉우리들, 남북극지의 빙원들, 또 그리고 **무수한** 천공에 달린 별의 세계들, 참 달은 무섭도록 크고 무섭도록 **무심**하구나!

이 지문에는 한 문장 안에 없을 무를 쓴 단어가 세 개나 들어가 있어. '무인고도'는 사람이 없는 섬 '무인도'에 외로울 '고'를 더한 단어로, 육지와 멀리 떨어져 있는, 사람이 살지 않는 외딴섬이라는 뜻이야. '무수한'은 셈 수(數)를 써서 수를 헤아릴 수 없을 정도로 많다는 뜻이지. 무심은 마음 '심'을 쓰지만 단순히 마음이 없다기보다 '관심이 없다', '욕심이 없다'로 해석해.

〔2026 수능〕 활동은 학생 A, B와 같은 연령대의 학생들이 수행하기에 **무리**가 없는 수준의 자료로 진행되었다.

이치 리(理)를 쓰는 '무리'는 이치에 맞지 않다, 정도를 벗어났다는 뜻으로 부정적으로 사용해. '그 일은 내 능력으로는 무리야'라는 말은 내가 할 수 있는 정도 밖의 일이라는 뜻이야. 지문에서 무리가 없는 수준이라고 하는 건 충분히 할 수 있다는 거지.

🔍 하나 더 알아보기 유리(有利) vs 유리(遊離) vs 유리(流離)

동음이의어인 '유리'는 다양한 의미로 쓰여. 있을 유(有)에 이로울 리(利)를 쓰는 유리(有利)는 '이익이 있다'라는 뜻으로, '유리한 상황' 등의 표현으로 사용되지. 놀 유(遊)에 떠날 리(離)를 쓰는 유리(遊離)는 '동떨어져 있다'는 뜻으로, '현실과 유리된 이상' 등의 표현으로 사용돼. 마지막으로 흐를 류(流)

에 떠날 리(離)를 쓰는 유리(流離)는 '일정한 집이나 직업이 없이 이곳저곳 떠돌아다님'을 뜻해. 흐르는 물처럼 어딘가에 정착하지 못하고 떠도는 유랑민의 삶을 생각해 보면 이해하기 쉬워.

🔍 한눈에 쏙! 개념 정리

항목	있을 유(有)	없을 무(無)
이미지	존재·소유·대가	부재·무한·방해 없음
개념 정의	• 사물·감정·권리·힘처럼 '있음'을 표시하는 한자 • 형태에 따라 소유·점유·공유 등으로 세분화	'없음'을 뜻하지만, '끝 없음(무한)', '방해 없음(무탈·무사)'처럼 긍정적 의미로 확장
수능 문맥	유력한 견해(지지·영향력), 유상 계약(대가 있음), 소유·점유·권리 논의	무궁화(영원성), 무인·무수·무심, 무리(가능·불가능 판단)
독해 전략	• 유(有) = 무엇이 '존재'하는가에 주목하기 • 존재·대가·권리의 유무 파악이 핵심	• 무(無) = 단순 부정이 아닌 '끝 없음·방해 없음'까지 포함 • 긍정·부정의 의도 구분하며 읽기

밝을 명(明)
VS
어두울 암(暗)

밝을 명(明)

'밝을 명(明)'은 가장 밝은 두 자연물, 태양(日)과 달(月)을 합쳐서 만든 글자야. 단순히 시각적으로 밝다는 뜻을 넘어서, 뚜렷하게 드러내다, 분명하다, 두드러지다 같은 긍정적 의미로도 쓰여. '**분명, 명료, 명확, 선명**' 모두 밝을 명을 써서 확실하게, 눈에 띄게를 강조하는 단어들이지. 시험에서 자주 보이는 '**명시적 청자**'도 꼭 알아 둬야 해. 명시적 청자는 막연한 청자 설정이 아니라, 구체적 실체가 있는 청자를 말해. 예를 들어, '고향으로 돌아가자'는 막연하지만, '향아, 고향으로 돌아가자'는 '향'이라는 명시적 청자가 있어서 의미가 더 분명해지는 거야.

〔2025 수능〕 그녀에게 편지를 쓰는 것이 자신의 존재를 **증명**하던 시절이 있었다.

〔2022 6월〕 인과 개념을 과학적으로 **규명**하려는 시도의 하나이다.

밝을 명의 의미가 확장되면 대상을 밝게, 뚜렷하게 드러내는 '행위' 자체의 의미를 지니게 돼. '**설**명'은 밝게 풀어 말하는 것, '**증**명'은 증거를 내세워 참·거짓을 가르는 것, '**규**명'은 깊이 파고들어 원인·실체를 밝히는 거야.

첫 번째 지문은 '나'라는 존재가 희미하게 느껴질 때, 사랑의 편지를 쓰는 행위를 증거로 삼아 자신의 존재를 확인하던 시절이 있었다는 뜻이야. 두 번째 지문은 인과 관계를 과학적으로 깊이 탐구해 밝혀내려는 태도를 말하는 거지.

〔2025 수능〕 개항 이후 서양 문명에 대한 긍정적 인식이 확산되면서 서양 **문명**의 수용을 뜻하는 개화 개념이 자리 잡았다.
〔2024 수능〕 경이 고향에 돌아감은 짐이 **불명**한 탓이로다.

밝음은 종종 긍정과 발전을 뜻하기도 해. '문명'은 '문화'와 달리 더 발전된 삶의 양식을 가리켜. 그래서 '서양 문명'이라고 하면 더 높은 단계로 나아간 상태라는 의미가 담기게 돼. 반대로 '불명'은 밝지 못하다는 뜻으로, 어떤 사실이 확실하지 않고 어두운 상태를 표현할 때 쓰여. 두 번째 지문에서는 왕이 자신이 사리에 밝지 못하여 능력 있는 신하가 고향으로 돌아가 버렸다는 의미로 쓰였지. 정리하면, '명'은 밝음 → 밝혀내는 행위 → 긍정적인 상태를 의미하는 것으로 의미가 확장된 한자야.

어두울 암(暗)

'어두울 암(暗)'은 날 일(日)에 소리 음(音)의 조합으로, 해가 보이지 않아 소리에 의지하게 되는 어두운 상황을 나타내. 그래서 암은 단순히 빛이 없다는 뜻에서 나아가, 눈에 잘 보이지 않거나 겉으로 드러나지 않는 상태까지 포함해. 예를 들어, '**암실**'은 빛이 없는 방, '**암막 커튼**'은 빛을 가려 어둡게 만드는 커튼이야. 또 어두울 암은 보이지 않는 과정을 의미할 때도 쓰여서 '**암산**'은 손으로 쓰지 않고 머릿속으로만 하는 계산, '**암기**'는 기록이 눈에 보이지 않고 머릿속에 남는 경우지.

〔2025 수능〕 자연물에 빗대어 부정적 현실의 극복 가능성을 **암시**한다.

'명시'의 반대말이 '암시'야. 직접 말하지 않고 은근히 드러내는 방식이지. 예를 들어, 비바람이 치다가 갑자기 해가 뜨는 장면은, 두 인물이 갈등을 극복할 가능성을 은근히 드러내는 전형적인 암시 장치야. 문학 시험에서 계절적, 시간적 배경을 묻는 것도 은근하게 드러낸 암시를 찾았는지 확인하는 거야. 일반적으로 추운 겨울과 어두운 밤은 부정적 현실을, 따뜻한 봄과 해 뜨는 아침은 긍정적 상황을 암시해. 이걸 응용하면 추운 겨울날의 아침 배경은 현실은 혹독한 부정의 상황이지만, 곧 해가 떠서 밝은 미래가 올 거라는 희망이 있다고 해석할 수 있지.

〔2022 수능〕 사전등록 정보는 **암호화** 과정을 거쳐 저장하고 있습니다.

어두울 암은 겉으로는 보이지만 실체를 아는 사람만 알 수 있는 상태를 뜻하기도 해. 예를 들어, '암호'는 아예 보이지 않는 게 아니라, 다른 사람은 알아볼 수 없다는 거야. '**암행어사**'의 경우도 마찬가지야. 신분이 드러나지 않게, 즉 보이지 않게 다니는 관리니까 '암행'이라는 말이 붙은 거지. 이렇게 어두울 암은 빛이 없음 → 은근히 드러남 → 타인은 알 수 없음까지 의미가 확장돼.

🔍 하나 더 알아보기 암호화

'암호화'는 어떤 정보를 다른 사람이 바로 알아볼 수 없도록 바꾸는 과정이야. 예를 들어, 이름·주소 같은 개인 정보를 그대로 저장하면 유출 위험이 크지만, 암호화하면 다른 사람이 보더라도 무슨 뜻인지 알 수 없어.

비문학에서 암호화의 핵심 기술로 일방향 함수가 나와. x값을 넣어서 y라는 결과가 나오는 건 가능하지만, y값을 가지고 거꾸로 x를 유추하는 건 불가능한, 한쪽 방향만 가능한 함수인 거지. 이렇게 보내는 사람은 암호화를 통해 유출 위험을 막고, 받는 사람은 다시 암호를 원래 정보로 복구하는 복호화를 진행해. 즉, 암호화가 자물쇠를 채우는 거라면 복호화는 열쇠로 여는 것이라고 할 수 있지. 그래서 컴퓨터나 인터넷에서는 보통 암호화와 복호화가 한 쌍으로 작동해 우리의 정보를 안전하게 지켜 줘.

🔍 한눈에 쏙! 개념 정리

항목	밝을 명(明)	어두울 암(暗)
이미지	해와 달처럼 눈에 확 드러나게 밝은 상태	해가 사라져 보이지 않고 은근히 드러나는 상태
개념 정의	눈에 보이듯 분명하고 확실하게 드러내는 것	빛이 없거나 겉으로 드러나지 않고 감춰진 상태
수능 문맥	'명시적 청자', '문명', '증명·규명' 등 → 확실·분명	'암시', '암호', '암행' 등 → 숨겨짐·은근함
독해 전략	'분명히 드러낸 것'을 강조한 표현에 주목하기	은근하게 드러낸 대상, 감춘 의도 찾기

곧을 직(直)
VS
굽을 곡(曲)

곧을 직(直)

'곧을 직(直)'은 눈(目) 위에 십(十)이 얹힌 모습으로, '눈으로 기준을 맞추다'라는 뜻이야. 여기서 기준에 맞게 똑바로 보는 모습이 곧다 → 바르다 → 정직하다로 확장되지. 그래서 '직(直)'은 본래부터 긍정적인 의미를 품고 있어. 예를 들어, '정직, 솔직'은 속마음을 있는 그대로 드러내는 것이고, '강직'은 강하다는 뜻이 더해져 기준에서 벗어나지 않고 단단하다는 의미가 돼.

〔2025 수능〕 훈민정음 반포 **직후** 간행된 글들을 보면 표기법이 통일되어 있지 않다.

〔2024 수능〕 '전문가'의 **직전** 발화와 관련된 '진행자' 자신의 과거 경험을 드러내고 있다.

곧을 직은 시간 관계를 말할 때도 사용해. 직선처럼 바로 연결된 가장 가까운 시간, 인접한 시점을 뜻하지. '직후'는 사건이 일어난 바로 다음, '직전'은 사건이 일어나기 바로 전이야. 첫 번째 지문에서 '반포 직후'라는 건 훈

민정음이 알려진 지 얼마 되지 않았을 때를 가리켜. 이때 간행된 책에서는 아직 표기 형태가 통일되지 못한 모습이 있었다는 거야. 이후 시간이 흐르면서 점점 통일된 표기법을 갖추게 되었지. 또 '직전 발화'라고 하면 표시된 부분에서 가장 가까운 앞 발화를 말하는 것이니, 여러 번 대화를 주고받았더라도 헷갈리지 않아야 해.

〔2023 9월〕 예술은 사회적인 것인 동시에 사회에서 떨어져 사회의 본질을 **직시**하는 것이어야 한다고 보기 때문이다.

곧을 직은 사물을 바라보는 태도와도 연결돼. '직시'는 눈을 다른 곳으로 돌리지 않고 있는 그대로, 본모습을 바라보는 태도를 말해. 이 지문에서는 예술은 사회의 모습을 왜곡하지 않고 똑바로 보아야 한다고 말하고 있어. '직시'가 '바르다'의 뜻이 강조된 태도라면, '**직관**'은 시간성이 강조된 태도로, 사물을 보자마자 곧장 파악하는 것을 말해. 이렇게 곧을 직은 기준에 맞추다 → 바르다 → 가까운 시간 → 똑바로 보는 태도까지 의미가 확장되는 한자야.

굽을 곡(曲)

'굽을 곡(曲)'은 凵(그릇) 안에 꺾여 굽은 획들이 들어간 모양이야. 기본 뜻은 '굽고 꺾임'인데, 여기서 '비뚤어짐'까지 의미가 확장되었지. '**곡면**'은 평평한 면과 달리 휘어진 면, '**곡률**'은 휘어진 정도를 말해. 또 직접적이지 않고 돌려 표현하는 것도 굽을 곡을 써서 '**완곡**'한 표현이라고 하지. 예를 들어, '무지개다리를 건넜다'라는 표현은 키우던 반려동물이 죽은 상황을 완곡하게 표현한 거야.

굽을 곡은 어려움을 뜻할 때도 쓸 수 있어. 꺾을 절과 함께 쓰는 '곡절(曲折)'은 평탄한 길이 아닌 구불구불한 길처럼 순조롭지 못한 복잡한 사정을 말해. 삶의 고난을 말할 때도 '굴곡(屈曲)진 인생'이란 표현을 쓰지.

곧음이 대체로 긍정적으로 쓰인다면, 굽을 곡은 정상에서 벗어난 비틀림으로, 부정적 의미로도 확장되어 쓰여. 대표적인 단어가 '왜곡'이야. 왜곡은 대상을 있는 그대로 드러내지 못하고, 다르게 해석하거나 그릇되게 해. 예를 들어, 운동선수의 연봉을 조사해 일반적인 수준을 알고 싶을 때 손흥민 선수처럼 매우 큰 연봉 값이 포함된다면, 평균은 실제보다 더 커지겠지. 이렇게 되면 정상적인 데이터라도 결과를 왜곡시킬 수 있는 거야.

예술을 표현할 때도 굽을 곡이 쓰여. 예술은 딱딱하게 굳어 있지 않고 자유롭게 변하는 흐름을 보여 주기 때문이야. '노래를 한 곡 불렀다'의 '곡'도 굽을 곡이야. 소리가 직선처럼 단조롭지 않고 굽이치며 흐르기 때문이지. 지문에 나온 '곡예'는 몸을 이리저리 굽히고 꺾으며 보여 주는 재주야. 정리하면, 굽을 곡은 굽었다 → 간접적이다 → 비뚤어졌다 → 변화가 자유로운 예술까지로 그 의미가 확장돼.

🔍 하나 더 알아보기 **곡학아세**

'곡학아세(曲學阿世)'는 굽을 곡(曲)을 써서 말 그대로 학문을 굽혀 세상에 아첨한다는 뜻이야. 여기서 '굽다'라는 건 물건이 휘어졌다는 게 아니라, 진리를 왜곡한다는 말이지. 그러니까 자기 이익이나 권력자의 눈치를 보려고, 배운 걸 바르지 않게 쓰는 태도를 뜻해. 쉽게 말하면, 학식을 이용해 거짓으로 사람들한테 잘 보이려는 행동이야. 지식을 바르게 써야 한다는 교훈을 담고 있지.

🔍 한눈에 쏙! 개념 정리

항목	곧을 직(直)	굽을 곡(曲)
이미지	눈으로 기준을 맞춘 곧은 선 → 똑바르고 직선인 상태	꺾이고 휘어진 선 → 비뚤고 굽은 상태
개념 정의	기준에 맞게 똑바로 본다 → 바르다, 정직하다, 곧장 파악하다	곧지 않고 휘어진다 → 비틀리다, 굽이치다, 간접적이다
수능 문맥	직후·직전(시간적 가까움), 직관(즉시 파악), 직시(있는 그대로 보기)	왜곡(비뚤어짐), 완곡(간접적 표현), 곡예(몸을 굽히는 예술), 음악 한 곡
독해 전략	곧장 드러나는 단서(정의·예시·직설적 표현)에 주목하기	간접·비틀린 표현(완곡·비유·상징)에 숨어 있는 뜻을 추론하기

특별할 특(特)
VS
항상 상(常)

특별할 특(特)

'특별할 특(特)'은 소 우(牛)와 절 사(寺)가 결합한 글자로, 수많은 소 중에서 나라의 가장 큰 행사(제사)에 쓰일 만큼 유달리 크고 뛰어난 '황소' 한 마리를 뜻하는 데서 유래했어. 그래서 '일반적인 것과 구별된다'는 기본 의미에서 출발해 '특별하다, 뛰어나다'의 뜻으로 확장되었지. 즉, 특별할 특은 일반과 구별되는 것, 그리고 남보다 우수한 것이라는 두 가지 의미로 쓰여. '특이하다'는 다를 이(異)와 함께 써서 일반적이지 않은 면이 있다는 뜻이고, '독특하다'는 홀로 독(獨)과 결합해 혼자만 다른 개성을 강조하지. 또한 '특출나다'는 남보다 한 단계 뛰어나다는 의미로, '특기'는 남들과 다르게 잘하는 재주, '특화'는 특정 부분을 전문적으로 발전시킨다는 뜻으로 쓰여.

〔2025 6월〕**특수**한 의도를 가지고 지칭어나 호칭어를 사용하는 경우도 있다.

〔2023 수능〕학급마다 **특색** 있게 그린 지도 위에 조사한 모든 식물의 이름을 표시하였다.

첫 번째 지문에서 '특수한 의도'라는 건 '철수야'라고 부르던 엄마가 갑자기 '김철수!'라고 부르는 것처럼 단순히 부름의 의미가 아닌 칭찬, 추궁 등의 다른 의도가 있다는 뜻이야. 두 번째 지문의 '특색 있게'도 단순히 '다르게'가 아니라, 각 학급이 자신들만의 고유한 분위기를 담아 구별되게 표현했다는 뜻이지. 이렇게 특별할 특은 '다름'을 통해 의도와 개성을 드러내.

〔2021 6월〕 최종 단계까지 통과하지 못한 사람들에게도 국가가 여러 **특권**을 부여하고 그들이 지방 사회에 기여하도록 하여 경쟁적 선발 제도가 가져올 수 있는 부작용을 완화하고자 노력했다.

〔2021 6월〕 **특허**권은 발명에 대한 정보의 소유자가 특허 출원 및 담당 관청의 심사를 통하여 획득한 특허를 일정 기간 독점적으로 사용할 수 있는 법률상 권리를 말한다.

'특권'은 일반적이지 않은 특별한 권리라는 뜻에서 점차 남들이 가지지 못한 힘과 우월성을 의미하게 되었어. '특허'도 마찬가지야. 일반에게는 금지된 일을 특정 사람에게만 허락한다는 뜻이니까. 이처럼 특별할 특에는 '한정된 우월함'의 의미가 담겨 있어.

항상 상(常)

'항상 상(常)'의 밑에 있는 수건 건(巾)은 단순히 수건만이 아니라 매일 입는 옷을 뜻해. 그래서 매일 옷을 입는 게 당연하고 변함없는 일인 것처럼, '언제나 늘 똑같은 상태'를 의미하지. 날 일(日)을 쓰는 '**일상**'은 매일매일 반복되는 것을 말하고, 반대로 아닐 비(非)의 '**비상**'은 늘 있는 일이 아닌 특수

상황을 말해. 그래서 '비상사태'는 일상적이지 않은 긴급한 상황을 뜻하지. '정상(正常)'은 평상시 바르게 작동하는 상태를 말하고, '비정상'은 평소와 달리 잘못된 상태야. 과학에서 말하는 '상온(常溫)'도 마찬가지로, 특별히 가열하거나 냉각하지 않은 자연스러운 온도(보통 20°C 안팎)를 뜻해.

〔2025 수능〕 **통상적**으로 독자는 글을 읽는 중에 바로바로 밑줄 긋기를 한다. 그러다 보면 밑줄이 많아지고 복잡해져 밑줄 긋기의 효과가 줄어든다.

통할 통(通)을 쓰는 '통상'은 널리 통하는 일반적인 것을 말해. 비문학에서 '통상적으로'라는 표현이 나오면, 일반적인 생각을 말해 준다는 뜻이야. 시험에는 통상적인 생각인 통념을 반박하는 구조가 자주 출제돼. 이 지문에서는 통상적인 밑줄 긋기의 단점을 언급하고 있어. 그다음에는 글쓴이가 제안하는 더 효과적인 밑줄 긋기가 제시되는 거지. 이렇게 '통상적'은 일반 생각과 다른 글쓴이의 주장이 나온다는 신호이니 주의해서 봐야 해.

〔2022 수능〕 자연물이 쇠락하는 과정을 제시하여 인생에 대한 **무상감**을 드러내고 있다.

없을 무(無)를 쓰는 '무상'은 항상 존재하는 것은 없다라는 뜻으로 변하는 것을 보고 느낀 깨달음이야. 자연은 10년이 지나도 변함이 없는데 인간은 쉽게 변하지. 그래서 인간과 자연을 대조하며 인생무상을 느끼는 고전문학이 자주 출제돼.

🔍 하나 더 알아보기 **상용화**

'상용화'는 항상(常) 쓰일 수 있도록 만드는 과정을 말해. 아직 실험 단계에 머물러 있던 기술이 실제 생활에서 '늘' 사용할 수 있게 되는 것이지. 예를 들어, 전기차나 인공지능 기술이 상용화된다는 건 한정된 실험실에서 벗어나 일반인들도 일상적으로 사용할 수 있게 되었다는 뜻이야. 즉, 상용화는 '특수'에서 '일상'으로 확장되는 개념이야. 그러니 시험에서는 '실험 단계 → 상용화 단계'라는 흐름을 이해해야 해.

🔍 한눈에 쏙! 개념 정리

항목	특별할 특(特)	항상 상(常)
이미지	다른 것과 구별되어 빛나는 유일함	매일 반복되어 익숙한 평온함
개념 정의	일반과 구별되거나 우수함을 나타내는 상태	늘 변함 없는, 일상적이고 보편적인 상태
수능 문맥	특수한 의도, 특권, 특허, 특색 있는 표현 등 '차별'의 의미	통상, 일상, 무상 등 '보편, 반복, 변화 없음'의 의미
독해 전략	일반에서 벗어난 이유와 의도 파악하기	변함 없는 요소, 익숙한 것을 반박하는 주장 찾기

이로울 리(利)
vs
해로울 해(害)

이로울 리, 날카로울 리(利)

'이로울 리(利)'는 벼, 재물(禾)에 칼(刂)이 더해져 벼를 칼로 베어 수확을 얻는 모습에서 나온 글자야. 곡식, 재물 등 물질적으로 이로운 경우에 주로 사용돼. '이익', '이득'은 내가 얻은 실제 좋은 점을 가리키고, 있을 유(有)와 합쳐진 '유리하다'도 단순히 기분이 좋다가 아니라 실질적인 도움이 됨을 뜻해. '이타'는 타인을 이롭게, '이기'는 자기를 이롭게 한다는 뜻이지. 그래서 "넌 이기적이야"라는 말은 곧 "너는 네 이득만 챙기는 사람이야"라는 비판의 의미를 담고 있어.

〔2024 6월〕 정일이 주목하는 용팔의 **이해타산적**인 태도를 드러낸다.
〔2021 수능〕 하지만 청 문물의 효용을 도외시하지 않고 박제가와 마찬가지로 물질적 삶을 중시하는 **이용후생**에 관심을 보였다.

첫 번째 지문의 '이해타산'은 이익과 손해를 하나하나 계산해서 따진다는 뜻이야. 문학에서는 세속적인 태도를 드러내는 말로 부정적으로 해석되는 경우가 많아. 반면 두 번째 지문의 '이용후생'은 두터울 후(厚)에 살 생(生)으로 백성들의 삶을 넉넉하게 만들어 주는 이로움이라는 긍정적 뜻을 담고 있어. 조선 후기 실질적인 이로움을 중요시 여긴 실학자들이 주목했던 내용이지.

〔2026 6월〕 깨끗한 환경에서 살 시민의 **권리**를 실현하기 위한 공적 토대를 만들고자 한다.

이로울 리는 처음엔 벼를 칼로 베어 낸 수확의 '이익'을 뜻했지만, 점차 사회 안에서 내 몫을 분명하게 가르고(칼) 지킬 수 있는 '권리(힘)'라는 의미로 확장되었어. 그래서 지문에 있는 깨끗한 환경에서 살 권리는, 우리가 사회로부터 보장받아야 할 '당당하게 요구할 수 있는 시민의 몫'인 셈이지.

해로울 해(害)

'해로울 해(害)'는 집(宀) 안에 가시(丰) 돋친 여러 입(口)이 존재한다는 뜻에서 비롯됐어. 편안해야 할 가정 안에서 가시 돋친 말로 상처를 입히고 해를 입힌다는 뜻이지. 물질적인 피해부터 감정적, 추상적 의미까지 폭넓게 쓰이는 한자야. '**피해자**'는 해를 입은 사람, '**가해자**'는 해를 끼친 사람이지. 또한 '**손해**'는 경제적 손실을 입었다는 뜻으로, '손해 보험'은 실제로 잃은 돈을 보상해 주는 보험이야.

〔2023 6월〕 사회적 지위를 이용하여 타인의 **권익을 침해**하는 인물이 몰락하는 모습이 드러난다.

추상적 차원에서는 '권익 침해'처럼 당연히 누려야 할 권리와 이익을 빼앗아 해를 입히는 경우에 쓰여. 지문에서는 높은 지위를 가진 사람이 남의 권리를 침해했다가 결국 몰락한 걸 보여 주지. '침해'는 권리를 침범해 해를 입히는 것이고, '박해'는 괴롭혀서 해를 주는 거야. 특히 역사 지문에서는 종교적 박해가 자주 나오는데, 자신과 다른 종교를 믿는 사람들을 괴롭히고 해를 가한 것을 말해.

● 과두제
적을 과(寡)+머리 두(頭). 소수의 우두머리가 집단을 이끄는 체제.

〔2025 6월〕 기업 경영의 건전성을 확보하기 위해 마련된 공적 제도들은 과두제적 경영의 **폐해**를 방지하는 기능도 한다.

'폐해'는 단순한 손실이 아니라 제도나 습관에서 생긴 부정적 결과가 오래 누적되어 병처럼 굳어진 상태를 말해. 예를 들어, '산업화의 폐해'는 환경오염 같은 문제가 쌓여 사회가 병든 상황을 뜻하지. 소수의 경영진이 회사를 운영하는 과두제의 경우 회사 전체의 이익보다 경영진만을 위한 운영이 이루어질 위험(폐해)이 있어. 지문에서는 기업의 정보를 공개적으로 게시하는 제도 등이 이런 폐해를 막을 수 있다는 이야기를 하는 거야.

◎ 하나 더 알아보기 이익 vs 이윤

'이익'과 '이윤'은 비슷해 보여도 쓰임이 달라. '이익(利益)'은 가장 폭넓게 쓰이는 말로, 물질적 이익은 물론 만족감, 보람 등의 정신적 이익으로도 쓸 수 있어. '이윤(利潤)'은 경제학적 용어로, 수입에서 비용을 뺀 남는 돈, 즉 순이익을 뜻해. 가게에서 물건을 팔아 100만 원을 벌었는데, 비용이 70만 원이라면 남는 30만 원이 이윤이야. 그래서 이익은 폭넓게 '좋은 점'을 뜻하지만, 이윤은 구체적으로 '장사나 사업에서 남긴 돈'이라는 점에서 차이가 있어.

🔍 한눈에 쏙! 개념 정리

항목	이로울 리(利)	해로울 해(害)
이미지	벼(禾)를 칼(刀)로 베어 얻은 곡식: 실제 이득	사람이나 사회에 해를 입히는 것: 손해
개념 정의	물질적으로 도움이 되는 경우에 쓰이며, 권리·승리처럼 사회적으로 인정되는 힘까지 포함	피해·손해처럼 구체적인 손실에서 권리 침해·폐해처럼 추상적 피해까지 확장
수능 문맥	이해타산, 이용후생, 권리, 승리	피해자·가해자, 손해·손해배상금, 권익 침해, 박해, 폐해
독해 전략	'이익이 누구에게 돌아가는가'를 확인 → 개인적 이득인지 사회적 이득인지 파악하기	'해가 어떤 방식으로 드러나는가'를 확인 → 개인적·구체적 손실인지 사회적 문제인지 구분하기

다스릴 리(理)
VS
뜻 정(情)

다스릴 리(理)

'다스릴 리(理)'는 구슬 옥(王)에 마을 리(里)가 합쳐져, 보석인 옥을 다듬듯 마을을 다스리고 질서를 정돈한다는 뜻이 있어. 개인의 감정에 치우치면 결과가 어긋나기 쉬우니, 다스릴 리는 언제나 사고 작용과 연결돼. 그래서 다스릴 리는 주관적인 감정이 아니라 머리로 하는 사고를 나타내는 글자야. 눈·코·입 같은 감각이 아닌 오직 사고 작용을 통해서만 파악할 수 있는 것들에 들어가. 머리로 납득하는 이해(理解), 추론으로 파악하는 추리(推理) 같은 말이 그 예야.

● 타산
칠 타(打)+셈 산(算). 하나하나 계산하여 따짐.

〔2022 6월〕사람은 이성적이고 타산적인 존재이자 감각적 존재이다.
〔2023 수능〕'무릉도원'은 현실적 공간을 이상적 공간으로 바라보는 화자의 인식이 나타난 말이겠군.

　'이성적'은 감정을 배제하고 이치를 따져 판단하는 사고 방식이야. 첫 번째 지문은 사람이 감정에 휘둘리지 않고 이성적으로 생각하며 이익과 손해를 따져서 행동할 수 있는 존재임을 보여 주지. 두 번째 지문에 나오는 '이상적'은 머리로 생각했을 때만 가능한 최고의 상태를 말해. '무릉도원'을 이상향이라 부르는 건, 지금 상황이 머릿속에만 있을 법한 만족스러운 상태라는 뜻이야.

〔2022 수능〕 계절의 순환을 중심으로 자연의 섭리를 드러내고 있다.

〔2026 9월〕 SF에서는 과학적 진위가 아니라 개연성, 즉 작품의 주요 설정이나 사건의 인과 관계가 합리적으로 납득될 수 있느냐가 중요하다.

● 진위

참 진(眞)＋거짓 위(僞). 참과 거짓. 진짜와 가짜.

다스릴 리는 머리로만 파악할 수 있는 법칙과 원리로 의미가 확장돼. 그래서 다스릴 섭(攝)의 '자연의 섭리'는 계절의 순환, 생명체의 생성과 소멸처럼 인간이 거스를 수 없는 질서를 가리키고, '합리적'은 원인과 결과가 논리적으로 이어져 납득되는 상태를 뜻하지. 정리하면 다스릴 리는 '객관적 사고 → 사고로만 파악 가능한 법칙 → 보편적 질서'로 확장되는 흐름을 가져.

뜻 정(情)

'뜻 정(情)'은 마음 심(忄)에 푸를 청(靑)이 더해진 형태로, 사람 마음속 가장 푸르고 순수한 부분을 뜻해. 다스릴 리가 머리의 작용이라면, 뜻 정(情)은 마음의 작용이라 할 수 있어. 그래서 '머리로는 이해하지만 마음으로는 받아들일 수 없다'라는 말은 이성적으로는 납득되지만, 내 마음의 주관적 감정으로는 힘들다는 의미와 같아. 다스릴 리가 사회 전체의 이치와 질서에 연결된다면, 뜻 정은 개인의 구체적 상황과 심리에 더 가깝게 닿아 있어.

〔2025 수능〕 사랑과 슬픔이 내재된 화자의 복합적인 **정서**를 생생하게 드러내는 표현이겠군.

'감정'과 '정서'는 둘 다 뜻 정을 사용하는데 미세하지만 중요한 차이가 있어. 감정이 느낄 감(感)을 써서 순간 느껴지는 마음 그 자체라면, '정서'는 여러 번의 감정이 반복·누적되어 형성된 지속적 상태를 말해. 지문에서 화자는 사랑의 감정과 슬픔의 감정을 느낀 지 오래되어 복합적 정서를 지닌 상태인 거야.

〔2025 수능〕 대법원은 실명을 거론한 경우는 물론, 실명을 거론하지 않았더라도 주위 **사정**을 종합할 때 지목된 사람이 누구인지를 제3자가 알 수 있는 경우에는 명예 훼손이나 모욕에 대한 가해자의 법적 책임이 성립한다고 판시해 왔다.

● **판시**
판단할 판(判)+보일 시(示). 판단하여 결과를 보여 줌.

뜻 정은 사람의 마음을 넘어 사건과 얽힌 구체적 상황을 뜻하는 말로 의미가 확장되기도 해. 일 사(事)와 결합한 '사정'은 어떤 사건에 딸린 형편과 구체적 상황을 가리켜. 이 지문에서는 이름을 직접 말하지 않아도 사정을 종합해 누구인지 알 수 있다면, 명예 훼손이 성립한다는 의미야. '정황' 역시 '사정'과 비슷하게 상황을 나타내. 이렇게 뜻 정은 개인적, 주관적 마음 상태 → 구체적인 상황으로 의미가 확장된 말이야.

🔍 하나 더 알아보기 원인 vs 이유

'원인'과 '이유'는 비슷해 보이지만, 쓰임은 분명히 달라. 근원 원(原)을 쓰는 '원인(原因)'은 사건의 시작점을 의미해. 과속을 하다가 교통사고가 났다면 교통사고의 원인은 과속이지. 반면 다스릴 리(理)를 쓰는 '이유'는 사건의 시작점이 아닌 생각의 시작점을 이야기해. '왜 과속을 했을까'가 바로 이유에 해당하는데, 이유는 범인을 쫓기 위함일 수도, 빠른 속도를 즐기기 위함일 수도 있지. 이렇게 동일한 원인을 가지고 있어도 이유가 다를 수 있어.

🔍 한눈에 쏙! 개념 정리

항목	다스릴 리(理)	뜻 정(情)
이미지	옥을 다듬고 마을을 다스려 질서를 세움 → 머리의 사고	심장에서 푸르게 솟는 마음 → 개인의 감정과 상황
개념 정의	주관적 감정을 배제하고 머리로 사고·추론·설명하는 작용	순간의 감정에서 출발해 지속적 정서·구체적 상황으로 확장
수능 문맥	이성적(머리로 따짐), 이상적(머리로 그린 최고의 상태), 섭리(자연 질서), 합리적(원인·결과의 납득성)	감정(순간적 반응), 정서(지속된 마음 상태), 사정·정황(구체적 상황)
독해 전략	'사고와 질서로 설명하는 부분'에 주목해 객관적 의미 파악하기	'개인의 마음과 상황을 드러낸 부분'에 주목해 주관적 맥락 파악하기

나눌 분(分)
VS
합할 합(合)

나눌 분(分)

'나눌 분(分)'은 칼 도(刀)에 여덟 팔(八)이 더해져 칼로 하나를 '人 → 八'처럼 갈라 두 조각으로 쪼갠다는 데서 유래한 글자야. 그래서 '분수'는 나누어진 수, '분자'는 더 쪼갤 수 있는 입자라는 뜻이 됐지. 즉, 나눌 분을 쓰는 단어에는 '세밀히 나누어 밝히겠다'라는 의도가 깔려 있어. '분석'은 하나의 대상을 작은 구성 요소로 쪼개어 살피는 것이고, 그렇게 나뉜 요소를 '성분'이라고 하지.

● 조음
고를 조(調)+소리 음(音). 목청을 지나 올라온 공기의 흐름을 조절하여 말소리를 만드는 것.
조음 위치는 공기를 조절하는 위치, 조음 방법은 공기를 조절하는 방법.

〔2025 수능〕 국어 자음은 조음 위치와 조음 방법에 따라 **분류**할 수 있다.
〔2025 수능〕 동아리 부스 행사에 참여하는 동아리를 활동 유형에 따라 **구분**하여 제시하고 있다.

분석이 하나의 대상을 쪼개어 보는 거라면, 분류와 구분은 여러 개의 대상을 나누어 보는 방법이야. 하지만 목표는 달라. '분류'는 기준에 따라 묶어서 공통점을 드러내는 것인 반면, '구분'은 섞여 있는 걸 구역을 나누듯 갈라서 차이점을 부각하는 거야. 따라서 첫 번째 지문은 조음 위치와 조음 방법에 따라 묶어 같은 자음끼리의 공통점을 보여 주는 거고, 두 번째 지문은 참여형·관람형 등 동아리 활동의 차이점을 강조하는 거지.

> 〔2024 수능〕 공직선거법에는 선거 운동의 기회가 모든 후보자에게 균등하게 **배분**되지 못하도록 할 가능성이 있는 규정이 있다.

　나눔의 대상은 물건뿐 아니라 권리·기회처럼 추상적인 것도 될 수 있어. '배분'은 이익이나 주식 같은 구체적 대상을 나눌 때도 쓰지만, 기회·시간 같은 추상적 대상에도 쓸 수 있어. 지문에서는 선거 전까지의 방송 출연 기회, 발언 시간 같은 한정된 자원을 모든 후보자에게 균등하게 나눠 주지 못할 가능성이 있다고 말하는 거야. 이렇게 나눌 분은 하나를 쪼개거나, 여러 개를 묶거나, 추상적 대상까지 적용하는 등 '세밀하게 밝히는 기능'으로 의미가 확장돼.

합할 합(合)

'합할 합(合)'은 지붕 모양 아래(亼)에 '하나(一)'와 '입(口)'이 있는 형태로, 한 지붕 아래 흩어져 있던 걸 하나로 모은다는 뜻이야. 그런데 어떻게 모으느냐에 따라 의미가 달라져. 그래서 합할 합을 쓰는 단어가 참 많지. **'종합'**, **'통합'**, **'복합'**, **'융합'**은 모두 여러 개를 모은다는 뜻을 갖고 있어. 하지만 원래 성질이 유지되느냐, 완전히 새로운 하나로 변하느냐에 따라 의미가 달라져.

〔2025 수능〕 이러한 장치들은 사랑의 기억과 함께 상실의 고통을 안고 남은 생을 살아 내야 하는 화자의 **복합**적인 내면을 생생하게 그려 내는 역할을 한다.

'복합'은 여러 겹을 뜻하는 겹옷 복(複)을 써서 여러 겹이 쌓인 채로 합해 졌다는 뜻으로 원래의 성질은 그대로 지닌 채 모여 있는 걸 말해. 예를 들 어, 복합기는 복사기와 프린터 두 기능이 합쳐져 있지만 각 기능은 따로 작 동하지. 원래의 성질을 그대로 유지하는 복합과 달리 녹을 융(融)을 쓰는 '융합'은 서로 섞여 완전히 새로운 존재가 되는 합이야.

헷갈리는 건 종합과 통합인데, 합쳐지는 정도로 순서를 정하면 '복합 → 종합 → 통합 → 융합' 순서라고 할 수 있어. **종합**은 여러 요소가 고유 성 질을 유지한 채 큰 틀을 형성하는 것이고, **통합**은 '실로 꿴다(統)'라는 뜻이 있어서 여러 요소를 하나의 체계 아래 질서 있게 묶은 거야.

정리하면 '복합'은 여러 개가 함께 존재한다, '종합'은 하나의 틀 안에 모 았다, '통합'은 여러 개를 하나의 주제로 연결했다, '융합'은 여러 개를 모아 새로운 하나를 만들었다는 뜻이야.

〔2024 수능〕 독서 진행에 문제가 없어 보이더라도 목표에 **부합**하지 않는 독서가 이루어지는 경우가 있다.
〔2024 수능〕 헌법재판소는 신뢰할 수 있는 여론 조사 결과라 하더라도 선 거일에 임박해 보도하면 선거에 영향을 끼칠 수 있다며 **합헌** 결정을 내렸다.

합할 합은 여럿을 단순히 모으는 의미를 넘어, 정해진 기준에 맞는지를 판단하는 기능으로도 쓰여. 지문에서 '독서 목표'라는 기준이 정해져 있을 때, 지금의 독서 방식이 그 목표에 맞으면 '부합'한다고 하는 거지. 마찬가지로 세부 규정이 헌법이라는 상위 기준에 맞으면 '합헌', 어긋나면 '위헌'이라고 해.

✍️ 하나 더 알아보기 담합

'담합(談合)'은 '말을 합한다'라는 뜻이지만, 실제로는 기업들이 서로 짜고 가격이나 시장을 나눠 가지는 불공정 행위를 일컫는 말이야. 겉으로는 '합의'처럼 보여도 결과적으로는 경쟁을 왜곡하고 소비자에게 피해를 주는 나쁜 합의지. 시장에서 여러 기업이 경쟁하며 자연스럽게 가격이 형성되어야 하는데 기업들이 몰래 가격을 함께 올리기로 합의하는 게 담합의 대표적인 예야. 건강한 경쟁 문화와 소비자 이익을 침해하는 부정적인 행태지.

🔍 한눈에 쏙! 개념 정리

항목	나눌 분(分)	합할 합(合)
이미지	칼로 하나를 둘로 쪼개는 모양: 세밀하게 나눔	지붕 아래 여러 요소를 모음: 하나로 모아 맞춤
개념 정의	• 하나를 쪼개어 밝힘 • 여럿을 묶거나 구분해 공통점·차이점 드러냄	여럿을 한데 모아 유지·통일·변화의 정도에 따라 다른 하나가 됨
수능 문맥	분석(쪼개어 보기), 분류(공통점 묶기), 구분(차이점 밝히기), 배분(기회 나눔)	복합(성질 유지), 종합(큰 틀 형성), 통합(체계화), 융합(새로운 하나), 합헌·부합
독해 전략	'나눈 기준이 무엇인가?'를 확인해 공통점·차이점 밝히기	'합해진 정도가 어느 단계인가?'를 따져 성질 유지 ↔ 완전한 변화를 구별하기

부록

필수 한자 부수

사람

イ (사람 인 변): 함께 살아가는 사람

두 사람이 기대어 서 있는 人(사람 인)에는 사람이 혼자 살아가는 존재가 아니라 함께 살아가는 존재란 뜻이 담겨 있어. 그래서 사람 인이 들어간 글자는 대부분 인간의 행동, 성품, 관계를 나타내.

仁(어질 인)

イ+두 이(二), 사람이 둘 이상 모이면 서로에게 지켜야 할 도리가 생긴다는 뜻.
예 인자하다: 마음이 어질고 자애롭다
예 인의예지: 유학에서 사람이 마땅히 갖추어야 하는 네 가지 성품
예 살신성인: 자기 몸을 희생하여 어진 도리를 이룸
예 인술: 사람을 살리는 어진 기술, 의술
예 흥인지문: 어진 마음을 일으키는 문, 동대문

信(믿을 신)

イ+말씀 언(言), 사람의 말에는 믿음이 담겨야 한다는 뜻.
예 신념: 굳게 믿는 마음
예 자신: 스스로를 믿는 마음
예 배신: 믿음을 저버림
예 미신: 근거 없는 믿음

住(살 주)

亻+ 주인 주(主), 사람이 주인이 되어 사는 곳.

㉎ 상주: 늘 일정하게 살고 있음

㉎ 이주: 살던 곳을 이동하여 옮김

㉎ 안주: 살던 곳에서 편안하게 지냄

儿(어진 사람 인, 아이 아): 아이, 움직이는 사람

어린아이가 서 있는 다리 모양을 본뜬 儿(어진사람인발)은 어린아이의 미성숙함
과 사람의 움직임을 나타낼 때 사용해.

兒(아이 아)

臼(절구 구)+儿, 아이의 머리와 발을 그려 어린아이 자체를 뜻함.

㉎ 태아: 엄마 뱃속에 있는 아이

㉎ 육아: 아이를 기름

㉎ 미아: 길을 잃은 아이

㉎ 아명: 아이 때의 이름

元(으뜸 원)

一(한 일)+儿, 사람 위에 첫 번째를 뜻하는 한 일(一)을 써서 처음, 첫째, 우
두머리를 뜻함.

㉎ 원수: 으뜸 장수

㉎ 원년: 임금이 즉위한 해 또는 나라를 세운 해

㉎ 장원: 과거 시험의 1등

㉎ 원래: 사물이 전해 내려온 그 처음

㉎ 원조: 처음으로 시작한 존재

先(먼저 선)

● 止(발 지)와 모양이 비슷한 牛(소 우)와 어진 사람 인의 결합으로 설명하기도 함.

止(발 지)+儿 : 사람이 걸을 때 발이 먼저 나가는 모양으로 먼저, 예전, 돌아가신 등을 뜻함.

㉘ 선천적: 날 때부터 가지고 태어난 성질

㉘ 선점: 남보다 앞서 차지함

㉘ 솔선: 남보다 앞장서 먼저 행함

子(아들 자): 후손, 씨앗과도 같은 존재

아이가 팔을 벌리고 있는 모습의 子(아들 자)는 사람 중에서도 미래 세대, 계승자, 젊은 존재를 뜻해. 아직 작고 미약한 씨앗과도 같은 존재를 의미하지.

學(배울 학)

臼(절구 구)+爻(원리·이치)+子, 미숙한 존재(子)가 절구처럼(臼) 갈아 내듯애써 원리(爻)를 익혀 나감을 뜻함.

㉘ 방학: 배움을 잠시 내려놓고 쉬는 기간

㉘ 유학: 외국에 머물며 배우는 것

㉘ 진학: 더 나아가서 배움

㉘ 면학: 근면 성실하게 배움에 힘씀

孤(외로울 고)

子+瓜(오이 과), 오이 한 개가 나무에 덩그러니 남아 있는 것처럼 혼자 남겨진 연약한 존재를 뜻함.

㉘ 고립: 혼자 막다른 상황에 처한 것

㉘ 고신: 외로운 신하

㉘ 고군분투: 홀로 외롭게 싸움

孝(효도 효)

耂(늙을 노) + 子, 나이 든 부모님을 자식이 업고 있는 모양으로 자녀가 부모에게 하는 효도의 모습을 뜻함.

㉾ 절효: 절개와 효성을 이르는 말

㉾ 효손: 효성스러운 손자

㉾ 효부: 효성스러운 며느리

🔍 한눈에 쏙! 개념 정리

부수	이미지	의미	대표 글자(핵심 뜻)
亻(사람인 변)	사람 옆 모습	사람다운 행동·성품·관계	仁(어질다), 信(믿다), 住(살다)
儿(어진사람인발)	아이, 다리	미숙함, 움직임, 먼저 나아감	兒(아이), 元(으뜸), 先(먼저)
子(아들 자)	팔 벌린 아이	후손, 씨앗, 젊은 존재, 배움	學(배우다), 孤(외롭다), 孝(효도)

행동

扌(손 수 변): 사람의 손 동작

手(손 수)가 다른 한자들과 결합할 때는 扌(손 수 변)의 형태로 글자 왼쪽에 결합해. 따라서 扌이 결합하면 손동작과 관련된 의미가 생겨.

打(칠 타)

扌+丁(못·단단한 것), 손으로 단단한 것을 친다는 뜻.

예) 타작: 곡식을 내리쳐 알맹이를 얻는 것

예) 타파: 부정적인 관습을 깨트려 부숨

예) 타석: 야구에서 방망이로 공을 치는 곳

押(누를 압)

扌+甲(딱딱한 갑옷), 단단한 것을 손으로 누른다는 뜻.

예) 압정: 눌러서 고정하는 못

예) 압수: 물건을 누르듯이 제압하여 가져감

推(밀 추)

扌+隹(몸을 웅크린 모양), 뒤에서 밀어 나아가게 한다는 뜻.

예) 추천: 좋은 걸 뒤에서 밀어 앞으로 내보내 사람들에게 나타나게 하는 것

예) 추진: 밀어 앞으로 나아가게 함

예) 추이: 앞으로 나아가는 상황과 변화

攵(칠 복): 도구를 사용해 치는 행동

짧은 막대를 들고 치는 모습의 攵(칠 복)은 때리다, 두드리다, 가르치다라는 뜻을 만들어.

改(고칠 개)

己(자기 기) + 攵, 자기 자신 다스려 고친다는 뜻.

예 회개: 후회하고 고침

예 개혁: 새롭게 뜯어 고침

예 개선: 잘못을 고쳐 바르고 착하게 함

예 개종: 종교를 바꿈

예 개가: 다시 결혼함

敎(가르칠 교)

孝(효도, 윗사람이 아랫사람을 이끎) + 攵, 윗사람이 손에 막대를 들고 아랫사람을 인도하고 바로잡으며 가르치는 것을 뜻함.

예 교화: 가르쳐 변화하게 함

예 선교: 종교를 가르쳐 널리 퍼지게 함

예 교편: 교사가 가르칠 때 사용하는 막대기

예 교무실: 교육에 관한 사무를 보는 곳

政(정사 정)

正(바르다) + 攵, 막대로 치며 바른 길로 나아가도록 공동체를 다스린다는 뜻.

예 정치: 바른 길로 가게끔 나라를 다스리는 일

예 재정: 재물을 다스리는 일

예 정책: 나라를 다스릴 목적으로 만든 방법, 방책

예 정승: 조선시대에 나라를 다스리는 가장 높은 관리(영의정, 좌의정, 우의정)

예 왕정: 왕이 다스리는 정치

辶(쉬엄쉬엄 갈 착): 걷거나 기어가는 행동

발을 끌며 천천히 기어가는 모습에서 유래해 가다, 이동하다, 방향 등의 의미를 만들어.

週(돌 주)

辶 + 周(돌다), 천천히 한 바퀴 돌아옴을 뜻함.

예 일주일: 돌아오는 하나의 기간

예 매주: 항상 돌아오는, 각각의 주

예 주기: 돌아오는 기간

運(옮길 운)

辶 + 軍(수레·무리), 무거운 것을 옮긴다는 뜻.

예 운명: 사람을 움직이는 초인간적인 힘

예 기운: 움직이는 분위기

道(길 도)

辶 + 首(머리, 방향), 나아가야 할 방향을 뜻함.

예 도덕: 사람이 마땅히 지켜야 할 방향

예 궤도: 일이 발전하는 본격적인 방향과 단계

예 정도: 올바른 길, 방향

🔍 한눈에 쏙! 개념 정리

부수	이미지	의미	대표 글자(핵심 뜻)
扌(손 수변)	손이 왼쪽에서 움직이는 모습	손동작(치다, 밀다, 누르다, 다루다)	打(치다), 押(누르다), 推(밀다)
攵(칠 복)	막대를 들고 툭툭 치는 손	치다, 바로잡다, 가르치다, 고치다	改(고치다), 教(가르치다), 政(다스리다)
辶(쉬엄쉬엄 갈 착)	발을 질질 끌며 나아가는 모습	걷다, 이동하다, 방향, 과정	週(돌다), 運(옮기다), 道(길)

자연물

氵(삼수변): 물의 흐름

水(물 수)가 다른 글자와 결합할 때는 물방울이 튀는 모습의 氵(삼수변)으로 쓰여. 왼쪽에 물방울 세 개가 붙어 있으면 물·액체·흐름·생명과 관련된 의미를 드러내.

海(바다 해)

氵+ 每(매양 매), 항상 물로 가득차 있는 곳, 바다.

예 심해: 깊은 바다

예 해저: 바다의 밑 쪽

예 다도해: 섬이 많은 바다

예 해군: 바다를 지키는 군대

예 사해: 사방의 바다란 뜻으로 온 세상

洗(씻을 세)

氵+先(먼저 선), 먼저 몸을 청결하게 한다는 뜻.

예 세안: 얼굴을 씻음

예 세족식: 발을 씻겨 주는 의식

예 세련되다: 어색한 곳 없이 매끄러움

예 세뇌: 뇌에서 기존의 생각을 지우고 다른 사상을 주입함

예 세례: 종교에서 죄를 씻는 의식

活(살 활)

氵 + 舌(혀 설), 생명의 필수 요소인 물과 움직이는 혀가 만나 살아 움직임을 뜻함.

(예) 활어: 살아 움직이는 물고기

(예) 부활: 다시 살아남

(예) 활기: 생명력 넘치는 기운

灬(불 화 발): 불의 모습

火(불 화)가 다른 글자와 조합하면 灬(불 화 발), 마치 가스레인지 불을 켜 놓은 듯한 모양으로 바뀌어 불, 타 버림, 열기 등과 관련된 글자를 만들어.

黑(검을 흑)

囧(열) + 土(흙 토) + 灬, 흙으로 만든 아궁이에 불을 지펴 그을린 모습에서 비롯된 글자.

(예) 흑당: 검은색의 설탕 가루

(예) 흑심: 깨끗하지 않고 욕심이 많은 속마음

(예) 흑연: 연필을 만들 때 사용하는 검은색 물질

(예) 흑자: 이윤이 남은 상태, +는 검은색, -는 붉은 색 글씨로 적던 관습에서 유래

然(불탈 연/그러할 연)

灬 + 月(육달월변 육) + 犬(개 견), 고기를 불에 구워 먹어야 하는 것은 당연하다는 뜻으로 태우다, 그러하다는 의미.

(예) 자연: 인위적 힘 없이 스스로 그러하게 된 것

(예) 과연: 열매가 맺히는 것처럼 결과가 예상대로 그렇게 이루어진 것

(예) 막연: 사막처럼 어떻게 될지 알 수 없는 상태

⺾(초두머리): 꽃과 풀

풀이 돋아 있는 모습의 ⺾(초두머리)는 글자의 위에 써서 풀, 꽃 등은 물론 생명력, 자라남 등의 의미로 쓰여.

苦(쓸 고)

⺾+古(옛 고), 풀이 매우 쓰다는 뜻으로 쓴맛, 삶의 괴로움을 뜻함.

(예) 동고동락: 고생도 즐거움도 함께함

(예) 노고: 노력과 수고

(예) 고소: 어이없어서 쓴웃음을 지음

茂(무성할 무)

⺾+戊(천간 무), 풀이 창처럼 무성하게 자라 있는 모양을 뜻함.

(예) 무림: 나무가 우거진 숲

(예) 무성: 풀이나 나무가 우거져 있음

華(빛날 화)

⺾+垂(드리울 수), 꽃이 잎을 늘어트린 모양처럼 화려하다는 뜻.

(예) 부귀영화: 부유하고 귀한 존재가 되어 세상에 빛나는 것

(예) 중화사상: 중국이 세상의 중심이며 가장 빛나는 존재라는 사상

(예) 화교: 해외에 거주하는 중국인

🔍 한눈에 쏙! 개념 정리

부수	이미지	의미	대표 글자(핵심 뜻)
氵(삼수변)	물방울이 튀는 모습	물, 액체, 흐름, 생명	海(바다), 洗(씻다), 活(살다)
灬(불 화발)	아래에서 타오르는 불	불, 열기, 타다, 익다, 그러하다	黑(검다), 然(그러하다), 煮(삶다), 熟(익다)
⺾(초두머리)	풀·싹이 돋은 모습	풀, 꽃, 성장, 생명력	苦(쓰다), 茂(무성하다), 華(화려하다), 花(꽃)

공간

口(에워쌀 위): 울타리를 친 공간

상하좌우가 모두 막힌 모양으로 울타리를 친 영역, 범위 등을 뜻해.

國(나라 국)

口 + 或(혹 혹, 나라 역), 창을 들고 둘레를 지키는 모양으로 나라를 뜻함.

㉠ 조국: 옛 조상 때부터 살던 나라

㉠ 제국: 황제가 다스리는 나라

㉠ 매국: 사사로운 이익을 위해 나라의 주권이나 이권을 남의 나라에 팔아먹음

固(굳을 고)

口 + 古(옛 고), 울타리 안에 오래 넣어 둔 것이 단단하게 되었음을 뜻함.

㉠ 고정: 한 곳에 단단히 매여 있음

㉠ 고집: 변하지 않는 생각

㉠ 응고: 액체가 딱딱하게 굳음

困(곤할 곤)

口 + 木(나무), 울타리에 나무를 가두어 놓아서 힘이 든다는 뜻.

㉠ 피곤: 몸이나 마음이 지치어 고달픔

㉠ 빈곤: 가난하여 살기가 어려움

㉠ 곤욕: 참기 힘든 모욕

宀(갓머리, 집 면): 지붕이 있는 공간

지붕 모양의 宀은 가정, 보호, 숨김 등의 뜻을 나타내.

家(집 가)

宀(집) + 豕(돼지), 가축을 기르며 생활하는 공간, 집을 뜻함.

(예) 귀가: 집으로 돌아감

(예) 생가: 태어난 집

(예) 본가: 떠나기 전에 본래 살던 집

(예) 가축: 집에서 기르는 짐승

(예) 가구: 집에서 생활할 때 갖추어야 할 큰 도구

安(편안 안)

宀 + 女(여자), 집 안에 여성이 편히 있는 모습으로 편안함을 뜻함.

(예) 불안: 마음이 편안하지 않음

(예) 미안: 남에게 불편을 끼쳐 마음이 편안하지 않음

(예) 안위: 편안함과 위태로움

(예) 안식: 편안하게 휴식함

(예) 문안: 웃어른께 편안한지를 묻는 인사

(예) 위안: 위로하여 마음을 편안하게 함

客(손님 객)

宀 + 各(각각), 찾아온 사람을 뜻함.

(예) 여객선: 손님을 태우는 배

(예) 관객: 관람하는 손님

(예) 고객: 물건을 사러 온 손님

(예) 객지: 손님으로 와 있는 곳, 고향이 아닌 곳

(예) 객수: 객지에서 느끼는 쓸쓸함

門(문 문): 공간을 열고 닫는 문

양쪽이 열린 대문 모양의 문은 출입, 열림·닫힘 등과 관련된 글자를 만들어.

問(물을 문)

門(문) + 口(입 구), 문 앞에서 안을 향해 묻는 모습을 뜻함.

예 일문일답: 하나를 묻고 하나를 답함

예 자문자답: 스스로 묻고 답함

예 우문현답: 어리석은 질문에 대한 현명한 대답

間(사이 간)

門 + 日(해 일), 문틈 사이로 해가 비치는 모습에서 사이·틈의 뜻이 생김.

예 시간: 시각과 시각 사이

예 공간: 비어 있는 틈

예 간식: 끼니와 끼니 사이에 먹는 음식

聞(들을 문)

門 + 耳(귀), 문 밖에서 귀 기울여 듣고 있는 모습으로 소식, 듣다 등을 뜻함.

예 신문: 새롭게 들을 만한 내용

예 소문: 사람들 입에 오르내려 들리는 이야기

예 견문: 보거나 듣거나 하여 깨닫는 지식

🔍 한눈에 쏙! 개념 정리

부수	이미지	의미	대표 글자(핵심 뜻)
囗(에워쌀 위)	상하좌우가 막힌 네모 울타리	둘러싸다, 영역, 경계	國(나라), 固(굳다), 困(곤하다)
宀(집 면)	지붕	집, 보호, 안정, 숨김	家(집), 安(편안), 客(손님)
門(문 문)	양쪽이 열린 대문 모양	출입, 열림·닫힘, 사이, 소통	問(묻다), 間(사이), 聞(듣다)

도구

刂 (칼 도 변): 자르거나 명확하게 드러내는 도구

刀(칼 도)가 변형된 글자로 '물체를 자르다', '나누다'의 구체적 의미부터 '명확하게 드러내다'까지 확장된 의미로 사용해.

利(날카로울 리, 이로울 리)

禾(벼 화) + 刂, 벼를 칼로 베어 내어 얻어 냄을 뜻함.

예 편리: 편하게 이득을 얻음

예 이해: 이익과 손해

예 고리대금: 높은 이자를 받은 대출

別(나눌 별)

另(헤어질 령, 영) + 刂, 뼈와 살을 칼로 분리함.

예 별세: 세상을 떠남

예 특별: 보통과 구분되는 것

예 성별: 남성과 여성으로 나누는 것

判(판단할 판)

半(반 반) + 刂, 절반으로 나누어 칼로 가름을 뜻함.

예 판사: 판단을 하는 사람

예 평판: 많은 사람에게 받은 평가와 판단

矛(창 모): 찌르기 위한 긴 무기

찌르는 날과 긴 자루가 달린 무기를 본뜬 글자로, 공격과 날카로움이라는 구체적 의미부터 대립, 갈등, 성질의 탄력성까지 확장된 의미로 사용해.

柔(부드러울 유)

矛(창 모) + 木(나무 목), 창의 자루로 쓰이는 탄력 있는 나무처럼 휘어지는 성질을 뜻함.

예) 유연: 부드럽고 탄력이 있음

예) 온유: 마음씨가 따뜻하고 부드러움

矜(자랑할 긍)

矛(창 모)+ 今(이제 금), 창 자루를 꽉 쥐고 위엄 있게 서 있는 모습 혹은 마음의 동요를 뜻함.

예) 긍지: 스스로 자랑스럽게 여기는 마음

예) 자긍심: 자신을 소중히 여기고 자랑스러워하는 마음

矢(화살 시): 직선으로 나아가는 도구

활에 메워 쏘는 화살을 본뜬 글자로, '빠름', '곧음'이라는 구체적 성질부터 '정확하게 본질을 꿰뚫다', '기준을 바로잡다'라는 확장된 의미로 사용해.

知(알 지)

矢(화살 시)+ 口(입 구), 화살이 과녁에 적중하듯 본질을 꿰뚫어 입으로 명확히 말함을 뜻함.

예) 지식: 배우거나 경험하여 알고 있는 내용

예) 인지: 자극을 받아들이고 저장하는 사고 과정

矯(바로잡을 교)

矢(화살 시)+喬(높을 교), 굽은 화살을 틀에 넣어 곧게 펴는 모습을 뜻함.

㉠ 교정: 틀어지거나 잘못된 것을 바로잡음

㉠ 교도: 나쁜 길로 빠진 사람을 바르게 인도함

短(짧을 단)

矢(화살 시)+豆(제사 그릇 두), 화살의 길이가 기준(제사 그릇)보다 짧음을 뜻함.

㉠ 단점: 모자라거나 부족한 점

㉠ 단축: 시간이나 길이를 줄여 짧게 함

🔎 한눈에 쏙! 개념 정리

부수	이미지	의미	대표 글자(핵심 뜻)
刂(선칼도방)	칼 모양	베다, 나누다, 결정하다	判(판단), 利(이익), 別(구별)
矛(창 모)	창 모양	찌르기, 대립, 탄력	矛(모순), 柔(유연), 矜(긍지)
矢(화살 시)	화살 모양	곧음, 빠름, 적중	知(인지), 矯(교정), 短(단축)

시험 문해력 잡는 어휘 사전

1판 1쇄 발행 2026년 2월 4일
1판 5쇄 발행 2026년 4월 24일

지은이 김주혜
펴낸이 김영곤
펴낸곳 (주)북이십일 21세기북스

출판부문 출판2본부장 윤서진
인문서가팀 한이슬 양지원
교정교열 신대리라 **디자인** design S
마케팅팀 유진선 이수진 김설아
마케팅영업부문 정지은
영업팀 김지윤 강경남 김도연
e-커머스팀 장철용 명인수 황성진
제작팀 이영민 권경민

출판등록 2000년 5월 6일 제406-2003-061호
주소 (10881) 경기도 파주시 회동길 201(문발동)
대표전화 031-955-2100 **팩스** 031-955-2151 **이메일** book21@book21.co.kr

ⓒ 김주혜, 2026

ISBN 979-11-7357-790-1 (03700)

(주)북이십일 경계를 허무는 콘텐츠 리더

21세기북스 채널에서 도서 정보와 다양한 영상자료, 이벤트를 만나세요!
페이스북 facebook.com/21cbooks **포스트** post.naver.com/21c_editors
인스타그램 instagram.com/jiinpill21 **홈페이지** www.book21.com
유튜브 youtube.com/book21pub

처음이야 이런 지식교양이라니!
읽다 보면 어느새 깊이 빠져든다!

《이런 공부법은 처음이야》
내 인생 최고의 공부는 오늘부터 시작된다

신종호 지음 | 208쪽 | 값 17,800원

《이런 철학은 처음이야》
흔들리는 10대, 철학에서 인생 멘토를 찾다

박찬국 지음 | 224쪽 | 값 17,800원

《이런 진로는 처음이야》
읽다 보면 저절로 쾌속 성장하는 자기 탐색 프로젝트

이찬 지음 | 208쪽 | 값 17,800원

《이런 수학은 처음이야》
읽다 보면 저절로 알게 되는 수학의 원리

최영기 지음 | 값 17,000원(1,2권) | 15,800원(3권)